Doris Ottlitz

Skizzen einer Kindheit in Deutsch Krone

Ein Zeitdokument

Doris Ottlitz

Skizzen einer Kindheit in Deutsch Krone

Ein Zeitdokument

TRIGA
Der Verlag

Bibliografische Information der Deutschen Nationalbibliothek
Die Deutsche Nationalbibliothek verzeichnet diese Publikation in der Deutschen Nationalbibliografie;
detaillierte bibliografische Daten sind im Internet über http://dnb.d-nb.de abrufbar.

1. Auflage 2016

Herstellung: TRIGA – Der Verlag
Leipziger Straße 2, 63571 Gelnhausen-Roth
www.triga-der-verlag.de

Druck: Druckservice Spengler, 63486 Bruchköbel
Printed in Germany

ISBN 978-3-95828-059-5 (Print-Ausgabe)
ISBN 978-3-95828-060-1 (eBook-Ausgabe)

Inhaltsverzeichnis

Deutsch Krone – Wo liegt das?
Und warum »Deutsch Krone«? 9

Deutsch Krone
Eine patriotische Einleitung 11

Die Landwirtschaft im deutschen Osten und
die landwirtschaftlichen Schulen 14

Vom Bahnhof in die Stadt bis zur Bismarckstraße 20

Mit dem Bummelzug durch den südlichen Teil
des Kreises 23

Das Gymnasium auf dem Mönchsberg
als Treffpunkt für kommende Prominenz 38

Königin Luise 39

Hermann Löns (1866–1911) 41

Herbert Schröder-Stranz (1884–1912) 42

Das erste Heim der Familie Prasse 44

Dorli und Resi – neue Bürger in der Bismarckstraße 48

Ein kühner Entschluss – eine neue Landwirtschafts-
schule am Birkenplatz 50

Wettbewerbsergebnis 54

Modernes Bauen in Deutsch Krone –
der geschichtliche Hintergrund 55

Die städtebauliche Situation und die Impression
eines Gebäudes 59

Beschreibung eines Bauwerkes 63

Die Dienstvilla 67

Moderne Sachlichkeit für das Interieur und wie
eine Familie damit lebt 74

Die Schlafzimmer-Etage 84
Der Garten als Raum zum Haus 93
Aus deutschen Landen frisch auf den Tisch 95
Wer lebte im Schulgebäude? 101
Die Henkemeyers 110
Die Nachbarn 112
Das Zollbeamtenhaus 126
Die Kinder der Nachbarn 127
Der Schulweg 132
Die Freundinnen – als ich den Bogen überspannte 139
Immer ist's das linke Bein 143
Der Kurier des Zaren 151
Der Sommer in Deutsch Krone 153
Das Sommerschulfest im Buchwald – zum Sedanstag ist die Stadt leer gefegt 157
September – Geburtstagsmonat 165
Spaziergang mit den Eltern 174
Sommerferien an der Ostsee 176
Die Ostsee als Therapie gegen Keuchhusten 180
Mit Mutti zu Opapa Goldbeck am anderen Ende der Stadt 182
Die dreißiger Jahre beginnen und auf die Szene tritt mein kleiner Bruder Just 198
Kinderkrankenzimmer 223
Hindenburgs Tod 228
Kinderspiele ums Haus herum 230
Die Kinder-Etage 234

Der alte AGA 238
Mutti geht Rudern 241
Im Damenzimmer stand der Mahagonischrank 245
Überlandfahrt mit Papa 248
Winter im Land – wo es immer etwas kälter ist 258
Kinoleidenschaft im Nickelodeon und Palast-Kino 274
Theateraufführungen 280
Wintersaison mit Festen und Bällen 289
Akademischer Verein 303
Bekannte und Freunde 313
Schneidemühl – die Begegnung mit der großen Welt 316
Weihnachtszeit 322
Der Osterhase im Kartoffelkeller 334
Wahlen und Nazizeit in Schulen und anderswo – Schulzeit im Dritten Reich 338
Wir sammeln für die Armen und verstricken uns elendiglich 359
Juden in einem Ackerstädtchen des Ostens 367
Die Reise nach Insterburg 372
Auf ins Reich 385

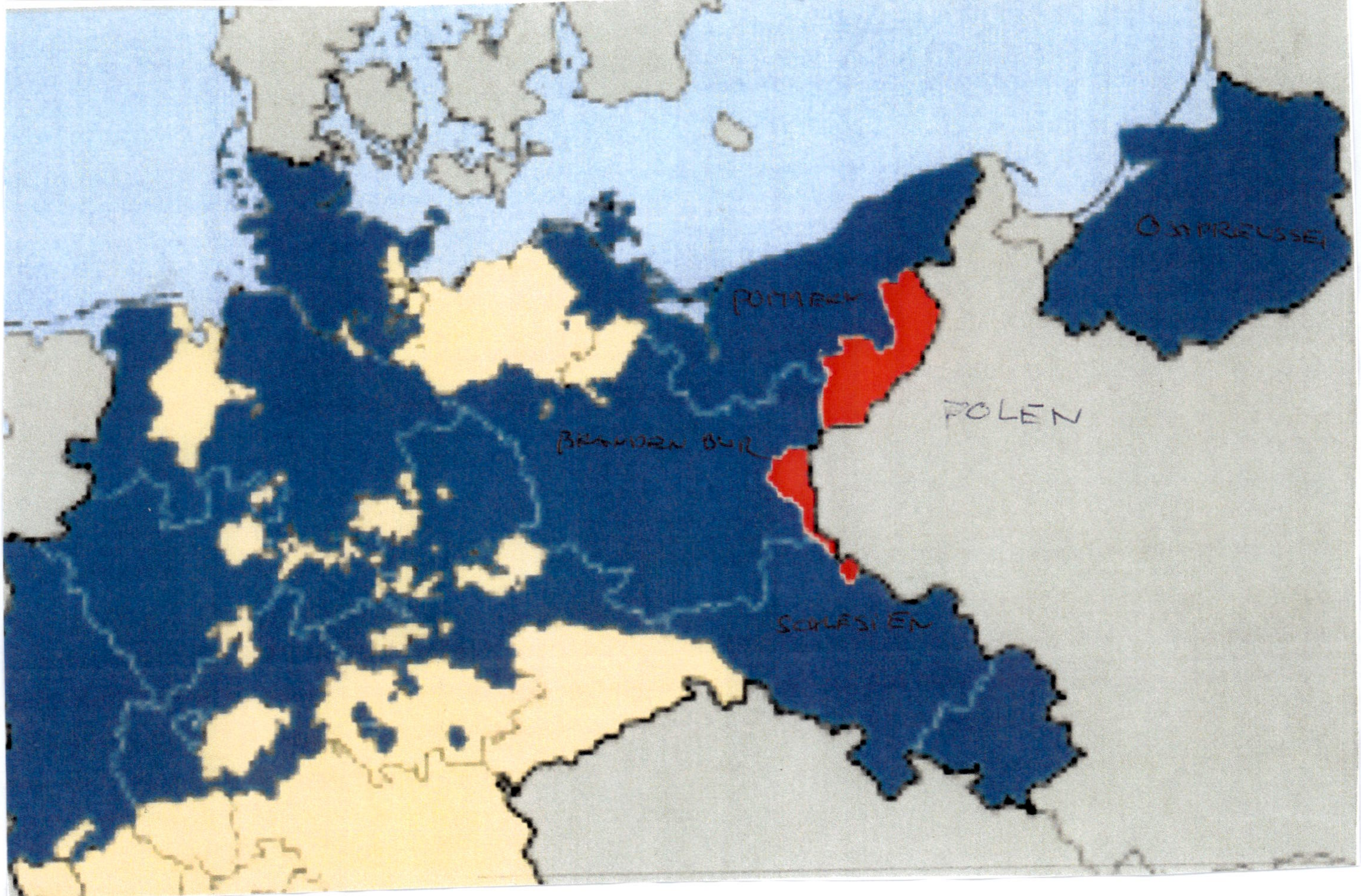
OSTPREUSSEN
POMMERN
POLEN
BRANDENBUR
SCHLESIEN

Deutsch Krone – Wo liegt das? Und warum »Deutsch Krone«?

Diese Frage ist mir in den letzten fünfzig Jahren oft gestellt worden.

Vor allem fragte man sich, wegen des vorangesetzten Hinweises »Deutsch«, warum und gegenüber welcher Nationalität hat sich dieser Ort bewusst darstellen müssen?

Meine lakonische Antwort ist: »Das liegt im finsteren Osten und ist heute polnisch.«

Dann guckt der Frager etwas irritiert und voll interessierter Anteilnahme, das ist man den armen Leuten gegenüber ja schuldig. »Ach, dann sind Sie auch so ein Flüchtling aus Ostpreußen?«

Ich bin weder Flüchtling noch aus Ostpreußen. Ein Beamtenkind aus der Provinz Grenzmark Posen, Westpreußen, dessen Vater ganz »normal« versetzt wurde. Im Zuge der Karriere eines preußischen Beamten verließ er nach fünfzehn Jahren mit seiner Familie die Stadt Deutsch Krone, und wurde also »versetzt« in eine größere Stadt im »Reich« nach Potsdam.

Aber doch komme ich aus einer Provinz, die nicht »normal« war. Wie ein trauriger abgerissener Fetzen hing diese Provinz vor den Ländern Pommern, Brandenburg und Schlesien. Die Karikatur einer Provinz, aus aneinandergehängten Resten der beiden Provinzen Westpreußen und Posen, die 1919 von der Landkarte ausradiert wurden, nach 150 Jahren, in denen sie deutsches Land gewesen waren.

So blieb Deutsch Krone plötzlich nicht das beschaulich dahinschlafende Städtchen im Osten, »wo die Füchse sich gute Nacht sagen«, sondern bekam mit dem Schicksalsdatum des 28. Juni 1919 seine geschichtliche Rolle zugewiesen, zusammen mit den anderen neun Kreisstädten der neun Provinzen, den Damm gegen das nachrückende Slaventum zu bilden (Hans Dittmann, Die Provinz Grenzmark Posen, Westpreußen 1926). Was heißt Grenzmark Posen, Westpreußen?? Eine Grenzmark aus den Resten Posen und Westpreußen, zwei preußischen Provinzen, die schon, als ich 1923 in Deutsch Krone geboren wurde, nicht mehr zum Deutschen Reich gehörten, sondern bereits 1918 durch den neu entstandenen Staat Polen »befreit« worden waren und mit dem Versailler Vertrag von 1919 endgültig verlorengingen.

Der für Deutschland und Österreich verlorenen erste Weltkrieg hatte Polen eine Chance gegeben, wie Phönix aus der Asche wieder aufzusteigen, aus dem Dunkel einer politischen Nichtexistenz, in die die Geschichte es 150 Jahre beiseite geschoben hatte, nun auf Kosten seiner Nachbarn. Und zwar aller drei Anrainer, der Russen, der Österreicher und der Deutschen, die sich im letzten Viertel des 18. Jahrhunderts die Erbfolgestreitigkeiten der polnischen Dynastien, die in Lothringen lebten oder sächsische Könige waren, zunutze gemacht hatten, um es in den sogenannten drei Polnischen Teilungen von 1772, 1793, 1795 so aufzuteilen, dass einer den anderen von seinem Altreich möglichst weit entfernt halten konnte.

Deutsch Krone
Eine patriotische Einleitung

Weit im Osten lag nun Ostpreußen, isoliert hinter dem polnischen Korridor, da, wo schon die Wölfe heulen. Die Gefahr, dass dieser älteste Teil Preußens, Deutschlands, in der allgemeinen Not der Nachkriegsjahre in Vergessenheit geraten würde, lag nahe – und so war es vielleicht die patriotische Tat eines jungen Mannes, der selbst aus dem arg von den Polen bedrängten Schlesien stammte, sich entschloss, nach seiner Heimkehr aus dem Krieg, nach einer finanziellen Schlappe mit dem geerbten Gut Gniefgau – die Oder hatte das Land überschwemmt, und die Schäden waren nicht zu bezahlen – sein Studium der Landwirtschaft in Königsberg fortzusetzen und nicht nach Bonn zurückzukehren.

Friedrich Prasse, der junge Mann aus Schlesien, Student in Bonn (Landwirtskriegsteilnehmer 1914–18), Weiterstudium in Ostpreußen jenseits des polnischen Korridors an der Universität Albertina, Königsberg, Kommissarischer Leiter der landwirtschaftlichen Schule in Insterburg, erhielt das Angebot, in der Grenzmark Posen-Westpreußen – also im »Reich«, wie man sagte, in einem kleinen Kreisstädtchen Leiter einer landwirtschaftlichen Schule zu werden. Die Zeiten standen wirtschaftlich nicht zum Besten 1920/21. Es konnte eine Chance sein. Es lohnte sich also, den Ort in Augenschein zu nehmen. Studienfreund Rienecker bekam in dieser Phase des Neubeginns die Verwaltung der wichtigen Ressourcen in der deutschen Regierung unter Braun. Dabei war das verlorene Terrain Bromberg in der Verwaltung der Landwirtschaft. So erhielt auch Rienecker ein Angebot für eine Stelle in der Landwirtschaftskammer in Schneidemühl, die Abteilung

Tierzucht neu aufzubauen. Und so reisten die beiden jungen Männer – Prasse aus Schlesien, 32 Jahre alt, Rienecker aus Bayern, wohl einiges jünger – im abgedunkelten Zug durch den polnischen Korridor nach Schneidemühl.

Schneidemühl war die neue Provinzialregierungsstadt geworden, nachdem eine Volksbefragung ergeben hatte, dass dieser Streifen an der Netze deutsch bleiben sollte. Prasse bestieg die Kleinbahn, die die 28 Kilometer mit Zwischenstationen in den Dörfern nach Deutsch Krone fuhr. Vom Ostbahnhof aus schritt er durch ein Neubauviertel die Clemensstraße gen Westen, bog in die alte gewachsene Schneidemühler Straße bis zu Pieta, zog dann sozusagen entlang der Reichsstraße Nr. 1 neugierig in das Städtchen ein.

Diese Straße, die das klassische Deutsche Reich von Aachen nach Königsberg durchzieht, wurde gerade von der Mitte des Reiches aus zu einer Schicksalsstraße. Von Berlin aus zog Friedrich I. aus dem Geschlecht der Hohenzollern nach Königsberg, um sich dort zum ersten preußischen König selbst zu krönen. Die russischen Kriegsheere, die sich Friedrich dem Großen entgegenstellten, zogen diese Straße entlang. Die Truppen Napoleons zogen auf der Reichsstraße Nr. 1 gen Russland.

Prasse passierte die flachen Häuschen der Ackerbürger, dicht an dicht, dann folgten die gediegenen Bürgerhäuser, zwei, drei Etagen schon, die Geschäfte bis zum scharfen Rechtsabzweig gen Norden, der Poetensteig, eine grüne Anlage entlang dem Mühlen-Fließ, an gewichtigen Bauten vorbei – Gymnasium, Landratsamt, Baugewerbeschule. In der Bismarckstraße dann schon lockere Bebauung, modern, was natürlich heißt in den wenigen Jahren vor dem Weltkrieg, als der Osten Deutschlands auch etwas von den üppigen Reparationszahlungen Frankreichs nach 1871 erhalten hatte.

Die Gärtnerei Dinger und dann der rote Klinkerbau – martialisch. In reduziertem Gotik-Stil. Das Gebäude war schon als Schule angelegt, als Ausbildungsstätte für Volksschullehrer, eine Präparandie-Anstalt.

Und es gab eine Dienstwohnung – zwischen Klassenzimmern und Büros.

Das war also der Ort. Hier sollte Prasse etwas Neues aufziehen. Bisher hatte die Unterrichtung der Schüler, Bauernsöhne aus dem Kreis, im Hotel stattgefunden. Alles ergab ein positives Bild – das Städtchen, quasi eine Brücke zwischen zwei Seen – war adrett, sauber, hell, und man empfing Prasse freundlich. Und die Dienstwohnung war absolut passend für ein junges Ehepaar. Prasse sagte zu und sollte schon im Januar 1923 mit der Schule beginnen.

Prasse eilte zurück nach Insterburg, gab den dortigen Posten auf, heiratete kurzerhand ohne viel Aufwand die sehr attraktive, bildschöne Gertud Hoffmann im Oktober 1922. Eilends wurde die Aussteuer der Braut – Schlafzimmer, Sessel, Tischchen, Seidenlampenschirm für den Salon und nach und nach wohl auch das wuchtige handgeschnitzte Esszimmer – gen Deutsch Krone expediert.

Die Landwirtschaft im deutschen Osten und die landwirtschaftlichen Schulen

Die deutsche Landwirtschaft in diesem Fetzen Grenzland blieb eines der wichtigsten Themen in der Ostpolitik nach 1919.

Der Aufbau dieser landwirtschaftlichen Schulen in jeder Kreisstadt der neuen Ostprovinzen stand also als dringendste Forderung auf dem Programm des preußischen Landwirtschaftsministeriums unter Otto Braun. Die Landwirtschaft blieb der Haupterwerbszweig des deutschen Ostens, dessen Anbaufläche sich nach 1919 um die Hälfte verringert hatte.

Der Boden musste besser genutzt werden, das hieß hier, dem Boden entsprechend die Kartoffelaufzucht auf den neuesten Stand zu bringen. Die im Grunde unbedeutende Viehhaltung musste modernisiert werden. All das waren die Schulaufgaben, die eine landwirtschaftliche Schule den jungen Bauernburschen nahe bringen sollte.

In der Kreisstadt Deutsch Krone entstand auch der Gedanke zu Vorträgen und weiter zu einer Schulung für junge Bauernburschen, um sie mit der Modernisierung der Landwirtschaft bekannt zumachen. Anfangs traf man sich in einem Nebensaal im Hotel »Deutsches Haus«. Nachdem die Ausbildungsanstalt für Volksschullehrer, die Präparandie-Anstalt, in die Aufbauschule gezogen war, wurden diese Räume für eine landwirtschaftliche Schule angemietet.

Schon 1807 hatte der preußische Staat mit der Reform zur Bauernbefreiung begonnen. Die Ziele der Reformer waren auf dem platten Land folgende: Freiheit der Person, freies Eigentum, Ablösung der Dienste, Abgaben und Aufteilung der Dorfflur.

Die grundlegende soziale Verordnung war das Edikt vom 9. Oktober 1807, das die Aufhebung der Erbuntertänigkeit brachte. Die Freiheit des Besitzes brachte das Edikt vom September 1811.

Zunächst betrafen diese Verordnungen nur die Bauern, die einen Besitz von einer bestimmten Größe, erblich oder auf kürzere Zeit, besaßen – aber schon 1823 wurde das Recht auf Verleihung von Eigentum und Erbfolge auch auf solche Höfe erweitert, die nicht bereits Eigentum, Erbzins- oder Erbpachtrechte hatten. Allerdings verloren sie dadurch auch den Schutz des Gutsbesitzers bezüglich der Armenfürsorge und der Steuerbürgschaft.

In Westpreußen wurden bis 1871 einhundertachtundvierzig Höfe mit 19.333 Morgen Land vermessen und instruiert.

Um den nun plötzlich sich selbst überlassenen Bauern weiter zu helfen, sorgte die Provinzialregierung, die für das Deutsch Krone-Gebiet in Marienwerder saß, dafür, dass moderne landwirtschaftliche Kenntnisse unter den Bauern mit staatlicher Unterstützung verbreitet werden sollten. Es sollten Dorfvereine gegründet werden, um eine Verbesserung der Wirtschaftsführung zu erreichen.

Ein erster Versuch zu einer Ackerbauschule von 1844 im Kreis Straßburg scheiterte; aber mit staatlicher Unterstützung konnte 1847–1861 die Ackerbauschule in Groß Krebs (Kreis Marienwerder) tatkräftig arbeiten. Und ausgerechnet im Kreis Deutsch Krone wurde dann 1865 auf dem Gut Carlsruhe diese Arbeit übernommen. Die Schule bildete junge Landwirte zur »nutzbringenden Bewirtschaftung eigener kleiner ländlicher Grundstücke sowie zu Hofleuten« (Kämmerer und Vögte) in zweijährigen Kursen aus.

Wie lange diese Schule gearbeitet hat, ist mir nicht bekannt.

Auf jeden Fall wurde in der neugegründeten Provinz Grenzmark-Posen-Westpreußen sofort mit der Eröffnung von neuen landwirtschaftlichen Schulen begonnen, so dass es 1926 bereits sieben solche Schulen gab: in Schlochau, Krojanke, Deutsch Krone, Schönlanke, Schwerin, Meseritz und Frauenstadt.

Die Landwirtschaftsschule in Deutsch Krone wurde 1920 zunächst im kleinen Saal einer Gastwirtschaft, dem »Grenzmärkischen« Hof eingerichtet. Gleich zu Beginn, im ersten Winterhalbjahr, versammelten sich dreißig junge Bauernsöhne aus dem ganzen Kreis um einen ersten, noch provisorisch eingesetzten, Landwirtschaftsschuldirektor.

Ein Jahr später zog die Schule in die Präparandie-Anstalt, die 1921 als Lehrer Vorausbildungsschule 1900 gegründet worden war. Das Haus, ein roter Backsteinbau, gehörte dem Gärtner Dinger.

Für die landwirtschaftliche Schule gab es im Erdgeschoss zwei Klassenräume und zwei Räume für Büro und Lehrmittel. Im Obergeschoss waren die Büroräume und die Wohnung einer Versicherung, die Herr von Grotow vorstand.

Im Erdgeschoss – gegenüber den Klassenräumen, die vom Mitteleingangsflur links lagen, war rechts aber auch eine Wohnung. Die sollte der neue Direktor für die Schule bekommen. Mein Vater, der in Königsberg sein Landwirtschaftsstudium abgeschlossen und in Insterburg an der landwirtschaftlichen Schule seine erste Stelle als junger Lehrer angenommen hatte, hatte sich auf eine Ausschreibung um den Posten des Direktors beworben. Die Wahl fiel auf ihn, und er hatte damit auch gleich eine Wohnung, was 1921 in Deutsch Krone noch sehr schwierig war. Eine gewisse Wohnungsbautätigkeit setzte erst ein, nachdem Deutsch Krone als

Kreisstadt innerhalb der neuen Grenzmark-Posen-Westpreußen eine neue Rolle zugefallen war.

Der junge Landwirtschaftslehrer Fritz Prasse hatte in Insterburg ein Fräulein Trude Hoffmann kennengelernt, durch seinen Studienkollegen Dr. Rienecker, auf einem dieser bürgerlichen Gesangs-Verein-Bälle. Es galt also zu handeln. Obwohl die Bekanntschaft mit Fräulein Hoffmann erst von der Ball-Saison Winter 1920/21 herrührte, stieg er im Sommer 1921 in den Zug nach Insterburg und hielt um die Hand von Fräulein Trude bei den Eltern an. Prasse war also verlobt und konnte in Deutsch Krone die Wohnung in der landwirtschaftlichen Schule beanspruchen. Man heiratete im Oktober 1921. Ich wurde im September 1923 hier geboren, und auch meine Schwester Resi kam hier noch kurz vor dem Umzug in »unser neues Haus« im März 1926 zur Welt.

Die Ankunft des schlesischen Gutsbesitzers in Deutsch Krone war eine der Folgen des Krieges. Mein Vater hatte als zweiter Sohn eines schlesischen Gutsbesitzers (Freigut – laut schlesischem Güteradressbuch) auf seiner Cavaliers-Tour begonnen, in Bonn Landwirtschaft zu studieren, das war 1913. Er war Corpsstudent, ein eleganter Beau. Übrigens kam das Geld für diese scheinbare Unvereinbarkeit mit dem Einkommen aus der Landwirtschaft – Tongruben, die die Familie Prasse in Schlesien besaß, deren Tonqualität so gut war, dass daraus die Bunzlauer Töpfe etc. hergestellt werden konnten. In den Krieg zog mein Vater als Trier Ulan – mit Pferd und Lanze. Im Russlandfeldzug kam er in Kriegsgefangenschaft und landete in Irbit in Sibirien. Durch Vermittlung des schwedischen roten Kreuzes und mittels Geld von seiner ehemaligen Verlobten – einer Holländerin – kam er unter falschem Namen – in den Wirren der russischen Revolution

1917 – nach Deutschland zurück. Er zog noch einmal ins Feld gegen Frankreich. 1918 nach der deutschen Kapitulation kehrte er jedoch heil und unversehrt nach Hause, ins schlesische Rauske zurück. Der Vater war schon gestorben, der Bruder Karl hatte das Gut Rauske übernommen. Fritz kaufte aus seinem Erbteil das Gut Gniefkau. Es war kein guter Kauf gewesen, obwohl Fotos zeigen, dass das Gutshaus recht opulent war. Das Gut lag in der Nähe der Oder. Die Wiesen wurden ständig überschwemmt, die wirtschaftliche Situation der Landwirtschaft war in diesen Tagen nach dem verlorenen Krieg mehr als miserabel. Prasse gab auf, verkaufte das gesamte Gut bis auf verschiedene pompöse Innendekorationen des Gutshauses, die später jahrelang unseren Wohnungen etwas Martialisches geben sollten, und bezog die Universität noch einmal.

Die Möglichkeit, als akademischer Landwirt in einer Beamtenlaufbahn zu reüssieren, schien in diesem Moment günstig. Man hatte erkennen müssen, dass die Hungersnöte in Deutschland in den letzten Kriegsjahren auch darauf zurückzuführen waren, dass die landwirtschaftliche Produktion auf Grund veralteter Methoden nicht den Anforderungen nachgekommen war. Neue wissenschaftliche Erkenntnisse mussten systematisch in die praktische Landwirtschaft umgesetzt werden. Die landwirtschaftliche Schulung und Beratung würde einen in Zukunft in großem Rahmen erfolgen müssen.

Warum mein Vater nicht an der landwirtschaftlichen Fakultät im heimatlichen Breslau weiterstudierte, weiß ich nicht – er ging nach Königsberg.

Vielleicht war diese Wahl auch ein Politikum, denn durch die Heraustrennung von Westpreußen aus dem deutschen Gebiet im Osten lag Ostpreußen nun isoliert jenseits des polnischen Korridors. Die Gefahr, dass dieses Land, da hinten, wo die Wölfe schon heulen, in der allgemeinen Not der Nachkriegsjahre in Vergessenheit geraten würde, bestand.

Es wäre also denkbar, dass ein junger idealistisch denkender Mann, der selbst in einem Gebiet zu Hause war, das erst vor 150 Jahren durch Friedrich II. zu Preußen gekommen war, sich für die Universität in Ostpreußen entschied, um somit auch die Zugehörigkeit zum Reich zu betonen. So kam er dann auch fast folgerichtig vom isoliert gestellten Ostpreußen in die neue Rest-Provinz Grenzmark-Posen-Westpreußen, um hier sein missionarisches Werk für eine moderne Landwirtschaft zu starten. Aus den dreißig Schülern des ersten Jahres waren 1921 in der Bismarkstraße schon vierzig geworden. In meinem Geburtsjahr 1923, kam eine neue Kategorie von jungen Leuten an die Schule, Soldaten – Angehörige des 4. Preußischen Infanterie Regimentes, aus der 9. und 10. Kompanie. Man wollte ihnen durch den Besuch einer dreijährigen Winterschule die Möglichkeit geben, nach ihrem Ausscheiden aus dem Heer, eine landwirtschaftliche Tätigkeit auszuüben.

Diese Aktion begann mit 28 sogenannten Heeresfachschülern, so dass die Gesamtschülerzahl 1923 schon fünfundsechzig betrug. Es wurde allmählich zu eng in den Klassen und in den Büros. Die landwirtschaftliche Beratungsstelle war ständig besetzt. Man musste sich mit den zwei Lehrkräften und der Sekretärin ein kleines Bürozimmer teilen.

Hinzu kam, dass seit Längerem erwogen wurde, die landwirtschaftliche Schule durch Angliederung einer Mädchenklasse zu vervollständigen. Die Aufgabe der Mädchenklasse war, den weiblichen bäuerlichen Nachwuchs im theoretischen Unterricht und praktischen Übungen für ihre Tätigkeit im Bauernhof nach modernsten Erkenntnissen auszubilden.

Vom Bahnhof in die Stadt bis zur Bismarckstraße

Friedrich Prasse zieht in das Ackerbürgerkreisstädtchen ein

In dieses Kreisstädtchen, das 150 Jahre, mehr oder weniger verschlafen, eine völlig unwichtige Rolle an der westlichsten Peripherie der Provinz Westpreußen gespielt hatte und nur durch die Reichsstraße, die von Berlin nach Königsberg durchführte, an den Geschehnissen der Welt um sich herum teilgenommen hatte, das nun plötzlich in den Brennpunkt der Politik geraten war, und »eine geschichtliche Rolle zugewiesen bekommen hatte, mit den Damm gegen das nachrückende Slawentum zu bilden« (Kurt Sethe 1925), kam nun im Sommer 1921, mein Vater, als die Existenz der Provinz noch gar nicht gesetzlich niedergeschrieben war, was ja erst ein Jahr später erfolgte.

Fritz Prasse reiste zusammen mit seinem Studienkollegen Dr. Tino Rienecker von Insterburg über Königstein mit dem Berliner Zug bis Schneidemühl. Beide hatten ein Jahr zuvor in Königsberg ihr Staatsexamen als Dipl. Landwirte abgelegt, ihre erste Stellung in Insterburg hinter sich, und waren nun auf dem Weg, sich für zwei neu ausgeschriebenen Posten in der Grenzmark zu bewerben. Prasse interessierte der Posten eines Direktors der landwirtschaftlichen Schule in Deutsch Krone, und Dr. Rienecker hatte vor, sich bei der Landwirtschaftskammer in Schneidemühl als Tierzucht-Fachmann vorzustellen.

Diese Reise verlief im Jahr 1921 nicht so einfach. Hinter Dischau übernahmen die Polen den Zug, denn nun ging die Fahrt durch das vor zwei Jahren annektierte Westpreußen, die Waggons wurden verschlossen und polnische Bahnbeamte befahlen mit barscher Stimme: »Die Fenstervorhänge schließen. Alle Vorhänge zuziehen!«

Nach Passieren von Konitz mit Einfahrt in den Kreis Schlochau konnten die Vorhänge wieder geöffnet werden. Der Zug fuhr parallel zur Grenze entlang des Kreises Flatow und landete auf dem Bahnhof in Schneidemühl. Hier musste Prasse umsteigen in den Zug nach Deutsch Krone. Das war nur eine eingleisige Strecke, die erst 1881 verlegt wurde; fast vierzig Jahre nachdem die Deutsch Kroner 1848 ihre Chance verpasst hatten, als sie sich dagegen aussprachen, dass die neue Eisenbahnlinie von Kreuz nach Osten über ihre Stadt geführt würde. Da legte man sie eben über Schneidemühl, und die Stadt gewann somit als Eisenbahnknotenpunkt schon früh ihre Bedeutung. Die Deutschen im Posener Land kamen nach Schneidemühl, um einzukaufen, hier gab es keine Zweisprachigkeit, denn die Stadt hatte eine ausschließlich deutsche Bevölkerung, man ging ins Theater, feierte Feste, ohne ständig den Argwohn der Polen zu spüren, der sich in der Provinz Posen ja immer wieder bemerkbar machte. Nun gut, Deutsch Krone schien vergessen zu wollen, dass es mit der Reichsstraße 1, der Königstraße, ja seit jeher die Verbindung zwischen dem Reich und Preußen hergestellt hatte; vielleicht lagen ihm die ständig durchziehenden Kriegsheere auch noch im Magen, die diese Straße genommen hatten und nie etwas Gutes mit sich brachten. Bevor Fritz Prasse in den Zug nach Deutsch Krone stieg, musste er noch seinen Besuch bei der Landwirtschaftskammer machen, die auch gerade erst dabei war, sich neu zu installieren, nachdem die bisher zuständige Kammer in Bromberg im Januar vor einem Jahr mit der offiziellen Übernahme der Behörden durch Polen aufgelöst worden war.

Die Stadt war immer noch voller Flüchtlinge aus den beiden Provinzen. Im Laufe des vergangenen Jahres 1920 hatten Beamte als erste das nun polnische Land verlassen, jetzt folgten Kaufleute, die Angehörigen der freien Berufe, alle, die nicht darauf hoffen konnten, unter der polnischen Herrschaft weiter in der alten Heimat existieren zu können. Schneidemühl als Eisenbahnknotenpunkt, war die erste Anlaufstation, von wo die Weiterfahrt da oder dort hingehen sollte.

Hier in Schneidemühl traf sich nun die freudige Hoffnung des Fritz Prasse auf eine neue interessante selbstständige Arbeit mit der Trauer und Verzweiflung der Flüchtlinge aus Westpreußen.

Was für eine bizarre Welt, dieses Grenzland.

Mit dem Bummelzug durch den südlichen Teil des Kreises

Dann zuckelte Fritz Prasse in seinem Züglein nach Norden.

Zuerst noch durch die flache Bruchlandschaft des Netzekreises, wo nur ab und zu niedriges Weidengebüsch die feuchten Wiesen zeichnet. Aber schon nach wenigen Kilometern beginnt der südliche Teil des Kreises Deutsch Krone, der bald Prasses Arbeitsgebiet sein würde. Zu dem Posten eines Landwirtschaftsschuldirektors gehörte auch die Leitung des landwirtschaftlichen Wirtschaftsberatungsstelle. Also gilt es, die Augen offenzuhalten, um einen ersten Eindruck von der Landschaft aufzunehmen. Durch einige kleine Waldstücke rechts und links geht die Fahrt, danach folgt flaches Land. Erster Halt in Gr. Wittenberge, einem Dorf neben der Chaussee, die der Zug überquert und die schnurstracks von Schneidemühl nach Arnsfelde führt. Von hier erkennt man den leichten Höhenrücken, der sich im großen Bogen um Wittenberg zu legen scheint und weiter gegen Osten sogar bis auf 161 m Höhe ansteigt. Dann wieder weit bis zum Horizont bestelltes Ackerland, Getreide und viel, viel Kartoffelgrün. Weit und breit kein Wald. Eine Senke mit feuchten Wiesen, Endmoränen-Landschaft mit weit ausholendem Anlauf zu einer Bodenwelle, ein kleiner Buckel. Da, wo der Zug noch einmal eine Landstraße kreuzt, wieder eine kleine Bahnstation. Die Dörfer sieht man nur als Kulisse vier bis fünf Kilometer entfernt. »Sehen Sie«, sagt ein aufmerksamer Mitreisender, der schon sah, dass das feine Herrchen mit dem kleinen Schnurrbart auf der Oberlippe nicht zu den Eingesessenen gehörte, sich aber sehr für das Land zu interessieren schien: »Rechts können Sie das Schloss von Schrotz erkennen; und es gibt dort eine berühmte Barockkirche. Das

Rittergut hat über 2000 Morgen, und der Besitzer, ein Reymann Bernhard ist eine feiner Herr. Links, da ist das Dorf Rosenfelde, auch da gibt es eine großes Gut, ein Rittergut mit bald 4000 Morgen, das einem Unterstaatssekretär Wahnschaffe in Berlin gehört, der hat aber einen Verwalter drauf.« Aus dem Güterwagen werden Säcke mit Düngemitteln, ein Pflug, Kisten und Kasten abgeladen. Ein Bauer steigt aus, er hat in der Kreisstadt etwas zu erledigen. Auf der Landstraße, die jetzt parallel zum Zug läuft, ein Pferdewagen mit geschnittenem Grünklee, ein Dorf zwischen zwei Seen – und noch einmal eine kleine Bahnstation Breitenstein. Bauern sind gekommen, um mit dem Stationsbeamten eine Dreschmaschine abzuladen. Jetzt wird das Land ganz platt.

Das also hier war der alte Kampfplatz, auf dem sich vor 700 Jahren die Pommern und Polen ihre Kämpfe geliefert haben. Beide waren slawische Völker, die einen kamen von Norden, die anderen von Süden, der Streit wogte hin und her. Mal gehörte dieser nördliche Netzedistrikt, wie die Geschichtsbücher sagen, den Pommern, mal den Polen. Die Pommern als Wendischer Stamm gaben damals schon dem Flecken zwischen Drage, Küddow und Netze, der später Crone heißen sollte, den Namen Walcz. Um 1130 beginnt die ostdeutsche Kolonisation, und von nun an mischen die askanischen Markgrafen mit in den Streitigkeiten um dieses Land.

Würde Prasse noch Reste dieser ständig wechselnden Herren in Deutsch Krone finden können?

Die 23 km von der Regierungshauptstadt bis zu Kreisstadt sind schnell gefahren, und schließlich kann der neugierige Reisende links aus dem Zugfenster einen See wahrnehmen, der sich weit in die Felder reckt. Der Zug rattert dichter an den See heran. Zwei Kirchtürme steigen hinter ihm auf und jetzt erkennt man auch die Konturen der Stadt, die sich ein wenig zu dem einen Kirchturm herauf ziehen. Da wo der Zug nun eine fast lebhaft befahrene

Straße überquert, Pferdefuhrwerke und sogar Autos gibt es, kommt auch der See ganz dicht an die Straße – es ist die Ausfallstraße nach Schneidemühl. Der See biegt hier, im fast exakten rechten Winkel zur Stadt hinüber.

»Das große rote Gebäude, da ist das Lehrerseminar. Sieht gut aus, nicht wahr – wie eine Ordensburg vom Weichselstrom – ja das war damals um 1905 so Mode – auch unsere Baugewerksschule hat so etwas Gotisches – ebenfalls 1905 gebaut«, erklärt der freundliche Mitreisender, nimmt seine Aktentasche und geht zur Wagentür.

Einige Schuppen, abgestellte Güterwagen – der Zug hält an: »Deutsch Krone – Ostbahnhof! Bitte aussteigen! Umsteigen zu dem Zug nach Kreutz über Schloppe!«, ruft der Stationsvorsteher.

Das wäre er also – angekommen in Deutsch Krone

Eine neue Eroberung der Stadt, nun durch einen Schlesier – waren das wohl auch Slawen – noch schlimmer – Abkommen von Tschingiskhan – wie Prasse aus Spaß von sich gab, wenn er an seinen viereckigen Schädel dachte. Er fragte den blaubemützten Mann nach dem Weg zu seinem neuen Domizil. Der hatte den Neuankömmling mit seinem kleinen Koffer schon neugierig beobachtet.

»Aha, zur landwirtschaftlichen Schule will der Herr, die war ja bisher im Hotel »Deutsches Haus« untergebracht. Aber jetzt sind sie dabei, die alte Lehrerpräparandie umzubauen. Sind Sie vielleicht der neue Herr Direktor? Da kommen Sie ja gerade recht, denn wie ich hörte, soll ja wohl auch eine

Wohnung dazu kommen. Aber es ist ein ziemlich weiter Weg bis dahin. Sie müssen durch die ganze Stadt gehen. Nehmen Sie gleich rechts hier vom Bahnhofsgebäude die Königsbergerstraße, die alte Reichsstraße; dann durch die Neustadt immer geradeaus und wo die Straße zur Altstadt auf dem Bürgermeister Berg heraufsteigt, biegen Sie nach der Brücke rechts ab, einem kleinen Graben entlang. Das ist unser Poetensteig, sehr schön und sonntags gibt es ein Platzkonzert. Also immer weiter geradeaus in die Tempelburger Vorstadt, das ist dann die Hindenburgstraße, und wenn Sie an einem Blumengeschäft rechts vorbei gegangen sind, das von der Gärtnerei Dinger, dann sehen Sie schon das rote Backsteingebäude, wo die Landwirtschaftsschule rein soll. Viel Glück wünsche ich und einen guten Tag.«

Damit hatte Fritz Prasse eigentlich schon die ganze historische Geographie der Stadt erfahren und konnte sich also auf den Weg in die Tempelburger Vorstadt machen.

Vor dem Bahnhofsgebäude, einem kunstvollen rotem Klinkerbau mit weiß umrandeten Fensterbögen im Erdgeschoss, dehnt sich eine weites Feld aus, durch das eine Straße geradewegs auf den Bahnhof zuführt, und mit einer breiten Treppe zum Vorplatz heraufsteigt. Links ein einsamer Gebäudekomplex und rechts der Straße Baugruben und der Beginn von Bauarbeiten. Es scheint, als ob dort Wohnblöcke entstehen sollten.

Am Ende des Weges an dem die Güterschuppen liegen, kann er die grünen Wedel einer Reihe von Birken erkennen, Sie scheinen ein Geviert zu umschreiben, so akkurat stehen sie da. In diesem Moment ahnte Prasse noch nicht, dass genau an dieser Stelle einmal die neue moderne landwirtschaftliche Schule stehen würde, in sogar nur fünf Jahren, und seine drei Kinderlein hier auf dem Ackerstück zwischen Bahnhof und dem neuen Haus herumtollen würden.

Also wendet er sich jetzt, wie ihm gesagt wurde, dahin, wo man nur die Rückseite der Häuser, die wohl die Königsberger Straße säumen, erkennt. Unter der kurzen knorpligen Baumreihen, deren rote Blütendolden schon am Verblühen sind, schreitet er an gedrungenen eingeschossigen Häusern entlang, hin und wieder ein zweigeschossiges Haus, eins neben dem anderen und alle mit der Traufe zur Straße. Hier wohnen die Ackerbürger, die nach hinten raus noch einen Hof mit Stall und Scheune haben, kleine Handwerker, Stellmacher und ein Schmied. Das nennt sich hier noch Jastrower Vorstadt und hatte sich erst nach 1810 entwickelt.

Dann öffnete sich das Bild. Links ein eingezäuntes grünes Fleckchen, in dem die Nachbildung der Pieta vom Petersdom steht. Im spitzen Winkel stößt dahinter eine Straße auf die Königsberger, die Schneidemühler, die mit dem See eine Weile parallel gelaufen war. Und nun kann Prasse auch den See sehen. Hinter einer etwas mageren Wiese schimmert er hervor. Prasse geht die paar Schritte zum Ufer herunter.

Unterwegs ein bisschen Historie

Also das ist die eine Bucht des Schlosses, hinter dem dort gegenüberliegenden Landstreifen, eine Halbinsel, wird die andere Bucht liegen. Auf dieser Halbinsel, die sich tief in den See zieht, soll die erste Niederlassung der Templer gelegen haben, abseits und geschützt von der Landstraße, die über den Höhenrücken zwischen den beiden Seen führt.

Der Clou von Deutsch Krone ist seine außergewöhnliche Lage auf dem schmalen Landrücken zwischen zwei Seen. Die ersten wendischen Fischer die herkamen, suchten die Lage am See. Sicher war es nicht der Schlosssee hier, an dem sie ihre Hütten aufschlugen, sondern unterhalb der späteren Altstadt am Radaun See. Sie haben diesen Platz Walcz genannt.

Die polnischen Magnaten, nach einem der vielen Machtwechsel von den polnischen Herzögen mit dem Land belehrt, bauten ihre Burg oder ihr Schloss dagegen wieder auf der Halbinsel, die später einmal den Namen Wusterhof erhielt.

Das Dorf Walcz wir zum ersten Mal in einer Urkunde der Witwe eines solchen polnischen Magnaten, Patrcko de Lonsk erwähnt, der zufolge sie im Jahr 1249 das Dorf an die Tempelherren schenkt. Wenn die Kriegswirren zu unübersichtlich wurden, war das damals eine oft praktizierte Lösung, denn die frommen Ritter ließen sich ihren Besitz dann von allen angrenzenden Fürsten bestätigen, damit das schon kultivierte Land auf diese Weise möglichst aus den Rivalitäten herausgehalten werden konnten. Die Templer waren mit den Johannitern und Cisterziensern als Missionare der slawischen Völker hier in den Osten gekommen, als Vortrupp der deutschen Kolonisierung, denn in ihrem Schutz folgten die deutschen Bauern. Hier in der Crone, wie sie es bald nannten, ließen sich die Neusiedler nun abseits von dem Fischer-Kitz auf dem Scheitelpunkt des Höhenrückens zwischen den beiden Seen nieder, der späteren Altstadt, und dann Bürgermeister Berg genannt, kurz vor dem unser Ankömmling Prasse ja zum Poetensteig abbiegen sollte. Die Templer blieben vierzig Jahre Herren von Krone. In den folgenden Jahren hatte die Siedlungsarbeit der Deutschen ihre Erfolge gezeigt. Der Chef der Bauern war der Vasall des brandenburgischen Markgrafen, Arnold Liebenthal, der aus Dank für seine Dienste bei der Eroberung über die Neumark hinaus bis zum Bach Döberitz hinter Crone, mit dem Land um Deutsch Krone beliehen wurde. Der Kampf hatte von 1250 bis 1300 gedauert. Doch als die Markgrafen 1297 mit der Gründung der Stadt Dramburg fest an der Drage im Sattel saßen, konnte Waldemar 1303 auch die Stadt Arnskrone gründen, die diesen Namen wahrscheinlich in Anlehnung an Arnold Liebenthal erhielt.

In dem Stadt-Privileg von 1303 heißt es:

»Es hat uns nützlich erschienen, neben dem Ort (slavisch) Walcz eine Stadt zu gründen«.

1307 verkauften die Locatoren, die Liebenthals, Stadt und das dazugehörige Gebiet an das Geschlecht der Liebenow.

Aber viel wesentlicher war, dass mit dem Aussterben der Askanier 1330, die bayrische Dynastie der Wittelsbacher als Markgrafen folgten, die nicht stark genug waren, der Vereinigung der Polen mit den Pommern gegen die Neumark standzuhalten.

Es folgten jahrelange fürchterliche Verheerungen im Croner Land und es schien, als ob das ganze Kulturwerk der Askanier zerstört werden sollte.

Als Retter trat damals die Familie der Wedels auf, mächtige Lehnsträger der Markgrafen, die 1333 mit dem jungen polnischen König Kasimir ein Bündnis schlossen, wonach dieser dem Markgrafen Ludwig Frieden zusicherte und die brandenburgischen Erwerbungen bestätigt wurden. Somit blieb das Land dreißig Jahre von weiteren Verwüstungen verschont.

Doch als 1360 Otto der Faule Mitregent in Brandenburg geworden war, erhoben die Polen erneut ihr Haupt, und Otto der Wittelsbacher verzichtete auf seinen Besitz östlich der Drage.

Im Februar 1368 weist er die Stadt Arnskrone an, von nun an dem polnischen König Untertanpflicht zu leisten, und mit der Bestätigung des Gründungsprivilegs von 1303 durch König Kasimir III. am 10 Mai desselben Jahres gelangt diese deutsche Gründung als Immediatstadt in den Besitz der polnischen Krone.

Das war also das Ende der deutschen Stadt Crone anno 1368.

Von dieser frühesten traurigen Geschichte blieb aber nur die Ahnung der ersten Siedlungsplätze und eine frühe Abschrift der Stadtprivilegien von 1303. Den Sitz der Liebenows kann man nur auf der Halbinsel annehmen, da gegenüber, wo Fritz Prasse am Ufer des Schlosses steht.

Bei dem preußischen Berichterstatter Goldbeck wird 1783 der See »Cron'sche Amtssee« genannt, denn nach 1772 zieht in die damals polnische Starostei das königlich preußische Domäneamt. Die Bezeichnung »Schlosssee« erscheint zumindest hübscher, weil die Halbinsel ja rund vierhundert Jahre der Ort für die Schlösser der polnischen und auch deutschen Starosten blieb, da, wo heute das Amtsgericht steht, das 1833-38 gebaut wurde.

Prasse entdeckt die Mainstreet des Städtchens

Prasse kehrt zurück zur Straße, die jetzt »Königstraße« heißt und in einem leichten Schwung weiter gegen Westen zieht.

Dieses Quartier war 1612 als Neustadt erstmals als eigene Gemeinde behandelt worden, in der sich auch Juden niederlassen und auf Grund eines Privilegs von 1631 Häuser und eine Synagoge bauen durften. Achtundvierzig Jahre später werden Alt- und Neustadt wieder vereint. Heute hat sie nun wieder eine Neustadt-Rolle übernommen, denn hie und da sind Häuser aus den »Gründerjahren« erkennbar. Also hat auch diese Ackerbürgerstadt an der allgemeinen Properität teilgenommen, die allen deutschen Städten in den Jahren nach 1871 widerfuhr, als nach dem Sieg über Frankreich die Reparationsgelder nach Deutschland flossen. Aber vor allem hat die Trennung Westpreußens von Ostpreußen (1829 zu einer Provinz Preußen zusammengelegt), die endlich 1877 erfolgte, nachdem Westpreußen sich benachteiligt fühlte, wohl den Anstoß gegeben, die Provinz neu auszustatten.

Davon zeugt zum Beispiel gleich hier auf der Königstraße das pompöse Postgebäude von 1895, ein roter Backsteinbau in baltisch-gotischem Stil mit einem kunstvollen Sterngewölbe im Treppenhaus und einem viergeschossigen spitzen Turm an der Ecke zur Waldemarstraße.

Hier liegt sozusagen das neue Herzstück von Deutsch Krone, denn nun beginnt auf der Haupteinkaufsstraße der nachmittägliche Bummel aller derer, die sich zeigen wollen, Grüße tauschen und sehen, wer neu angekommen ist. Jetzt ist es noch Vormittag und die Hausfrauen kaufen bei Heidrich einen Käse, bei Frau Wacknitz einen Blumenkohl. Stickgarn gibt es bei den Geschwistern Theuss und Schreibpapier im vorderen Teil des Buchladens bei Herrn Burkowski. Ein Sahnebaiser für den Nachmittagskaffee des Herrn Postleiters nimmt die Gnädige vom Konditor Hädtke mit. Prasse nimmt das alles wahr und ist zufrieden – so langweilig würde es in Deutsch Krone schon nicht werden. Bei den Geschwistern Theuss stehen im zweiten Schaufenster recht elegante Hutmodelle aus, und das Schaufenster von Burkowki zeigt die allerneuesten Buch-Erscheinungen. Indem er so die Königstraße entlangmarschiert und sogar zwei hochbeinige Autos an ihm vorbeiholpern (die Königstraße wird erst 1926 – zur Feier der Geburt seiner zweiten Tochter neu gepflastert), stellt Prasse sich vor, wie vor 150 Jahren hier die ersten Postkutschen, fahrplanmäßig – in echt preußischer Manier – zweimal in der Woche entlangrollten, in Richtung Königsberg und Berlin. Wenn der Wagen die ungepflasterte Stadt verlassen hatte und seine Strecke bis Jastrow nahm, wo die nächste Poststation war, oder in der anderen Richtung in Schloppe, dann stand dem Kutscher eine schlimme und gefährliche Fahrt auf den völlig vernachlässigten Straßen bevor, die nicht selten mit dem Umsturz des Gefährt endete und dem nachlässigen Kutscher 50 Hiebe einbrachten. Besser wurden die Straßen dadurch auch nicht. Friedrich II. hatte, nachdem Westpreußen preußisch geworden war, als Erstes den Postverkehr zwischen allen wichtigen Orten einrichten lassen, denn schließlich garantierte dieser Anschluss an ein zuverlässiges Postverkehrsnetz auch den Anschluss an das kulturelle Leben, sei es vom Altreich her oder von Königsberg, das durch Kant zu einer der bedeutendsten preußischen Universitätsstädte geworden war. Den Straßenbau überließ er jedoch den Gemeinden.

»Aha das ist das Hotel – Deutsches Haus« – auch ein Produkt der Gründerjahre. Ein dreigeschossiges Klinkerbau mit rhythmisch differenziert hohen Fenstern in jeder Etage, weiß umrandet – macht einen soliden Eindruck. Hier steigen die Gutsbesitzer ab, wenn sie in die Stadt kommen. Aber bitte, schräg gegenüber, so dass man sich noch im Auge behalten kann: »Brieses Hotel«. Dort hatte man von Schneidemühl aus für Prasse ein Zimmer bestellt. In Brieses Hotel trifft sich zum Dämmerschoppen und zum Frühschoppen am Sonntag die Intelligenz des Ortes. Der Akademische Verein tagt hier, und wenn eine Dienstreise in die Kreisstadt führte, wohnt der Herr Kollege in Brieses Hotel.

Es ist ein hübscher zweigeschossiger Bau mit einem steilen Mansarddach auf Mini-Konsolen, aus dem die dritte Etage mit freundlichen hohen Fenstern herausschaut. Zur Straße zieht sich vor dem ganzen Erdgeschoss eine lange überdeckte Terrasse hin, überwuchert vom wilden Wein. Nebenan gibt es dann wieder ein eingeschossiges Häuschen, das sich mutig neben den kahlen Giebeln seiner Nachbarn behauptet, und die ausgerechnet gegenüber der wahrhaft herausragenden stattlichen Renaissance-Barock Fassade vom Feinkosthändler Pfeifer mit hervorquellendem Erker, gekrönt von einem schwellendem Turm. Sein Nachbar putzt sein Haus sogar durch zwei Balkone mit geschnörkelten Eisengittern, aber dann fällt die Zeile wieder herunter bis zu dem niedrigen Fachwerkhaus – der »Deutsch Kroner Zeitung«.

Gleich hinter der Konditorei und dem Konfektlädchen Hädtke ist auch schon die Brücke über das einstige Mühlenflies, das die Neustadt von der Altstadt getrennt und den Stadtsee mit dem Schlosssee verbunden hatte. Links herunter zum Schlosssee war das Flies längst zugeschüttet worden, aber rechts, wo Prasse nun in den Poetensteig einbiegen soll, begleiten noch zwei Rinnsale die baumbestandenen Anlage.

Aber was ist das für ein imposantes Gebäude, da gegenüber im Park?

Ein großer heller Bau mit schwerem Ziegeldach, zur Königstraße hin, die gerade zum Bürgermeister-Berg weiter hinaufsteigt mit strenger klassischer »fritzischer« Fensterordnung in zwei Geschossen, der Winkelbau zum Poetensteig sichtlich aus späterer Zeit.

»Das ist die Jesuitenschule«, sagt ein Herr, den Prasse anspricht.

»Eine Jesuitenschule mitten im protestantischen Preußen?«

»Nein, nein«, erklärt lachend der Herr, der sich als Kenner der Geschichte von Deutsch Krone ausgibt. Heute ist es natürlich ein ganz normales Gymnasium, aber hervorgegangen ist alles aus der kleinen hölzernen Schulanstalt der Jesuiten, die anno 1618 nach Deutsch Krone kamen und auf dem Mönchsberg 1665 diese erste Schule gründeten. Bald kamen so viele Schüler, dass sie schon 1672 hier auf dem Bürgermeister-Berg eine neue Oberschule mit zwei Klassen gründeten, neben einer Kirche und einem Kollegium.

Der Poetensteig, auf dem wir hier stehen, wurde – so sagt man – zu Ehren seines berühmtesten Schülers Ewald von Kleist so benannt. Das war 1728 – Kleist kam aus Pommern.

Nach seiner Offizierslaufbahn, die mit einer schweren Verwundung im Siebenjährigen Krieg endete, lernte er Lessing kennen und war wahrscheinlich der Adressat von Lessings »Briefe, die neueste Literatur betreffend.« Er wurde dann selbst zum Dichter. Die Deutsch Kroner gedenken seiner, wenn sie hier beim Sonntagsvormittags-Konzert der Militärkapelle entlangbummeln. Na, in Wirklichkeit wird keiner daran denken. Aber damals stand dieser Bau noch nicht. Erst 1799 wurde dieses Haus hier für 7.000 bis 8.000 Taler gebaut, noch geplant unter Friedrich Wilhelm (er starb 1797), der sich bei der 3. polnischen Teilung von 1795 erneut ein ganz schönes Stück von Polen für Preußen einverleibt hatte. Toleranz den Glaubensfragen gegenüber war ja eine der bemerkenswertesten Prinzipien Friedrich des Großen gewesen, die sein Neffe übernahm. Die Jesuitenkollegien wurden in Preußen allerdings schon 1781 aufgelöst, aber die Schule blieb als katholisches Gymnasium bestehen und war zu dieser Zeit die einzige höhere Lehranstalt im ganzen Netzdistrikt.

Obwohl die Schule 1859 zu einem vollständigen Gymnasium mit 186 Schülern umgewandelt wird, nachdem die Zahl der Protestanten nun schon die Hälfte der Bürger ausmacht, blieb »das Katholische« an ihm bis heute hängen – und sogar das Jesuitische – denn seine Schuldirektoren waren immer Katholiken.

Der jetzige Direktor, Dr. Paul Coreens, ist übrigens ein Flüchtling aus Konitz, der im vergangenen Jahr seine Schule verlassen musste, als sie von den Polen übernommen wurde.

Wie auch Landrat Dr. Kleemann, einer der vielen Beamten, die als Erste ihre Posten in Westpreußen und Posen verloren und zum Teil hier in der Grenzmark neu beschäftigt werden konnten. Dr. Kleemann musste schon im November 1919 seinen Posten als Landrat in Thorn aufgeben und wurde hier im Kreis wieder als Landrat eingesetzt.

Aber noch mal zum Gymnasium. Das ist nämlich das einzige Gebäude, das aus den ersten preußischen Jahren in der Stadt erhalten geblieben ist, obwohl Friedrich II. sofort nach Übernahme des Croner Landes mit der Vergabe von Retablissement-Geldern, bis 1783 waren es 10.300 Talern für Deutsch Krone, den Ausbau von wüsten Stellen und die Errichtung neuer Bürgerhäuser förderte. Als die Garnison 1787 von Uscz nach hier verlegt wurde, wurden nochmals 3.000 Taler für Wohnhäuser und 1.440 Taler für Stallungen bewilligt. (Schultz: Gesch.d-Kr. Dt.Kr. S 156)

Aber davon ist nichts mehr übrig geblieben; oder zumindest weiß man nicht mehr, welches Bürgerhaus vielleicht noch aus diesen Jahren stammen mag.

Aber eine Geschichte, die mit dem Gymnasium zusammenhängt, ist der Bevölkerung in der Erinnerung geblieben, und jedes Kind kennt sie. Das war die Nacht vom 27. zum 28. Oktober 1806, als die Königin Luise mit ihrem Gemahl Friedrich Wilhelm III. auf der Flucht nach Memel hier im Schulbau übernachtet hat, das eilends dazu eingerichtet war. Die Franzosen folgten ihnen auf den Fersen, und zogen schon am 11. November in die Stadt ein.

Auf dem Rückmarsch aus Russland bewegten sich die

geschlagenen Truppen Napoleons noch einmal durch die Stadt, und das Gymnasium wird zum Lazarett umgewandelt.

Prasse und sein Begleiter gehen weiter den Poetensteig entlang.

»Sehen Sie, da ist ein neuer Teil unserer Geschichte, das Bismarck-Denkmal, gleich hier in der Anlage.« Der deutsche Osten bleibt ein Entwicklungsland. Die Deutsch Kroner verdankten der preußischen Politik unter Bismarck, dass die Provinz Westpreußen 1877/78 wieder selbstständig wurde, und nun als gleichberechtigte Provinz ihre Interessen unmittelbar wahrnehmen konnte. All die prächtigen Bauten – Rathaus, Post, Krankenhaus, Evangelische Kirche – entstanden ja erst nach 1878. Vor allem verhalf das neue Interesse, das man in Berlin den Ostprovinzen zuwandte, das, was man so kritisch die »Germanisierung« Westpreußens und Posens nannte, der Stadt zu einer Reihe von Ausbildungsinstituten, die man hier im »deutschen« Kreis einrichtete.

Das Lehrerbildungsseminar am Schlosssee haben Sie ja schon bei Ihrer Einfahrt in die Stadt gesehen, es wurde 1905 gebaut, aber davor war schon 1900 eine Präparandieanstalt mit Lehrerseminar eröffnet. Die Lehrer, die hier ausgebildet wurden, sollten dann in den noch immer nicht so dicht mit Deutschen besiedelten Teile Westpreußens eingesetzt werden.

Genau so wie die Absolventen der Baugewerksschule, sehen Sie dort den gotisierenden Bau hinter den Bäumen der gegenüberliegenden Anlage, da wo das Drei-Kaiser-Denkmal steht. Die erste Ausbildungsstätte für Baumeister wurde in Deutsch Krone schon 1877 eröffnet und war somit auch die erste dieser Art im deutschen Osten. Aber der Bau, den wir hier sehen, stammt erst von 1904, als immer mehr Schüler dazukamen und auch weitere Fachgruppen eingerichtet wurden.«

Das Drei-Kaiser-Denkmal, eine spitze Pyramide von dem sich ein Adler im Flug emporschwingt, mit den drei Medaillons von Kaiser Wilhelm I., seinem Sohn Friedrich III., die beide 1888 starben, und Wilhelm II., der noch im selben Jahr den deutschen Kaiserthron bestieg, gehört natürlich auch zu dem dankbaren Gedenken an dieser Aufbaujahre. Es wurde 1893 errichtet, zusammen mit der kunstvollen Grünanlage, in der sternförmig mehrere Wege zur Mitte zusammenlaufen.

»Ist Ihnen aufgefallen, dass alle diese Bildungsstätten im Stil der Ordensburgen errichtet wurden? Das ist natürlich auch ein politisches Programm, um bei der neuen ›Germanisierungswelle‹ das alte Anrecht des deutschen Ordens herauszustreichen.

Ich verabschiede mich hier von Ihnen, meine Dienststelle liegt am Ende des Poetensteigs. Sie gehen an der Seite der Baugewerksschule weiter die Hindenburgstraße hinauf.«

Beide Herren schwenken ihre schwarzen steifen runden Hüte.

Das Gymnasium auf dem Mönchsberg als Treffpunkt für kommende Prominenz

Schließlich gab es auch in unserem Städtchen fern in der Endschleife des verbliebenen deutschen Reiches einige Prominente, mit denen es in die Geschichte eingehen konnte. Da war einmal der Sohn eines berühmten Generals aus der Familie derer von Kleist, Ewald von Kleist, der das Gymnasium besuchte, das Abitur machte und später auf die Universität nach Frankfurt an der Oder ging. Wie in den Annalen von Deutsch Krone vermerkt wird, wurde auch er später ein Dichter, aber man verwechsle ihn nicht mit Heinrich von Kleist.

Dann haben wir noch eine traurige Geschichte unter den Prominenten, nämlich Königin Luise und ihr Gefolge auf der Flucht nach Königsberg vor Napoleons Truppen.

Königin Luise

Eine traurige Geschichte –
Flucht vor dem Französischen Heer 1806

Dass die preußische Königin Luise bereits einmal in Deutsch Krone gewesen war und im Gymnasium auf der Flucht nach Königsberg übernachtet hatte, wusste zu meiner Schulzeit schon jedes Kind. Eine Geschichte, die aber nicht nur den Kindern in der Schule erzählt wurde, sondern die auch von der Bevölkerung in ihrem Herzen weitergetragen wurde.

Denn so war die Geschichte:

Napoleon, der große französische Kriegsheld, hatte auf dem Weg seiner Eroberungen in der Schlacht von Jena und Auerstädt die Preußen jämmerlich geschlagen. Napoleon hatte 1793 seine militärische Karriere begonnen, als Frankreich nach der französischen Revolution in langjährigen kriegerischen Auseinandersetzungen mit seinen Nachbarn um die Vorherrschaft in Europa lag. Der Soldat Napoleon, der mit seiner Familie aus Korsika gekommen war, avancierte zum obersten Heerführer, der in den Schlachten das französische Heer zu laufenden Erfolgen geführt hatte, so dass er 1806 in der Schlacht von Auerstädt auch die Preußen schlug. Damit begann sein Weg quer durch Preußen bis nach Königsberg. Vor dem wilden Heer der französischen Soldaten floh das Bürgertum aus den Städten, die Bauern mussten ihre letzte Kuh hergeben, um das Heer zu verpflegen. Und auch das königliche Haus Preußen musste auf die Flucht gehen. Die Königin floh mit ihren Kindern in Richtung der sogenannten Reichsstraße Nr. 1 gen Osten. Wenn man bedenkt, dass die Kutsche mit der Frau Königin, den Kindern und ihrem Reisegefolge am Tag nur bis zu 80 Kilometer schaffte und die Strecke von Berlin nach Königsberg etwa 600 Kilometer betrug, lässt es sich denken, wie entsetzlich anstrengend die Reise von etwa zehn Tagen für die königliche Reisegesellschaft gewesen sein muss. Als sie dann in Deutsch Krone landete, war dies sicher schon die vierte Etappe. Ihre Ankunft war durch schnelle Reiter schon angekündigt worden, und als Unterkunft hatte man die großen Klassenzimmer für die Königin und ihre Kinder vorbereitet. Sicher hatten die Bürger ihre besten Federbetten herangetragen und die Mahlzeiten ins Gymnasium gebracht, denn die Königin war ja bekannt für ihre große Freundlichkeit gegenüber den Bauern und Bürgern – schließlich war sie in Neu-Strelitz in einem kleinen Residenzstädtchen aufgewachsen. Anscheinend blieb sie eine Nacht und folgte dann der Strecke in Richtung Nordosten über Schloppe und Marienburg nach Königsberg über eine holprige Landstraße, die erst 1926 zur Chaussee ausgebaut wurde. Sie starb nach all diesen Strapazen 1810 im Alter von 34 Jahren. Die Verehrung der so jung gestorbenen schönen Königin wurde zum Mythos – Luisen-Vereine entstanden und Gedenkfeste wurden überall in Preußen gefeiert. Die Verehrung der »populärsten Frau der preußischen Geschichte neben Friedrich dem Großen« (Google) reicht bis ins 21. Jahrhundert.

Hermann Löns (1866–1911)

Der nächste prominente Schüler wurde Hermann Löns, der Dichter.

Die einzige wahrzunehmende Erinnerung an Hermann Löns war das elterliche Haus während der Zeit, als die Familie hier lebte. Es lag in der Schultestraße genau gegenüber der Turnhalle, und wenn wir von der Fischchen-Tante kamen, wies meine Mutter mich immer auf das Haus hin und sagte: »Da wohnte der Dichter, der viele Bücher über Wald und Wiesen und schöne Gedichte über Moor und Heide geschrieben hat.«

Er wurde 1866 in Culm bei Bromberg in Westpreußen geboren, wo sein Vater Gymnasialoberlehrer war. Als Hermann ein Jahr alt war, wurde der Vater nach Deutsch Krone an das Gymnasium versetzt. Hermann besuchte die Schule, bis sein Vater 1884 an das Gymnasium in Münster/Westfalen versetzt wurde. Nach dem Abitur studierte er Medizin in Greifswald, aber seine wissenschaftliche Ausbildung führte wohl zu keinem erfolgreichen Resultat. Er wurde Dichter. Und zum Broterwerb Journalist. Er entdeckte die Lüneburger Heide, und viele Werke befassen sich mit Tier-, Jagd- und Landschaftsschilderungen. Bis heute gilt er als früher Verfechter des Naturschutzes. Die Motive seiner Heimatromane dienten in den 1950er-Jahren als Vorlage für viele Heimatfilme. Sein Opus umfasst Prosa und Lyrik, so dass nach neuesten Internetinformationen die Gesamtauflage aller Löns-Bücher auf rund 10 Millionen geschätzt wird.

So können sich die Deutsch Kroner doch rühmen, dass ihr Gymnasium einen solchen erfolgreichen Schriftsteller hervorgebracht hat.

Herbert Schröder-Stranz (1884–1912)

Endlich gab es einen Helden, mit dem sich die Stadt Deutsch Krone schmücken konnte: den Polarforscher Herbert Schröder-Stranz.

Herbert Schröder wurde auf dem Rittergut seiner Eltern in Stranz geboren und besuchte das Gymnasium in Deutsch Krone bis zum Abitur – ob er es tatsächlich bestand, ist nicht überliefert. Denn mit 19 Jahren meldete er sich freiwillig bei dem 4. Garderegiment zu Fuß und zog mit diesem nach Afrika. Hier war er an den verschiedenen Auseinandersetzungen der deutschen Kolonialherren mit den Eingeborenen beteiligt. Die Erkrankung an Typhus und Ruhr beendete seinen Einsatz in Afrika. Aber die Sehnsucht nach einer anderen Welt, als ihm der Gutsbesitz und das preußische Soldatentum bieten konnten, ließ ihn nicht los. Er bereiste die russische Halbinsel Kola und Karelien, und schon 1905 entstand die Idee, mit einer wissenschaftlichen Expedition die Nordostpassage für den Handelsverkehr zu erschließen.

Nach Überwindung von finanziellen Schwierigkeiten startete er mit einer Gruppe von Gleichgesinnten im August 1912 die deutsche Arktis-Expedition von Spitzbergen. Mit Hundeschlitten zog man in Richtung des Inlandeises von Nordostland. Nach Wetterwidrigkeiten waren Schröder und seine Begleiter im Eis eingeschlossen und konnten ihr Schiff nicht mehr erreichen. Schröder-Stranz und seine Begleiter wurden nie wieder gesehen.

Es ist sicher anzunehmen, dass die Deutsch Kroner sehr betroffen waren, als die Berichte über das Ende der Expedition nach Deutsch Krone drangen, und sie den Sohn ihrer Landschaft lange betrauerten.

Wenn meine Eltern nach Stranz zum Kaffeetrinken in der Pension Sonnenheim fuhren, haben sie dann über Herbert Schröder-Stranz gesprochen? Ja, und sein Abenteuergeist wurde letztlich bewundert.

Das erste Heim der Familie Prasse

Friedrich Prasse ist mit dem Städtchen, dem kuriosen Gebäude, der Präparandie mit Spitzgiebel à la Gotik, Rundbögen in romanischer Manier und in finsterem rotem Klinker und auch mit der etwas dunklen Wohnung einverstanden. Er steckt voller Energie, hier eine Musterschule für die Landwirte so bald als möglich einzurichten, und sein Weib folgt voller Neugier.

Auch in der Landwirtschaftskammer in Schneidemühl ist man zufrieden über die Zustimmung des neuen Mitarbeiters. Dieser junge Mann mit dem aktuellsten Wissen aus den Studienjahren in Königsberg und den ersten Erfahrungen an der landwirtschaftlichen Winterschule in Insterburg ist genau das, was hier im Notstandsgebiet in unmittelbarer Nähe der polnischen Grenze erforderlich ist. Also waren beide Seiten einig und voller guter Hoffnung.

Es war 1921, als das Ehepaar einzog, begrüßt von dem gemeinsamen Freund Dr. Tino Rienecker. Einen Blumenstrauß überreichte sicherlich der Gärtner Dinger, seine Gewächshäuser lagen hinter dem Garten. Im September 1923 wurde ich, Dorothea Ursula, geboren. Und natürlich war der Patenonkel eben dieser Dr. Rienecker.

Nun konnte die Begegnung des jungen Ehepaares mit den wichtigen Personen des Städtchens eingeleitet werden. Von vornherein ist für jeden neu ankommenden Beamten in einem Städtchen das Entree geregelt. Am Sonntagvormittag macht man zwischen 11 und 13 Uhr seinen Antrittsbesuch bei den Honoratioren der Stadt, und falls die Herrschaften nicht anwesend sind, legt man seine Visitenkarte auf das kleine silberne Tablett. Ich kann mich noch gut entsinnen, dass im Korridor der Dienstvilla am Birkenplatz auf einem hochbeinigen Mahagonitischchen dieses silberne Tablettchen, groß wie zwei Hände, stand und das Dienstmädchen Anna im schwarzen Satinkleid, kleinen weißem Schürzchen und gestärktem Häubchen dem Besucher die Tür öffnete. Für uns Kinder war das immer ein Heidenspaß, denn wir hockten tief unten auf der Kellertreppe und konnten dem sonntäglichen Ritus lauschen.

Der Konvention entsprechend folgte dann der Gegenbesuch, und so entstand ein gesellschaftlicher Zirkel. Natürlich hatte sich die Ankunft des jungen Direktorpaares schon längst herumgesprochen. Der Bürgermeister hatte beim sonntäglichen Frühschoppen im Hotel Briese die Kunde verteilt.

Und so begannen Fritz und Gertrud Prasse ihre Aufwartung beim Herrn Landrat, der ja als Staatsbeamter die staatliche Seite repräsentierte. Dann kam der Bürgermeister, dann die Kollegen von den verschiedenen Schulinstituten, als da sind der Direktor der Baugewerksschule, der Direktor des Gymnasiums Dr. Rohwerder, der Direktor der Aufbauschule, der in dem fabelhaft gotisierenden Schlossbau am Schlosssee residierte. Wahrscheinlich machten sie auch einen Besuch bei den Bankdirektoren, als da waren der Direktor der Filiale der Deutschen Bank und der Direktor der Stadtsparkasse. Wahrscheinlich suchten sie auch die beiden Stadtpfarrer auf, denn die Schüler der landwirtschaftlichen Schule kamen aus sowohl katholischen wie protestantischen bäuerlichen Betrieben. Zur katholischen Pfarrei gehörte ein Priesterseminar, denn bei den katholischen Bauern war es üblich, dass einer der Jungen ins Priesterseminar und eines der Mädchen ins Kloster ging. Nicht zu vergessen sind die Antrittsbesuche bei den Herren Rechtsanwälten. In meiner Erinnerung ist einmal der Rechtsanwalt, der in einem entzückenden Rokokoschlösschen mit einem Rosengarten lebte, den ich durch das Gartengitter oft bewunderte. (War das meine erste Wahrnehmung von Architektur?) Der andere Rechtsanwalt, dessen Ehefrau ich hie und da mit Mutti besuchte, lebte in einer Etagenwohnung. Und beide Rechtsanwälte hatten keine Kinder, so dass das Bild verschwommen ist. Wie weit Mutti und Papa in den ersten fünf Jahren in Deutsch Krone ihre Freunde damals in die Präparandie eingeladen haben, weiß ich nicht mehr. Aber ich weiß noch gut, dass dann in der Wohnung am Birkenplatz in den großen Zimmerfluchten sich immer wieder viele Gäste versammelten.

Falls es einen Besuch beim Molkereibesitzer gegeben haben sollte, hätte die Freundschaft von Gertrud mit der Tochter des Molkereibesitzers schon früh begonnen. Auch der Fischereibesitzer hatte eine Tochter in Muttis Alter, die zu ihren Freundinnen gehörte. Wie in einer Kleinstadt üblich, entwickelte sich der Freundeskreis ziemlich schnell weiter.

Es gibt Fotos von Muttis neuen Freundinnen. Das waren hier im erste Domizil die Töchter des Fischereimeisters, der auch von meinem Vater zur Mitarbeit in der Schule herangezogen worden war. Und sicher hatte auch der Gärtnereibesitzer nebenan Töchter, die nun zu dem »Cercle« der jungen Damen um Gertrud Prasse gehörte. Natürlich hatte mein Vater auch Herrn Dinger überredet, an der neuen Schule Vorlesungen über Gartenbau zu halten. Eine gute Freundin war auch Frau Beckmann vom Eisenwarengeschäft. Mit ihr ging Mutti zum Schwimmen in die hölzerne, in den Stadtsee hineingebaute Badeanstalt. Ein Foto zeigt beide in schwarzen Badeanzügen, ich auf den Armen von Frau Beckmann. Diese Badeanstalt war noch das Beispiel aller Badeanstalten, die es zu dieser Zeit an allen Gewässern gab. Ein hölzernes Gestell über dem Wasser, drei abgetrennte Becken, für Kinder und Nichtschwimmer – für sportlich Routinierte kam das natürlich nicht in Frage, und Mutti schwamm hinaus auf den See. Der See war extrem tief. Ein hölzerner Sprungturm erlaubte auch Kopfsprünge in die Tiefe, und zum Ausruhen gab es ein hölzernes Floß. Unweit von der Badeanstalt waren die Tennisplätze ein bisschen höher auf einer Böschung unterhalb des Wasserturms gelegen. Sicher hat Mutti auch Tennis gespielt, und die neue Freunde nahmen sie mit zu einer Segeltour auf dem See, der sechs Kilometer lang war.

Im Jahr 1926 wurde Resi geboren. Da ich überhaupt kein Bild davon habe, scheint mich das nicht besonders interessiert zu haben. Es gibt ein Foto aus dem Garten, auf dem ich einen hölzernen blauen Puppenwagen schiebe, ein Geschenk von Onkel Rienecker, mit einer Babypuppe darin, und ein anderes Baby sitzt auf Muttis Schoß.

Dorli und Resi – neue Bürger in der Bismarckstraße

Verständlicherweise kann ich mich nicht an meine Geburt erinnern. Jedenfalls kam ich 3. September 1923 mit Hilfe der Hebamme Fräulein Wiese auf die Welt. Drei Jahre später folgte meine Schwester Resi.

Es gibt einige Fotos von meiner Mutter in einem Korbsessel im Garten hinter dem Haus sitzend und einer Baby im Arm. War das nun ich oder schon Resi?

Mein Vater muss damals – so um 1924–1926 – schon sehr viel fotografiert haben, denn es gibt eine ganze Reihe von Fotos von der kleinen Dorli: die ersten Schritte an den Händen von Mutti hinter dem Haus im Garten, der so weit ging, bis er an die Pflanzbeete vom Gärtner Dinger reichte. Dann schon allein in einer Blechwanne stehend, in der ich wohl der Sommerhitze entgehen sollte – oder wollte – 1925 mit einem weißen Batistschürzchen auf einer Treppenstufe, die wohl aus der Küche führte, an Muttis Hand, und dann die Bilder mit dem aus Puppenwagen aus Korbgeflecht im Garten, begleitet von einer elegant gekleideten Mutter, ein Mädchen von vielleicht acht Jahren und dann vor allem mit »Emil«. Emil war mein Freund. Wohl mein erster Verehrer. Vielleicht 10 Jahre alt. Der Enkel des Schusters, der im Keller des Nachbarhauses seine Werkstatt hatte. Und Emil kam oft zu mir herüber in unseren großen Garten. Da war ich schon drei Jahre alt – 1926 kurz vor unserem Umzug in eine ganz neue Umgebung.

Mutti hatte wohl schon bald Freundinnen gefunden – was sich einfach aus dem beruflichen Umgang des Herrn Landwirtschaftsschuldirektor ergab. Ein frühes Bild von mir als Mini-Schwimmnixe – in der Badeanstalt von Deutsch Krone, auf dem Arm von »Fischen Tante«, der Schwester des Molkereibesitzers Töpfer, ein anderes Mal zusammen mit den jungen Töchtern des Fischereibesitzers im Schlosssee –, der an die Schule zum Lehrer für Fischzucht gerufen wurde.

Ein kühner Entschluss – eine neue Landwirtschaftsschule am Birkenplatz

Die Präparandie-Anstalt wurde zu eng für die Schüler, die sich tatsächlich auf den Weg in die Schule machten – mit der Bahn, dem Fahrrad oder dem Milchwagen, am frühen Morgen. Auch die Alten erkannten, und das war ebenfalls die Arbeit der Propagandisten für die landwirtschaftliche Schulen, dass eine Zukunft für ihre Betriebe nur in einer exakten Schulung liegen konnte. Herr Diplom-Landwirt Prasse rief die Bauern in die Dorfkneipen, um in den Versammlungen die Altbauern zu gewinnen für eine Modernisierung, die den Jüngeren in der landwirtschaftlichen Schule beigebracht werden sollte.

Der Kreisausschuss dieses ländlichen Kreises in der Grenzmark schrieb einen öffentlichen Wettbewerb aus, gerichtet an alle Architekten östlich der Elbe, das heißt, es konnten sich Architekten von Tilsit bis Berlin, von Flensburg bis Dresden beteiligen.

Um was ging es bei diesem groß angelegten Projekt?

Es sollte eine große Schulanlage gebaut werden, eine landwirtschaftliche Schule, groß genug für 50 bis 60 Schüler mit einigen Internatszimmern, eine Haushaltungsschule für die gleiche Anzahl von Schülerinnen und Internat. Labors, Bibliothek, eine Verwaltung für die Betreuung des ganzen landwirtschaftlichen Kreises Deutsch Krone mit den verschiedensten Fachleuten.

Als Standort bot sich ein der Stadt Deutsch Krone gehörendes Grundstück an, am östlichen Rande der Stadt, der sogenannten Jastrower Vorstadt, aber noch innerhalb des neuen Ringwalls, den die Eisenbahn in einem Halbkreis um die Stadt schlug, an der Südbahnhofstraße, günstig zwischen Süd- und Ostbahnhof gelegen. Früher sollten sich auf diesem Feld die Kartoffelmieten der Ackerbürger befunden haben, dann gehörte es zum Hof des Bauern Fenske.

Zum Zeitpunkt, als der Wettbewerb ausgeschrieben wurde, war ein großes Geviert an der Südbahnhofstraße, gegenüber von kleinen ein- und zweistöckigen Bauern- und Handwerkerhäusern, bereits mit hohen Birken umstanden. Da sie immerhin einige Jahrzehnte gebraucht haben mussten, um so hoch zu wachsen, musste man wohl schon früher eine bestimmte Vorstellung zu diesem Platz gehabt haben. Von der Stadt herkommend lag also der vorgesehene Bauplatz zwischen den niedrigen Mauern der den Bauernhof Fenske umgebenden Ställen und dem anschließenden Feld auf der linken Seite, und rechts davon lief die Birkenstraße zum Ost-Bahnhof.

Hier an der Birkenstraße, Ecke Südbahnhofstraße, gab es gegenüber einen Komplex mit Dienstwohnungen, der »Zollhof« genannt, für Zollbeamte und Finanzbeamte, der dem Anschein nach schon um 1905 gebaut worden war, denn dieser zweigeschossige Fachwerkbau mit steilem Satteldach und holzverkleidetem Giebel, Fachwerkschuppen und Waschhäusern um einen Hof, passt so recht in den Traditionalismus der »Heimatschutz-Bewegung«, die 1904 von Schultze-Naumburg gegründet wurde. Diese Neo-Fachwerkarchitektur löste den Historismus ab, in dem der Ostbahnhof 1888 gebaut worden war. Bis zu diesem Bahnhof erstreckten sich die Felder vom Bauern Fenske, die den rückwärtigen Abschluss des Baugeländes bildeten.

Hans Brandt – 1. Preisträger

Überraschenderweise entwickelte Hans Brandt seinen Entwurf aus der fast identischen Grundkonzeption des Königsberger Projektes »Haus der Technik«, von Architekt Hopp. Auch bei ihm eine dreiachsige Anlage, Überhöhung des Mittelteils, bewusstes Absetzen der beiden niedrigen Seitenflügel, gleichfalls ein Cour d'Honneur und Arkadengang, nun aber unter dem Hauptbau zu akzentuieren und durch Ober – und Unterlinien an den Eck-Fenstern der Flügelbauten ein horizontales Motiv ins Spiel zu bringen.

Aber anstatt der Betonung von drei reiner Kuben allerdings jeweils ein hohes schweres Walmdach über den einzelnen Baukörpern.

Ich nehme an, dass diese Walmdächer den Ausschlag gaben für den Brandt'schen Entwurf.

Denn bei allen »aktuellen« Modernitäten, die bei dem fertigen Bau am Ende zu vermerken sind, war gerade die Diskussion um Flachdach (= reiner Kubus) und das schräge Dach, das einen vertrauten weichen Übergang in den Himmel darstellt, die entscheidende, sozusagen »kulturpolitische« Grundsatzfrage dieser Jahre, (und wie wir wissen auch heute wieder) und so musste die Jury für diese traditionelle Körperform entscheiden.

Der 1. Preisträger war also dieser Hans Brandt aus Berlin, der sich als BDA-Mitglied hinter dem Namen auswies, wie es die Satzungen von 1919 forderten.

Ein komischer Kauz muss er schon gewesen sein, denn in dem Revers mit dem Codenamen in dem der Verfasser »Hans Joachim Kunert«. Als der nun als Preisträger deklariert wurde, meldete sich plötzlich ein Dipl. Ing. Hans Brandt aus Berlin-Friedenau und erklärte, er wäre der besagte »Kunert«, der außerdem noch den zweiten Ankaufs-Preis für seinen Alternativ-Projekt erhalten hatte.

Warum diese Geheimniskrämerei?

Hans Brandt hatte gerade, im selben Jahr 1924, den Bau der Hauptverwaltungsstelle der Kreissparkasse in Deutsch Krone abgeschlossen. Wie war zu diesem Auftrag gekommen? Vielleicht stammte er aus dem Kreis. Diese Kreisbank, Ecke Schulte-Heuthausstraße und Gampsstraße ist ein etwas krauses Bauwerk, aus einer Unsumme von architektonischen Zitaten zusammengesetzt, so wie sie scheinbar der Katalog von Hermann Muthesius mit seinen englisch-klassistischen Landhäusern, allerdings aus der Zeit um 1905, dem sensationshungrigen Epigonen anbietet. Auf Naturstein vorspielendem Sockel erheben sich zu jeder Straßenseite mehrere Achsenmotive. Zur Schulte-Heuthausstraße eine dreiteilige hochgezogene Eingangssituation mit Balkon als Kapitel, eingefasst von drei vertikalen Fensterreihen, durch weiße Linien zusammengebunden; zur anderen Straße wird die Horizontale betont, überspielt durch plastische vertikale Vorsprünge, mal flach, mal rund, die in einem klassizistischen Dreiecksgiebel enden, beziehungsweise in einem zeltförmigen Dachvorsprung. Dazu ein mit Knubbelblumen dekorierter weißer Erker auf Konsolen, daneben das schwarze Loch einer Loggia. Kurz ein motivüberladener Bau, der nicht mehr zeitgemäß war, selbst 1922, als man unsicher zwischen den Stilen saß.

Der Entwurf der landwirtschaftlichen Schule wurde dann sehr anders.

Fürchtete Brandt nun, dass er bei der vorauszusehenden starken Beteiligung am Wettbewerb »herunterfallen« würde, mit seiner konsequenten Entscheidung für die Moderne und fürchtete er dabei um sein Renomee in der Stadt?

Wettbewerbsergebnis

Im Mai-Heft von 1925 der BDA-Zeitschrift DIE BAUGILDE erscheint unter den Wettbewerbsmitteilungen das Ergebnis des Wettbewerbs für eine »Landwirtschaftliche Schule in Deutsch Krone.« Auch die DEUTSCHE BAUZEITUNG bringt in Nr. 40, 1925 die Veröffentlichung der Namen der Preisträger, aber führt im ersten Satz an, dass dreiundneunzig Entwürfe eingegangen sind. Das war dann eine stattliche Zahl von Mappen, die da im Kreisbauamt von Deutsch Krone zusammenkamen und in der Bauabteilung beim Kreisbaurat Jung einen ganzen Raum belegt haben müssen.

Die Zahl von 93 Teilnehmer an dieser Konkurrenz erscheint mir für die damalige Zeit sehr hoch. Es konnten ja vorwiegend nur die Architekten sein, die bereits vor dem Krieg gearbeitet oder gerade ihr Examen abgelegt hatten, und da die Mehrzahl dieser Jahrgänge Soldaten werden mussten, dann zu denen gehörten, die heil aus dem Krieg zurückgekehrt waren.

In diesem Jahr 1924, gehörten östlich der Elbe immerhin 534 Architekten dem Bund Deutscher Architekten an (Mitgliederliste).

Von ihnen konnte man schon annehmen, dass sich eine Reihe an dem Wettbewerb beteiligten. Von denen, die erst nach dem Krieg, vor fünf, sechs Jahren, neu mit dem Studium beginnen konnten, werden nur wenige dabei gewesen sein.

Modernes Bauen in Deutsch Krone – der geschichtliche Hintergrund

Wurden in Zeiten der Not dereinst den Göttern die prächtigsten Tempel erbaut, um sie zu beschwichtigen oder nach überstandener Pein zu ehren, so bauten die preußischen Könige Schlösser und Städte, um gegen die Misere von Pest, Missernte und Krieg, die Tod und Vernichtung, Brand und Zerstörung über das Land gebracht hatten, anzutrotzen, um Zeichen zu setzen der noch längst nicht verbrauchter Kraft gegen den triumphierenden Feind, gegen die Mutlosigkeit der Bevölkerung, um sich quasi an den eigenen Haaren aus dem Sumpf zu ziehen.

Als 1709/10 die Pest über Ostpreußen gezogen war, nachdem der brandenburgische Kurfürst Friedrich III. sich gerade erst 1701 in Königsberg zum König Friedrich I. in Preußen hatte krönen lassen, und von dieser Provinz aus, die Geschichte eines glorreichen preußischen Königreiches starten sollte, aber nun die Bevölkerung nahezu ausgerottet wurde, Dörfer und Städte sich leerten und sich selbst überlassen verfielen, der Acker unbestellt blieb, ließ der Sohn Friedrich Wilhelm I., der 1713, der drei Jahre nach der Katastrophe den Thron bestieg, nicht nur wie schon sein Vater und sein Großvater den flüchtenden Protestanten aus Frankreich und Salzburg die Grenzen öffnen, damit sie sich hier ansiedeln konnten und die Provinz wieder zu einem blühenden Land werden ließen, sondern er ließ durch die »Retablissements-Order« Gelder aus steuerlichen Einnahmen zum wirtschaftlichen Aufbau Ostpreußens bereitstellen, zum Wiederaufbau von Dörfern und Städten und für neue Ansiedlungen. Am Ende seiner Regierungszeit 1740 war Ostpreußen denn auch um 160.000 Einwohner gewachsen und zählte 600.000 Seelen.

»Der Kerl hat Geld – muss bauen«, war sein kategorischer Ausspruch, der ja auch weiterhin gelten sollte bei seinen königlichen Nachfolgern, die sich als strenge Väter ihrer Untertanen verstanden, die zu ihrem eignen Wohlergehen gezwungen werden mussten. Seinen adligen Gutsbesitzer befahl er, durch den Bau von prachtvollen Gutshäusern Preußens Überlebenskraft darzustellen, den hämischen Nachbarn, den Schweden, Russen und Polen zu zeigen, dass die Bewohner dieses Preußen und ihr König nicht so schnell wieder aufgeben würden. Damals entstanden in dem ausgepowerten Land die großen Herrensitze der Dönhoffs, wie Dönhoffstaed, nachdem Friedrichstein schon unter dem ersten preußischen König 1709–1714 in seiner ganzen barocken Pracht gebaut worden war, die der Grafen Dohna mit Schlobitten, der Schlieven, Schloss Finkenstein, Schloss Sanditten. Königsberg galt als eine der größten deutschen Städte und erreichte fast die Einwohnerzahl von Berlin.

Auch sein Sohn Friedrich II. sah im Bauen einen politischen Akt.

Noch während die beiden Schlesischen Kriege (1740–42, 1744–45) die Wirtschaft des sich plötzlich eroberungssüchtig gebärden den Preußen über seine Maßen anstrengten, ließ er nicht nur 1742–43 die Oper in Berlin erbauen, 1744–45 das Schloss Charlottenburg neu gestalten, auch sein Lustschloss Sanssouci war ein Kriegskind, 1744–47 errichtet als Sinnbild eines doch nur musischen und friedfertigen Königs. Aber als er dann 1763 den Siebenjährigen Krieg endlich mit dem Frieden von Hubertus beenden konnte, einen Krieg, der das Land bis auf den letzten Heller ausgepresst hatte, Verwüstungen in all seinen Besitzungen bis einschließlich Berlin die Spuren des Krieges nachzeichneten, und er unmittelbar danach mit dem Bau der kalten Pracht, des Neuen Palais in Potsdam begann, war das eine Trotzgeste gegen Not, Elend, den Schutt und die Asche, die sein Land bedeckten. Eine Demonstration der ungebrochenen Kraft Preußens und seines Willens, mit dem Neubeginn nicht einen Tag zu warten und preußische Geschichte auch durch die Pracht seiner Bauten zu machen.

Seine nächste Eroberung ging friedlich vonstatten. 1772 war es ihm gelungen – und wie schon zehn Jahre zuvor, waren es wieder die Russen, die ihm hilfreich waren –, die Verbindung von Brandenburg-Pommern mit Ostpreußen herzustellen, durch die Einverleibung Westpreußens und des Netzesdistrikts.

Minister von Rhode nannte es in der Huldigungsrede am Vereinigungstag:

» ... dasjenige Land, so ehemals dem preußischen Adler entrissen worden, unter seine Flügel wiederum zurückgekehrt ...«

Was für ein offenbar miserabler und uneffektiver Erwerb allerdings dieses Westpreußen, zu dem auch Deutsch Krone gehörte, gewesen schien, beschreiben die Worte der preußischen Übernahmekommission: »Einige Städte glichen mehr Trümmerhaufen als menschlichen Ansiedlungen. In den Straßen musste man einige Fuß tief graben, bis man unter Schutt und Unrat das Straßenpflaster vorfand. Zahlreiche Dörfer waren ganz eingegangen, und man fand deren Spuren hin und wieder mitten in tiefen Wäldern. Die alten festen Städte, Schlösser genannte, liegen in Schutt und Asche. Der Bauernstand ist ganz verkommen, ein Bürgerstand existiert gar nicht.« (Hubatsch: Friedrich der Große und die preußische Verwaltung)

Aber wie schon seine Vorgänger in Ostpreußen, setzte Friedrich nun auch für dieses, 1366 dem polnischen König überlassene Gebiet, auf die Kolonisierung durch Einwanderer aus dem Westen und das »Retablissement einer Provinz«, um das zurückgewonnene Land zu einem produktiven Faktor seines Staates zu machen. Gelder flossen in die Städte und Dörfer, um sie wieder aufzubauen, darunter war auch Deutsch Krone, rund tausend Handwerkerfamilien zogen in eigens errichtete Werkstätten nebst Wohnungen, und der Aufbau einer Manufaktur gehörte mit in das Programm des Wiederaufbaus. Allein im Netzbezirk entstanden fünfzig neue Dörfer, durch den Bau von Kanälen und Straßen wurde das Land erschlossen. Um die Repräsentanz preußischer Prosperität auch hier in Westpreußen mit Aplomb darstellen zu können, erlaubte Friedrich sogar, dass die aufgelassenen polnischen Güter mit deutschen bürgerlichen Grundeigentümer besetzt werden durften, ganz entgegen dem bisherigen Prinzip, den Großgrundbesitz ausschließlich in der Hand des Adels verbleiben zu lassen.

»Aber ein deutscher Kaufmann war ihm lieber, als ein polnischer Edelmann, der sein Geld nach Polen trug und in Warschau lebte.« (Hubatsch: Friedrich der Große und die preußische Verwaltung)

So datieren neue stattliche Gutshäuser in Westpreußen, zu dem nach 1773 auch der Netzesdistrikt gehört, zurück auf die Jahre nach der preußischen Wiedereingemeindung. Wie auch manches Schulgebäude, so das Katholische Gymnasium in Deutsch Krone von 1798 und natürlich auch Befestigungsanlagen. Auch Deutsch Krone erhielt damals eine Kaserne. Der Staat hatte in das Westpreußische Retablissement in den Jahren von 1775 bis 1786 mehr als 6,7 Millionen Taler einfließen lassen, für die damalige Zeit eine sehr hohe Summe, von der Städtebau, Meliorationen, Kolonisten, Kanäle, Festungen und Fabriken bezahlt wurden. (vgl. Hubatsch)

Die städtebauliche Situation und die Impression eines Gebäudes

Im Deutsch Kroner Heimatblatt vom August 1986 lese ich eine Briefstelle, in der sich eine ehemalige Schülerin der Aufbauschule, die am Ende der Südbahnhof Straße zum See hin lag, erinnert:

»Während der Schulzeit gingen wir oft die Südbahnhofstraße entlang und hatten dort eine ganz besonders schöne Augenweide, die landwirtschaftliche Schule, die zu damaliger Vorkriegszeit eines der schönsten neuen Gebäude in unserer Heimatstadt war und es noch heute ist; Blickfang die Spitzbogenarkaden, der große Rasenplatz davor, dicht von Birken umstanden.

Ich selbst sah das noch poetischer:

Hinter dem zarten grünen Schleier hoher Birkenbäume schimmerte ein weißes Schloss. Kiesbestreute Wege führten um ein weites Rasengeviert zu einer breiten Freitreppe, auf der der Besucher gelassen zum Cour d'Honneur hinaufschritt.

So war es.

Städtebaulich stellte der mit Birken bestandene rechteckige Platz bereits die Vorgabe für die Lösung da. Eine breit gelagerte axiale Anlage schien sich anzubieten, der klassische Typ eines herausragenden öffentlichen Gebäudes – ungeachtet der wenig pompösen Umgebung vom Fenskeschen Bauerngehöft, zweigeschossigen Handwerkerhäusern gegenüber und dem Fachwerk des Zollhofes. »Die Verbindlichkeit typenprägender Tradition bleibt bestehen«, sagte der Karlsruher

Professor Friedrich Ostendorf in seinem Buch: »Bücher vom Bauen 1913–1920«, eine Einsicht, die auch heute wieder bestätigt wird durch die Thesen der postmodernen Martin O. Ungers und Kollegen.

Hier nun also eine Form des Barockpalais im Gegensatz zu Hermann Muthesius und Theodor Fischer, die die Befreiung vom Zwang der akademisch gegliederten Fassade als städtebauliches Prinzip gefordert hatten und in der Architektur des Neuen Bauens seine Vollendung finden sollte.

Der bekieste Weg um den Rasenplatz wurde nur selten von den Besuchern gegangen, nicht von den Schülern und schon gar nicht von uns Kindern. Der, der da knickochsig in gehobener Stimmung sich dem Schloss näherte, feierlich die flachen Stufen der Freitreppe zwischen zwei grob bekiesten Mauerblöcken emporstieg, musste schon ein Fremder sein, das sah Frau Nickel gleich von Ferne, wenn sie sich mit ihrem Reisigbesen um das Haus zu schaffen machte. Frau Nickel war die Hausmeisterfrau und hatte alles im Auge. Wir, die Eingeweihten, nahmen den Weg entlang der Fenskeschen Hofmauer, den Fahrweg zum Hof mit schmalem Bürgersteig und dann rechts um die Buchenhecke hinauf zur Schule.

Aber auch wir Kinder hatten die ganze Pracht vor uns, dann wenn wir die Freitreppe zum Sportgerät banalisierten, von den Mauerblöcken sprangen, oder gar versuchten, mit langem Anlauf über ihre ganze Breite herunterzuspringen. Vor der Freitreppe war, um das barocke Erlebnis zu vervollkommnen, ein rechteckiges Wasserbecken aus grobem Naturstein in den Rasen eingelassen. Aber nie hat sich darin der Himmel gespiegelt – die Isolierung muss von vornherein nicht geklappt haben. Manchmal sammelten sich Regenpfützen und dann setzten wir einen unglücklichen Frosch dort hinein, den wir im feuchten Gras gefunden hatten und an dem wir nun, auf Kinder Art, Verhaltensstudien treiben konnten. Doch bald war die Pfütze ausgetrocknet, der Frosch verendet oder geflohen. Oberhalb der Treppe also erst einmal der mit groben Kies beschüttete Platz, gefährlich für unsere Stürze – zwischen den drei Baukörpern.

Und dann als dominierendster Eindruck und dem Ganzen sein Gesicht gebend, die spitzbögigen Arkaden unter dem breiten Mittelbau.

Was sollte hier der Geist der Gotik ausdrücken?

Eine Gefühlswelt – die Sehnsucht nach der Gemeinschaft des Landvolkes – die Koexistenz des ganzen Volkes mit dem Bauern, die Rückbesinnung auf die Wurzeln der Nation – im Gefolge des unseligen Krieges. Die Gotik bedeutet vielerlei: den Sieg des Ausdrucks über den Zweck, die Garantie einer neuen, über den Krämergeist der Gegenwart erhabenen Gemeinschaft (Wolfgang Pehnt, Die Architektur des Expressionismus S. 52, 1973). Alles Definitionen aus dem Vokabular der expressionistischen Architektur-Bewegung, die bereits vor 1914 einsetzte, und von Peter Behrend in dem Verwaltungsgebäude der Farbwerke Höchst 1920–24 exemplarisch vorgeführt wurde. Die Arkaden vom Krematorium in Wien 1922–24 von Clemens Holzmeister sahen genauso aus wie die von der landwirtschaftlichen Schule.

Schließlich ging es ja auch hier um einen hohen Gedanken, das Jungvolk, den bäuerlichen Nachwuchs, der wie die Kulturreformer es sahen, für die wichtigste Aufgabe des Bauern ausgebildet und geformt werden sollten. Der Inhalt dieses Pathos mag den Beschauern unbekannt geblieben sein, aber sie waren beeindruckt von den breitbeinigen spitzen Bögen in dem rauen Putz des Sockelgeschosses. Und wir konnten wunderbar – vom Regen geschützt – darunter Roller fahren.

Hinter den hohen Fenstern über dem Arkadengang lagen die Unterrichtsräume, die fast quadratischen Fenster darüber gehörten zu den Internatsräumen der Schüler und den Wohnungen der Lehrkräfte. Die Sprache der Architektur also ablesbar, als das hohe Haus der Gemeinschaft von Schülern und Lehrern, behütet von dem hohen schweren Walmdach aus roten Ziegeln.

Beschreibung eines Bauwerkes

Dieses hohe Walmdach wird zum weithin erkennbaren Zeichen der landwirtschaftlichen Schule. Der Architekt dieser Tage musste nicht mehr konsequent eindeutig sein, selbst wenn er scheinbar die Symmetrie als »große Form« zur Grundidee des Gebäudes macht, so erlaubte er sich im Sinne des Expressionismus die Freiheit, mit den Seitenflügeln »plastisch« umzugehen. Einmal legt er den First des Walmdaches zwar parallel zum Hauptbau, aber völlig isoliert, über den wesentlich niedrigeren Baukörper des Direktorhauses, und bei dem nur um ein weniges niedrigeren Seitenflügel der Haushaltungsschule stellt er den First in entgegengesetzter Richtung. Um das Thema »Schule« ablesbar zu machen, wird für die Haushaltungsschule die Ordnung der Fenster von der Landwirtschaftsschule übernommen. Diese extrem hohen schmalen Fensterausschnitte in der Mauerfläche vom Mittelbau, die unabhängig vom Achsenmaß der darunterstehenden Arkaden einen eignen Rhythmus für die Klassenräume bilden und auch an der Nordseite für Klassen und Büros fortgeführt werden, tauchen jetzt den großen Speisesaal in das weiß graue Licht eines Wintertages, wenn die Jungen und Mädchen, die während des Winterhalbjahres im Internat bleiben, und das mögen um die vierzig junge Leute gewesen sein, sich hier zum Mittagessen versammeln. Mit Schiebetüren unterteilt, werden aus dem Saal zwei Unterrichtsräume, in denen genäht oder über die Aufzucht von Hühnern theoretisiert wird.

Die Moderne fordert: lichtdurchflutete Räume

Der Expressionismus fordert: Plastik.

Also durchbricht Brandt für den großen Saal, der über die ganze Front geht, die beiden Mauerecken und setzt jeweils ein großes Übereckfenster ein. Durch diese Aushöhlung wird der Kubus scheinbar entmaterialisiert und die Plastik des Baukörpers durch einen markanten Strich aus vorgezogenen Platte über und unter diesem »Loch« noch einmal unterstrichen. Ein Motiv, das sich im Büro des Herrn Direktors an der Hofseite des Mittelbaus wiederholen wird. Das hohe Fensterthema zieht sich weiter um den Block herum, um die große Lehrküche. Auch die Zeile der kleineren Fensterausschnitte im dritten Geschoss wird bei der Haushaltungsschule fortgesetzt, hinter denen sich nun gleichfalls die Internatszimmer der Mädchen befinden, genauso wie die Appartements der Lehrerinnen. Wenn Zapfenstreich geblasen war für die Internatsschüler und strenge Direktorin außer Haus, hingen die Mädchen im Flurfenster, die Jungen im letzten Internatsfenster und schwatzten lachend über die Ecke hinweg bis endlich das erboste Fräulein Berger heimkehrte und dem nächtlichen Gealber ein Ende machte.

Vom Erdgeschoss dieses Flügels kann man hier nicht recht sprechen; das hatte der Architekt hinter einem hochgezogenen Rasenstück versenkt, um das er das Motiv des grob verputzten Sockels, nun als ein Mäuerchen von vielleicht ein Meter Höhe, herumzog. Für die Hauswirtschaftsräume blieben ein, zwei vergitterte kleine Fensterschlitze übrig. Der bescheidene Eingang in die Haushaltungsschule seitlich vom Platz schien etwas erstaunlich, aber nach der Vorstellung des Architekten sollte die Eingangszeremonie unter den Arkaden konzentriert bleiben. Das war natürlich Theorie, weil die Haushaltungsschülerinnen dann erst entlang der Klassen landwirtschaftlichen Schule und noch einmal knickochsig in ihren Schulbereich hätten marschieren müssen. Also blieb es bei der einfachen Holztür neben dem Bügelzimmer, eine schmale dunkle Treppe hinauf, bis das Licht vom großen Korridorfenster den Besucher empfing.

Auch die Rückseite des Haupthauses hat ihr eigenes Gesicht. Vom Ostbahnhof kann man herübersehen – das große Walmdach, und wenn im Winter die beiden damals noch niedrigen Bäumchen keine Blätter trugen, ist ein monumentales dunkles Dreieck vor dem weißen Haus zu erblicken. Hinter dieser Dreieckscheibe verbirgt sich ein zweiläufige Freitreppe. Sehr plastisch, sehr pompös vor der glatten Fläche des lang gestreckten Baukörpers.

Aber wozu? Wo kommt sie her, wo führt sie hin? Vom Schulkorridor aus sollten die Schüler wohl hier im Hof ihre Pausenspaziergänge machen. So hatte der Architekt ohne Frau Nickel zu kennen, gedacht, denn dem Pathos musste ja auch eine Realität unterlegt werden. Aber dem hatte man sogleich einen Riegel vorgeschoben. Die Tür zu dieser Außentreppe, vom Podest der Haupttreppe, wurde sofort verschlossen. Es gab da keine jungen Burschen, die in den Ecken und Höfen vom Hausmeister und vom Herrn Direktor herumstrolchen konnten, der Frau Henkemeyer in ihrem Garten beim Rosenkohlpflücken zuschauen oder gar Fußball spielen wollten, denn auf der langgestreckten Wiese vor dem Haus wurde die Wäsche von der Haushaltungsschule und den drei Familien gebleicht und ständig flatterten riesige weiße Betttücher auf den Leinen, die von langen Stangen hochgehalten wurden.

Die Treppe blieb uns Kindern vorbehalten, zum Hopsen, man saß darauf und schwatzte, und manchmal schloss Frau Nickel die Tür auf, um zu fegen. In der Achse dieses vorgestellten Dreiecks war unten eine kleine unscheinbare Tür, die Wirtschaftstür für das Haus. Henkemeyers gingen hier zu ihrem Garten, wo sie auch einen Sitzplatz hatten. An ihrer Wohnung neben den Internatszimmern gab es nur einen Balkon gen Osten. Aber vor allem versteckte sich unter der Treppe eine Kammer in der Papiersäcke mit Düngemittel standen, Thomasmehl, Phosphate, als Unterrichtsmaterial, in dem wir zu gern herumstöberten, und dann weiß bepudert von unseren verbotenen Spielereien Zeugnis gaben.

Frau Nickel, die Hausmeisterfrau und ihr Mann, der Lokomotivheizer, wohnten auf der westlichen Seite des Haupthauses im Erdgeschoss, gen Osten waren die, wie uns schien, tiefer gelegenen riesigen Heizkeller, in denen Herr Nickel herrschte.

Die Dienstvilla

Doch nun zu »unserem Haus«, die Villa des Direktors. Hier zeichnet der Architekt ein ganz individuelles Gesicht.

Das Haus ist nicht mehr Teil der Schule, sondern etwas »Privates«.

Gleichwohl steht es zum Birkenplatz auf demselben Sockelmotiv aus erhöhter Rasenfläche von einer grob mit Putz beworfenen Mauer umgeben wie bei der Haushaltungsschule.

Es hat nur zwei Geschosse und was sich drüben bei den Schulhäusern additiv reiht, ist hier asymmetrisch phantasievoll gestaltet. Der Eingangsbereich ist dominierend an der Seite zum Platz gesetzt. Wieder mit der ausgehöhlten Ecke, die sich mit dem Zitat des Spitzbogens schmückt, zwei Bögen, die sich über Eck stützen. Eine stattliche Treppe zwischen Mauerblöcken führt hinauf zum Podest, einer Loggia mit einem Holzgeländer, auf dem ich »Klavier spiele«, einen kreischenden Kinderchor ein paar Stufen tiefer auf dem Rasen dirigierte. Das ganze Motiv in einem um die Ecke führenden grauen Putzfeld, genau wie bei den Arkaden im Mittelbau, aber hier nun in zwei exakten, gut proportionierten Rechtecken. Ein horizontaler, grau geputzter Streifen läuft als Schein-Sockel unter den beiden Fenstern der Wohnräume, mit ochsenblutfarbenen Klappläden, bis zur angrenzenden Gartenmauer fort. Dieses Spiel mit den Mauern und grauem derben Putz gegen den weißen Rauputz, das dunkle Rot der Fensterkreuze und Läden war schon sehr gut durchdacht, um möglichst viel Bewegung in die vorgeschriebenen Baumassen zu bringen.

Im Obergeschoss, wo die Schlafzimmer liegen, dann eine Reihung von vier kleineren Fenstern, wie sie schon in den beiden anderen Häusern aufgetreten sind, sozusagen als Anbindung.

»Unser Haus« – also der rechte Flügel der höfischen Anlage liegt als Wohnhaus mit normaler Geschosshöhe mit seiner Traufe um Wesentliches tiefer als der Mittelbau. Durch sein völlig unabhängiges, längst gerichtetes Walmdach schien es fast gelöst von dem Gesamtkomplex dazustehen, – so wie man es bisweilen bei französischen kleinen Renaissance Schlössern findet. Durch einen etwas unglücklich angeklebten hinteren Anbau, konnte mein Vater vom Haus direkt in den Bürotrakt hinübergehen. Nach vorn, zur allgemeinen Auffahrtsstraße war der Kubus eindeutig asymmetrisch angelegt, – mit den zwei Arkadenbögen, die übereck geführt waren, und zwei schmaleren Fenster mit Holzklappläden. Die vier im gleichmäßigen Rhythmus darüber liegenden Schlafzimmerfenster übernahmen dasselbe Maß, das um den gesamten Bau herum die Schlafräume signalisiert hatten.

Um der Plastik des gewichtigen Eingangsmotivs ein Gleichgewicht zu geben, dann in der äußersten Ecke, von Süd nach Ost, da, wo unser Kinderzimmer liegt, das bekannte Übereckfenster.

An der Ostseite der »Villa«, zum ummauerten Garten, nun zur Abwechselung wieder einmal eine axiale große Allüre:

Eine breitgelagerte Terrasse vor dem Esszimmer, von der eine genauso breite Freitreppe zwischen gemauerten Wangen in den ebenfalls barock angelegten Garten – mittiges Rasencarree, Rosenrabatte und in jeder Ecke ein Pfingstrosenstrauch – führt, wird flankiert von zwei Fenstern. Mittig darüber ein Balkon in derselben Breite, eine Fenstertür vom Elternschlafzimmer in der Achse. Das Ganze bekrönt vom Dreieck des Walmdaches mit ausdrucksvoll proportioniertem flachen Aufschiebling und genau als Punkt ein etwas mageres dreieckiges Dachfenster. Das herüberschielende Übereckfenster wirkt als Salz in der Suppe.

Um die Hausseite herum ergibt sich ein Hof – da wo unser Haus sich nur wenig in den Mittelbau schiebt und der Übergang ins Büro für den Herrn Direktor durch ein ziemlich unglückliches Verbindungsstück hergestellt wurde, auf den dann schließlich Henkemeyers Balkon gesetzt wurde. Die Fenstermaße von unten nach oben ziehen sich auch über diese Nordseite, das Esszimmerfenster, ein Küchenfenster, drüber das Fenster vom Elternschlafzimmer, Bad und die vom Korridor und Treppenhaus. Für Kinder, Dienstmädchen und Bettler gab es in dem Verbindungsbau noch einen zweiten Hauseingang. Die vordere Haustür blieb den Eltern und Gästen vorbehalten – so hieß es. In diesem Höfchen standen wir Kinder und brüllten zu Anna oder Ida in die Küche hinauf: »Wir wollen ein Marmeladenbrot.«

Manchmal war es auch ein Schmalzbrot, das sie uns zu Gefallen in Pergamentpapier wickelte und aus dem Fenster warf.

Sonst hätte sie die Treppe herunterkommen müssen, denn das Haus saß hier hinterrücks auf einem beachtlichen Sockelgeschoss, so dass die Kellerräume gut belichtet waren. Die Haustür hielt man damals gut verschlossen, waren in diesem Jahren doch viele Bettler und Zigeuner unterwegs, die zwar ihr Schmalzbrot an der Hintertür zugesteckt bekamen, aber nicht immer zufrieden damit waren.

Eine Wand des Höfchens ergab die Autogarage unseres Vaters. Sie wurde erst nach unserem Einzug 1926 angebaut, wie man aus den ersten Fotos entnehmen kann. Allem Anschein nach war es für einen Berliner Architekten noch nicht ganz einsichtig, dass schon 1924 eine Garage zu einem Neubau gehören musste, insbesondere hier im kalten Osten, wo ein eingefrorener Motor für den Leiter der landwirtschaftlichen Wirtschaftsberatungsstelle der hinaus in den Kreis fahren musste, schon zu einem harten Problem werden konnte. Nicht nur den Pferden legte man im Winter eine Decke um, sondern auch dem Motor eines Autos. Für die Garage von Dr. Henkemeyer gab es dann später keine Wand mehr, an diesem »plastisch durchgebildeten Bau« und so bekam er ein Garagenkästchen isoliert an die Hofmauer gegen das Fensk'sche Feld gestellt.

Nach heutigen Maßstäben wäre dieses Haus für einen Schuldirektor viel zu pompös. Aber hier war ein notwendiges Architekturelement nun zu einer solchen Privatvilla geworden. Und scheinbar nicht zu Unrecht schrien die Kinder aus der Polenbaracken an der Birkenstraße, hinter der über zwei Meter hohen Mauer unseres Gartens:

»Der reiche Prasse und der arme Lazarus.«

Diese für Deutschland optierten Polen hatten um 1920 die nun polnisch besetzten Provinzen verlassen, wo sie zu den ärmsten Schichten gehört hatten, in der Hoffnung, dass es ihnen im »Reich«, wie man sagte, besser gehen würde als unter der neuen polnischen Bevölkerung, die ja erst aus allen Landesteilen zusammengeholt werden musste. Aber bis wir 1935 wegzogen, lebten sie immer noch in dem Barackenlager, erst nach und nach konnte die Stadt für sie neue Häuser bauen.

Ihre hämischen Rufe, unsichtbar hinter der Mauer, versetzten uns in Angst und Schrecken. Wenn es zu bunt wurde, stürmte Frau Nickel um die Mauer und mit erhobenen Fäusten drohte sie ihnen die schlimmsten Strafen an. Tatsächlich gab es wenig Dienstwohnungen in der Stadt, die unserem

Haus gleichkamen. Nur für den Landrat war – wohl zu ähnlichen Zeit – ein stattliches Haus mit Mittelachse und zwei angedeuteten Seitenflügeln, einem Säulengang unter einem großen Walmdach auf einem riesigen Grundstück an der Schlochauer Straße gebaut worden. Für die anderen Beamten, die nach 1920 in die Stadt kamen, als Deutsch Krone im Grenzland eine neue Bedeutung zugekommen war, war eine Reihe kleinerer Doppelhäuser im Bereich der Gampstraße entstanden, dem neuen »Villenviertel«, für den Stadtbaumeister Baumeister, für den Stadtrat Schach, dem Kreisbaumeister Jung und den Bürgermeister Sperling, der schon seit 1917 Chef der Stadt war.

Unser Haus war also ein modernes Haus, funktionell aus dem Gebrauch durch eine »auch in ihrer Binnenstruktur liberal gewordenen Familie« entwickelt (Burckhard »Der Werkbund«).

Ich zitiere Burckhard weiter und entdecke, dass unser Haus genau seiner Definition eines modernen »Landhauses um die Jahrhundertwende entspricht, wozu er das Landhaus von Muthesius von 1906 in Berlin-Dahlem, das Haus Neuhaus anführt:

»Bei der großbürgerlichen Villa, die sich in Deutschland ab 1800 bis 1860 entwickelt hatte, lag, wenn ein Vorgarten vorhanden war, der Eingang an der Seite, die Salons vorn, Speisezimmer nach hinten, das Schlafzimmer kam zu den Kindern in das Obergeschoss, die Remisen – jetzt Garagen – an den Hof.

Ab 1890 fand eine rapide Veränderung statt, als eine zweigeschossige Halle eingeführt wurde, oder in kleineren Verhältnissen, eine Diele mit dem Treppenhaus zusammen kombiniert wurde, und als Funktion einer Verkehrsknotenpunktes – auch mehr oder weniger bewohnt – benutzt wurde.

Somit entstand eine freie einheitliche Lebensführung in der die patriarchalische Kontrolle von Frau und Kindern aufhörte.

Die Grenze zwischen privat und öffentlich liegt nicht mehr zwischen »täglichen und guten« Zimmern, sondern an der Schwelle jedes Zimmers, jedes einzelnen Familienmitgliedes. Durch die Galerie müssen die Kinder wissen, welche Kommunikation mit einem Besuch unten in der Halle schicklich ist, je nach Tageszeit und Grad der Bekanntschaft.

(Dieser Typ wurde zum Begriff des Berliner Landhauses.)

Unser Berliner Architekt Hans Brandt hatte diesen Typ genau studiert und war ihm nun hier bei uns weitestgehend gefolgt.

Der Eingang lag an der Seite, nach vorn orientiert, während als Vorgarten die erhöhten mauerumgebenden Rasenstücke fungierten und als Barriere zu dem vorbeiführenden Weg und gegen den öffentlichen Platz vor der landwirtschaftlichen Schule dienten, wo die Schüler in den Unterrichtspausen lärmten und trotz Verbot auch schon mal Fußball spielten.

Wenn es geklingelt hatte, eilte das Dienstmädchen herbei und öffnete die Tür.

Nehmen wir an, es war die Zeit von Muttis Kaffee-Kränzchen, Nachmittag gegen vier Uhr. Der Gast, sagen wir Frau Zerbe, die Frau des Schlachthofdirektors, durchschritt zuerst einen hellen Windfang mit einem Fenster links, dann hielt Anna oder Ida den einen Flügel der doppelten Pendeltür auf, was für ein Wohnhaus schon ziemlich extravagant scheint, und Frau Zerbe betrat nun eine scheinbare Halle, die sich aus dem gegenüberliegenden hohen Treppenhaus ergab, aus der das Licht herunter auf die roten Fliesen fiel. Es gab außerdem noch ein Fenster links vor den Garderobenhaken, wo es dann nicht sehr elegant weiter hinter zum Keller und Hofeingang ging. Gemäß Burckhards Anweisung hingen wir oben über dem Geländer der Galerie und wussten sehr genau, dass wir keine Kommunikation mit dem Geschehen da unten aufnehmen durften, bis wir zum »Guten Tag« sagen hinuntergerufen wurden, um unser Knickschen zu machen, und wenn es um einen sehr zu ehrenden Besuch ging, sogar dabei einen Handkuss zu zelebrieren – br-br-br.

Von diesem »Verkehrsknotenpunkt« erstreckte sich der Korridor nach rechts hinüber, wo dann das ablief, was Burckhard als typisch für das moderne Haus beschreibt, da lag zuerst das Damenzimmer, anschließend, sozusagen »fließend« das Herrenzimmer, mit einer Schiebetür zu trennen, beide zum Birkenplatz hin, dann knickachsig das Esszimmer oder genau in der Flucht des Korridors mit der großen Gartenterrasse gen Süd-Ost und einem Fenster zum Hof. Daneben die Küche und Wirtschaftsräume nach Norden.

Und dann war man wieder am Treppenhaus gelandet. Das war wirklich sehr dekorativ, denn wie es sich für so einen so wichtigen Funktionsmittelpunkt gehört, war es mit alten römischen Waffen geschmückt, hoch oben, rund unter der Galerie. Diese Waffenkopien stammen aus dem ehemaligen Gutshaus von Papa, Gniefkau, und machten einen sehr martialischen Eindruck.

Vom mittleren Treppenpodest führte eine Tür zu Papas Büro in die landwirtschaftliche Schule hinüber, und mit dem zweiten Lauf kam man nach oben, wo an der Galerie das Zimmer vom Dienstmädchen lag und ein Kinderzimmer, dann schloss sich der Korridor an, von dem aus es in das große Kinderzimmer ging, zum Elternschlafzimmer, das Badezimmer. Zurück auf die Galerie ging es von hier aus hinter einer verschlossenen Tür, zum Dachboden und darunter in eine Kleiderkammer. Der Architekt hatte an alles gedacht.

Moderne Sachlichkeit für das Interieur und wie eine Familie damit lebt

Den Damen des Kaffeekränzchens mögen bei ihrem ersten Besuch im neuen Haus ihrer lieben Freundin Gertrud Prasse, damals im Winter 1926, die rauen Wände und der Rupfen doch wohl etwas befremdlich vorgekommen sein – aber riesig interessant war es schon, was der Architekt, ganz nach der Devise der modernen Sachlichkeit, den staunenden Provinzlern bot.

War man eben erst durch einen gotischen Bogen geschritten – was konnte einen da noch überraschen, schließlich keine blumige Damasttapete, wie bei sich zu Hause.

Der Windfang war weiß gestrichen, genau wie die Wände vom Korridor, oberhalb einer naturfarbenen Rupfenbespannung, die bis zur Türhöhe reichte. Dunkelrote Bodenfließen bildeten dazu einen starken Kontrast. Die Holztreppe nahm den Honig-Ton des Rupfens auf, während das Weiß der Treppenhalle im hellen Tageslicht erstrahlte, das sich weiter hinaufzog bis in den oberen Korridor. Für dieses puristische Entree hatte meine Mutter, als gelehrige Schülerin des Architekten, ein hochbeiniges, streng kubistisches Tischchen in Nussbaum anfertigen lassen, darüber einen langgestreckten Spiegel in kantigem Rahmen, der das Licht vom Treppenfenster auffing. Dort stand die Schale für die Visitenkarten. Damals noch ein wichtiges Requisit, denn neu in die Stadt versetzte Beamte, die höheren Offiziere, pflegten zur rechten Zeit und Stunde ihren Antrittsbesuch zu machen.

Nach dieser ersten Lektion zum Stil der Moderne, waren die Damen dann wohl recht erleichtert, als sie in Muttis Damenzimmer eintraten. Biedermeier-Atmosphäre in einem quadratischen Raum, der in das sanfte Grün der Birken getaucht war, die vor dem Fenster, genau in der Mitte, hinter den weißen Voilevorhängen ihre Zweige hin und her schwangen. Zartgrün war auch der Wandanstrich. Blieb der Architekt nun auch in den Wohnzimmern konsequent und hatte er den Binderanstrich unmittelbar auf den Putz streichen lassen oder gestattete er eine Papiertapete darunter?

Der Fußboden war aus naturfarbenen lasierten Holzdielen gefügt, wie in allen Räumen, die tüchtig mit Wachs eingerieben und gebohnert werden mussten. Darauf lag ein Perserteppich. Die Biedermeiermöbel aus Mahagoni gehörten zur Aussteuer meiner Mutter und stammten aus einem Nachlass in Insterburg. Da war der ovale Tisch mit einem Mittelfuß, der sich unten dreimal spreizte, mehrere grün bezogene Polsterstühle mit runden Lehnen und asymmetrisch, halb in der einen Fensterecke, das Sofa mit dem klaren Streifenmuster, schwarz und hellgrau in Samt, wie die Deutschen Werkstätten ihn damals lancierten. Diesen Stoff hatte meine Mutter von ihrer alten Handarbeitslehrerin, Frau von Francheville, zur Hochzeit geschenkt bekommen. Trude Hoffmann war ihre Lieblingsschülerin gewesen, denn sie zeigte sich in allen möglichen Handarbeitssachen besonders geschickt und wurde zum »Entknoten« eines verunglückten Strickstrumpfes (auch ich habe so etwas noch gelernt) oft sogar in die höheren Klassen des Mädchen Lyzeums geschickt, wie Mutti mir heute noch mit spürbaren Stolz erzählt.

In der anderen Fensterecke stand ein Thonet-Schaukelstuhl, der schon das Studentenzimmer unseres Vaters in der Kirschstraße in Bonn »gemütlich« gemacht hatte. Später wanderte er ins Esszimmer, wo er zu unserem Lieblings-Turngerät wurde.

Gegenüber, an der Wand zum Korridor, hatte der Bücherschrank seinen Platz gefunden, für eine gewisse Zeit, denn im Laufe der neun Jahre wechselten alle Möbel immer wieder ihren Platz; ein zierlicher Mahagonischrank, der unter diesem Namen noch heute in dem kleinen Apartment meiner Mutter im Wohnstift Augustinum steht. Dieser Bücherschrank sollte bald, als ich richtig lesen konnte, mein ganzes Entzücken werden, ein Schatzkästlein, aus dem die Mutter nach Gunst und Laune mir den Lesestoff zuteilte. Ein gut Teil der Bibliothek kam noch aus Inster-burg, beinhaltete also das, was ein junges Mädchen, sagen wir von 1914, als Mutti neunzehn Jahre alt war, bis 1921, als sie heiratete, so zu lesen pflegte:

Agnes Miegel, Agnes Günther: »Die unsere Hoffnung sind« – ein Kriegsroman, in lila Rips gebundene Bücher und Gedichte von Liliencron. Im Laufe der Jahre kamen die aktuellen Bücher der modernen Literatur dazu, die alle beim Buchhändler Burkowski auf der Königsstraße nach langen Fachgesprächen erworben wurden. Irgendwann wurde dieser Mahagonischrank dann zu klein, denn meine Eltern waren die reinsten Leseratten. Sie ließen also noch ein niedriges Regal aus Nussbaum dazu bauen, ganz nach den strengen Regeln der Moderne. Auf dem hellen Grün der Wände hingen in schmalen Rahmen die feinen schwarzen Linien von Radierungen, wie »Die sonnige Wiese«, ein frühes Geschenk des Fritz Prasse an die verehrte Gertrud, ein Kinderkopf von Liebermann – wo mag er geblieben sein – aber die Mehrzahl dieser Radierungen schmücken noch heute Muttis Esszimmer. Der farbige Stahltisch aus Gniefkau, Friedrich der Große von einem General begrüßt, krönte das Sofa, wie auf dem Foto meiner Mutter, die die frisch getaufte Resi auf dem Schoß hält, zu erkennen ist. Aber sicher hat es seinen Platz noch oft gewechselt.

»Fließend« schloss sich das gestreckte Herrenzimmer an diesen freundlichen Raum an. Hier nun tauchte die Farbe

Gelb auf, die mein Vater liebte. Die Wände wieder mit Binderfarbe gestrichen, ein sanftes Gelb, und als gelbe Pointe, die große gelbe Glasschale der Tischlampe auf dem Schreibtisch. Ein supermodernes Produkt der Deutschen Werkstätten, diese halbrunde Schale auf verchromten Schaft. Sie existiert noch und wird als Rarität unter den Kindern gehandelt. An die Farbe der Vorhänge kann ich mich nicht mehr erinnern, aber sicher waren es einmal Spitzenvorhänge, was nicht ganz stilvoll war, mit Übergardinen, wahrscheinlich in einem ähnlich gelblichen Ton. Trotz des Perserteppichs und den pompösen braunen Brokatportieren seitlich der Schiebetüren, wieder ein Relikt aus Gnifkau, erschien mir das Zimmer immer sehr hell, denn außer dem Fenster zum Birkenplatz gen Süden, hatte noch eines zum Garten, durch das die Morgensonne schien.

Bücherschrank und Schreibtisch waren aus dunklem Eichenholz, schon glatt und nur mit bescheidenen Kanneluren gearbeitet. Durch die Glastüren des Bücherschranks konnte ich gerade die Titel von Papas Bücher lesen, zum Beispiel: Landwirtschaftliches Lexikon und Schlesisches Güteradressbuch. In der Mitte ein großer runder, niedriger Tisch mit dunkler Brokatdecke, umgeben von wuchtigen Sesseln in Art Deco Mustern, deren umlaufende Lehnen uns gerade bis an Kinn gingen, und jeder hatte eine andere Form. Zum Beispiel gab es einen Ohrensessel in gestreiftem Rips. Zwei, die etwas menschlicher zugeschnitten waren, mit Deco-Bezug von beige und braunen stilisierten Akanthusblättern, wohl auch aus der Kollektion der Deutschen Werkstätten, standen um ein kleines rundes Eichentischchen im Bauhaus-Stil zu einer Rauchgruppe zusammen, so sagte man damals. Hier saß der Vater bisweilen mit einem Gast, sie diskutierten und zogen genüsslich an ihren Zigarren, unter den drei besten Stücken aus dem Bilderschatz meiner Eltern, den drei Aquarellen von Neapel, wohl aus der Zeit um 1840, als das Reisen modern wurde, und der Vorbesitzer von Gniefkau sie als Reiseerinnerung in seinem Gutshaus aufhängte. Neu hinzu kam nach 1933 der Stammbaum der Familie Prasse, den ein örtlicher Künstler schön farbig dargestellt hatte. Er ergab sich aus dem »Ariernachweis«, den jeder Beamter der neuen Naziregierung vorlegen musste, um überhaupt im Amt bleiben zu können.

Nun habe ich schon einige Male von »modernen« Möbeln gesprochen. Überall im Haus fand sich ein solch »modernes« Stück, ein Möbel oder Gerät.

Meine Eltern hatten als moderne junge Menschen voller Begeisterung den Bau des neuen Hauses miterlebt und auch die rigide Ausgestaltung des Hauses akzeptiert. Sie waren nach Berlin gefahren, womöglich im Zusammenhang mit einer »Dienstreise«, sei es zu einer landwirtschaftlichen Ausstellung, einem Kongress, und hatten die Deutschen Werkstätten aufgesucht, wo man in diesen Jahren die aktuellsten modernen Möbel, Lampen, Schalen und Stoffe kaufen konnte. Von diesen Besuchen brachten sie ihre modernen Accessoires mit oder eine Abbildung von einem Möbel, das sie dann vom Schreiner gegenüber nachbauen ließen. So gab es später im Damenzimmer drei neue kleine Sessel, von denen der aus rechteckigen Natur-Kantenholz mit lose aufgelegten Kissen, auch rechteckig abgesteppt, der erstaunlichste war. Er begleitete unsere Umzüge, bis er irgendwann einmal auseinanderfiel und nur noch ein Haufen Latten übrig blieb. Einen Rest von dem Bezug, grün gestreifter Rips, bewahre ich als Reliquie auf. Die beiden anderen, »Nebenläufer« des puristischen Stils, mehr in das Art Deco gehörend, hatten durchgehend gepolsterte Sitz – und Rückenschalen, deren Armlehnen nur aus geschwungenen Holzleisten bestanden, die als vordere Beine endeten. Selbst in unserer Wohnung in der Großen Fischerstraße 1953 besaßen sie noch denselben grünen handgewebten Bezug von einst und waren auch noch akzeptabel, bis sie von zwei fragilen Jansen-Ledersesseln endgültig abgelöst wurden.

So ein Mitbringsel aus Berlin waren denn auch die Vorhänge im Esszimmer.

Das Esszimmer, übrigens der einzige Raum, in dem wir Kinder ohne besondere Einladung zugelassen waren, denn in jedem Falle wurde hier das gemeinsame Mittagessen eingenommen.

Das Esszimmer war sozusagen der »Knüller« moderner Farbgestaltung des Hauses.

Natürlich war es »fließend« angebunden an das Herrenzimmer, dank einer Glasflügeltür. Wunderbar hell durch Terrassentür und Fenster zum Garten und einem weiteren auf der Schmalseite des großen rechteckigen Raumes. Stand die zweiflüglige Terrassentür im Sommer offen, die gegenüberliegende Tür zum Korridor ebenfalls, dann war das ganze Haus durchflutet von Licht, und der Garten, der sich in derselben Achse weitererstreckte, schien wie ein raffiniertes Trompe d'oeil im Rahmen der Terrassentür die Damen, die zum Kaffeekränzchen eintrafen, zu täuschen.

Schließen wir die Gartentür und staunen über den Raum. Da hatte der Architekt doch tatsächlich sein geliebtes Rot – dunkel wie Ochsenblut – als Sockel um das Zimmer gezogen, bis auf Höhe der Fensterbrüstungen und darüber ein hartes Weiß gesetzt. Selbstverständlich die Hölzer rot abgesetzt und die Terrassentür gleich ganz rot mitgestrichen. Dazu den hellen Holzboden.

Meine Eltern ließen sich die Pointe nicht nehmen und

hängten eben jenes Mitbringsel aus Berlin, die Vorhänge von den Deutschen Werkstätten, ein Entwurf von Bruno Paul, in frischem Grün dazu. Es waren große stilisierte grüne Blätter auf wenig hellbeigem Grund. Wahrhaft, ein origineller, fröhlicher Farbklang, dieses Weiß, Rot, Grün und Braun.

Braun und mit martialischem Gehabe standen die schweren Esszimmermöbel in bizarrem Kontrast zu dem kompromisslosen Weiß und Rot, als äußerst individuelle Queen-Anne-Nacherfindung aus der Werkstatt des Insterburger Schreiners Gauer, der im Hof von Opapas Haus seine Werkstatt hatte. Die hohen Sessel, in denen wir fast versanken, nebst Stühle, ledergepolstert, hatten die stilgemäßen Rückenstreben, aber mit Knubbelblumen dekoriert. Der schwere runde Tisch war für große Gesellschaften um Kilometerlänge auszuziehen, die schweren kannelurten Beine bemerkenswert. Das Buffet eine wahre Pracht (heute noch in Muttis kleinem Esszimmer im Augustinum).

Auf dem festen Unterschrank mit seitlichen Knubbelmotiven ein schon ganz moderner Glaskasten. Ähnliches fand ich in dem Katalog der Deutschen Werkstätten von 1920. Weiter gab es eine Anrichte, mit Unterschrank und einem Kästchen, das über einer Spiegelwand hing. Und über allem eine graue, wie Eisen wirkende Lampenkrone, aus deren sechs blassgelben Glasschalen ein fast pathetisches Licht strahlte und das Zimmer fremd und feierlich machte, denn für uns Kinder war es ja vorwiegend ein Tageszimmer.

Nach dem Mittagessen, bevor der Nachmittag wieder getrennt verlief, nahmen die Eltern hier im Esszimmer in einer kleinen Sitzgruppe vor dem Gartenfenster ihren Kaffee. Da standen wir drei Kinder dann bei belangloser Plauderei und schielten doch abwartend auf den »besonderen Kuchen«, den Mutti am Vormittag in der Bäckerei Hädtke gekauft hatte. Es war ein Ritual, dass wir eine »Leckerei« –

einen schmalen Schnitzel, davon abbekamen nur eine symbolische Teilnahme an diesem Café à deux. Für uns gab es am Nachmittag ein Marmeladenbrot. Dann boten wir uns an, ganz schnell zum Bahnhof zu laufen, um für den Vater eine »leichte Bönnicke zu 15« zu kaufen, wenn seine Zigarren, die er von der Firma Bönnicke aus Bremen direkt ins Haus geschickt bekam, vielleicht zufällig alle waren. Meistens hieß es: »Bringt eine Tafel Schokolade mit.«

Wir trabten zu zweit los, die Birkenstraße zum Bahnhof entlang, betraten ehrfürchtig den hohen Wartesaal I. Klasse, wo die Reisenden auf ihren Zug warteten – in das große Abenteuer –, in Wirklichkeit ging der Zug aber nur nach Schneidemühl und Flatow – was wussten wir schon von der weiten Welt, die aber verheißungsvoll dort lag, wo die Gleise hinführten.

An der hohen Theke bekamen wir unsere Zigarren für 45 Pfennig und eine Hildebrand Schokolade, die vielleicht 40 Pfennig gekostet haben mag. Unser Lohn waren dann zwei Stückchen Schokolade. Wir waren wirklich ganz und gar nicht verwöhnt. Glücklich zogen wir mit einem Buch oder der Puppe auf die Terrasse, hockten uns auf die Treppenstufen, zufrieden, wenn wir spürten, dass sich über alles das luftige Tuch von Harmonie legte.

Diese Terrasse war im Sommer unser Gartenzimmer. Und wenn meine Vorstellung vom Wohnen sich verdichtet auf einen Platz im Freien neben dem Haus, auf dem man seinen Nachmittagstee nehmen kann, schnell seine Zeitung, das Nähzeug holt oder ein Spielzeug, dann ist es diese Erinnerung an eine geöffnete Terrassentür, in der das Mädchen steht und fragt: »Wie lange sollen die Johannisbeeren für die Marmelade noch kochen?«, und die Mutter nur kurz im Haus verschwindet, aber gleich wieder da ist.

Machte das kontinentale Klima von Russland her es möglich, so wurde sonntags auf der Terrasse gefrühstückt, gemeinsam mit Streuselkuchen und Kakao. Die Familie blieb noch zusammen, und der sonst so ferne Vater balgte sogar mit dem kleinen Just herum.

Unmittelbar neben dem Esszimmer war die Küche angeordnet, und das Mädchen konnte die Mittagsmahlzeiten noch »warm« servieren, was schon ein wesentlicher Erfolg dieses modern durchdachten Grundrisses war. Im Allgemeinen kochte meine Mutter mit Hilfe des Mädchens, aber sobald die Gartensaison begann, überließ sie diese Arbeit der jeweiligen Perle. Das Essen war einfach, sozusagen »modern«. Nicht umsonst lag die Haushaltungsschule neben uns, die nach den neuesten Erkenntnissen der Ernährungswissenschaft eine »leichte Küche« mit viel Gemüse und Obst, magerem Fleisch ohne Soßen, Geflügel und Fisch lehrte. Die Devise »von deutschen Landen frisch auf den Tisch« war natürlich nicht nur wissenschaftlich begründet, sondern entsprach auch dem verfügbaren Geldbeutel eines Beamten. Der »arme Beamte« sparte wohl bei Tisch, aber nicht beim Schneider, und Muttis Hüte und Kleider kamen von Zeeck aus Schneidemühl oder aus Berlin.

Diese Küche mit der animalischen Wärme des Dienstmädchens war für uns wohl der gemütlichste Ost. Unter dem großem Fenster in der Mitte stand der Tisch, um den wir uns herumsetzten, im Kochherd konnte man mit Papier und ein paar Scheiten Holz sogar noch ein Feuer anmachen, neben dem Gasherd, und es gab eine Speisekammer, in der sich immer irgendetwas zum Naschen fand, einen Löffel Honig, ein paar Stückchen eingelegter süßer Kürbis, ein paar süße Mandeln.

Ein Ort also, an dem die schwächsten Glieder dieses Haushaltes eng zusammenrücken konnten. Die jungen Dinger, die aus der Geborgenheit eines Bauernhofes kamen und bei uns Kindern Schutz fanden, und wir, die wir bei ihnen zusammenkrochen, wenn die Mutter uns ungeduldig aus dem Damenzimmer verjagt hatte, und wir oben im Kinderzimmer in der frühen Dunkelheit eines Wintertages Angst bekamen. Ihnen machte der größte Zank zwischen Resi und mir nichts aus, die Weinerlichkeit von Just, wenn er wieder etwas mit den Ohren hatte, mit der Nase, das kannten sie von ihren Geschwistern her.

Willig versammelten wir uns zum gemütlichen Abendessen um den weißen Küchentisch, vor den dann eine einfache weiße Bank geschoben wurde, für Just und Resi, während ich wieder einmal den hohen Hocker verteidigte, auf dem zu sitzen höchstes Glück schien. Schließlich saß man erhöht über den anderen, saß allein und konnte beliebig herumwackeln. Irgendwann einmal hatte Mutti den Hocker bei Schröder-Stranz erworben, als eine Wohnung aufgelöst wurde. Für das Mädchen blieb der Stuhl neben dem Abwaschtisch reserviert, da gab es kein Gefackel. Wir aßen unseren steifen Grießbrei, am liebsten mit einem schaumig geschlagenen Ei, Rosinen und Mandeln und dicker Himbeersoße, natürlich selbst gekocht. Eine Stulle mit Teewurst, ein gekochtes Ei und als Leckerei ein Zuckerei! Dazu tranken wir immer Kakao.

Summa summarum: die Küche war ein herrlich altmodischer Ort. Geblieben, muss man sagen, bei all der hochgestimmten Architektur von gotischen Arkaden und bei all der neuen Sachlichkeit im Interieur.

Die Schlafzimmer-Etage

Mit lautem Sprung landete Resi am Ende ihrer Rutschpartie auf den roten Fliesen vom Korridor. Sie war gerade oben in der Schlafzimmer-Etage gestartet, war auf den schwarzen, schön gerundeten Handlauf des Treppengeländes gestiegen, an der Kurve beim Podest war der Schwung gestoppt worden, denn da musste sie in die genau entgegengesetzte Richtung wechseln, um hier unten anzukommen. Das war die schnellste Beförderungsart für uns von oben, wo unsere Kinderzimmer lagen, nach unten, um von Ida eine Leckerei für alle Kinder zu erbitten, die auf der Galerie unter Anführung von Lolo Theater spielten. Natürlich im Treppenhaus, das den favorisierten Spielplatz abgab.

Schließlich machten auch die Schilde und Speere, die kurzen schaufelartigen Streitgeräte, die in Höhe der Geschossdecke rund um das Treppenhaus hingen einen ungeheuren Eindruck auf die Freundinnen.

Nach unserem Umzug in den Luisenhof in Potsdam hingen die stumpfen Kopien römischer Waffen auch dort noch in der Eingangshalle. Als die Familie 1938, nach der Versetzung des Vaters ins Berliner Landwirtschaftsministeriums, zum ersten Mal in ein Privathaus umziehen musste, was nun zwar eine kleine rosa Villa war, blieb ihm nichts anderes übrig, als sich von diesen Erinnerungsstücken an seine Zeit als Gutsbesitzer in Schlesien zu trennen.

Aber hier in Deutsch Krone gaben sie sich fast ebenso pompös wie seinerzeit wohl in Gniefkau, und die Extravaganz dieses Schmuckes bestärkte auch unseren kindlichen Stolz, dass man so etwas Außergewöhnliches besaß. Selbstverständlich durften wir diese immerhin ziemlich schweren Waffen nicht abhängen und eigentlich konnten wir auch gar nicht hinauflangen. Aber ich entsinne mich sehr gut, dass ich doch diesen kurzen breiten Dolch in der Faust hielt und mir mit Gertrud ein Scheingefecht lieferte. Gertrud war ja schon etwas größer als ich, möglicherweise reichte sie mittels eines Hockers zu den grauen, stumpf schimmernden Metallgeräten hinauf.

Oben auf der umlaufenden Galerie, im Licht des Fensters gen Ostbahnhof, vor der Bodentreppe spielten wir wieder einmal Theater. Die Kleiderkammer lieferte uns einen scheinbar unerschöpflichen Theaterfundus. Da gab es Pelzmuffs, Pelzkappen, Pelzstollen, Pelzstiefel und Muttis weites kariertes Reise-Cape. Das imposanteste Stück war aber Papas großer schwere Fahrpelz. Innen war helles langhaariges Ziegenfell und außen grüner Loden. Wenn man das Fell nach außen kehrte, konnte man darin Räuber, ein Riese oder auch der heilige Josef sein. Bei jedem Krippenspiel in der landwirtschaftlichen Schule trat dieser Pelz mit auf, im Laufe der Jahre war er zum Markenzeichen des »Josef« schlechthin geworden. Mit Muttis Opossum-Muff und -Kragen dekorierten wir uns als »feine Dame«, dazu die fabelhaften Ohrringe und Ketten, die Lolo Lange zu den Spielen mit rübergebracht hatte. Das Cape von weicher Kaschmirwolle machte aus Gertrud eine Tänzerin, so etwas wie Isidora Duncan – während Günther Nickel als Geist darin umherscheuchte. »Verkleiden spielen« war Spaß an sich, ohne dass eine Theater-Szene durchzuspielen gewesen wäre, und Galerie und Treppe boten sich an für vielfältige Auftritte. Das waren die Schlechtwetter-Spiele, wenn im November draußen nichts zu machen war, wenn Regen und Wind die Luft grau werden ließen.

Dann schien auch unsere Mutter das Treiben nicht zu

stören, in der Gewissheit, dass sie die Bagage trocken zusammen hatte.

Sie saß im Damenzimmer, stickte oder strickte an einem der unzähligen Pullovern, die in ihrer Werkstatt laufend produziert wurden, um dem Wachsen ihrer Kinder zu folgen.

Von diesem temporären Spielplatz ging es direkt in die Kinderzimmer. In den ersten Jahren bis zu Justs Geburt, reichte das große Zimmer mit dem Übereckfenster zum Garten und zum Birkenplatz für uns kleine Mädchen aus. Es war so eine Art living-room, weil hier in der Fensterecke die Nähmaschine stand, an der immer jemand etwas zu nähen hatte. Ab und zu kam eine Schneiderin, die Wäsche flickte, unsere Kleider verlängerte oder auch für jeden das gleiche neue Kleid schneiderte, denn Mutti liebte es, uns in die gleichen Kleider zu stecken. Auch das Mädchen saß hier, stopfte Strümpfe und sorgte mit gütlichen und ermahnenden Worten dafür, dass die Spiele nicht in geschwisterliche Rauferei ausarteten, wenn der Inhalt der Spieltruhe ausgekramt am Boden lag, neben dem weißen Kissen, das im aufgeräumten Zustand auf die Truhe gehörte. Dieses weiße Kissen habe ich noch gut in Erinnerung, es war mit dunkelblauen Linien bestickt, die die Figur eines Kasperle nachzeichneten. Wir holzten mit den Kegeln herum, anstatt sie auf dem Korridor aufzubauen und dort zu versuchen, sie mit einer Holzkugel allesamt umzuwerfen. Bälle flogen durch die Gegend, und wir mussten unter unsere weißen Metallbetten krabbeln, um sie wieder einzusammeln. Die Betten waren an den beiden Wänden zwischen der Korridortür aufgestellt, gegenüber stand ein weißer Kleiderschrank mit blauen Vorhängen hinter den Glasscheiben, in der Mitte ein großer runder, weißer Tisch mit weißen Stühlen drum herum, an dem wir auch schon mal einträchtig zusammensaßen und mit Buntstiften schöne Bildchen malten. Das Malen hatte uns unsere Mutter frühzeitig beigebracht, ich wurde eine gelehrige Schülerin und überall hingen meine Produkte, pietätvoll mit einem Reißnagel an die Wand gepikt.

Der Clou war aber ein Toilettentisch, der zwischen den Fenstern an der Wand stand. Mit dem Umzug in das neue Haus hatte unsere Mutter sich einen »modernen« Toilettentisch anfertigen lassen, und so kam dieses alte zierliche Arrangement dann gleich als permanente Einrichtung an diese Wand ins Kinderzimmer, denn alle anderen Möbel wurden x-mal umgeräumt. Es bestand aus einem weißen, in der Mitte leicht konkav geschwungenen Brett, mit unsichtbaren Konsolen an der Wand befestigt, und von dieser Tischplatte fiel ein gekrauster Vorhang rundherum bis auf den Boden. Der Vorhangstoff hatte ein fantastisches stark farbiges Papageienmuster auf grünem Grund, so als ob der Papagei wirklich im Dschungel saß. Darüber hing ein ovaler Spiegel auf dem Hintergrund einer weißen gerüschten Voiledekoration, die von der Tischbreite aus nach oben schräg zusammenlief. Das sah sehr hübsch aus, und wie ein Foto aus dem Katalog der Deutschen Werkstätten zeigt, war so etwas damals sehr modern. Aus dem zunächst nur »abgestellten« Ding wurde dann, als Lolo Lange unsere Spielfreundin wurde, sie war einige Jahre älter, zu einem wichtigen Requisit unserer »Verkleidungsspiele«, wenn Lolo ihre Schachteln auf dem Toilettentisch ausbreitete und uns, die wir gespannt vor dem Spiegel saßen, bunte Spangen und Schleifen in die Haare frisierte, Straußenfedern in falsche Haarteile einbaute und glitzernde Shawls und Federboa um die mageren Kiderschultern schlang. »Friseuse spielen« vor dem Toilettentisch gehörte ebenfalls zu den beliebten Winterspielen. Lolos Vater war Fotograf gegenüber am Birkenplatz und diese Tücher und Shawls, der Putz und Tand gehörte zu dem Fundus, aus dem er seine Kunden beliebig ausstaffieren und schwungvoll in Szene setzen konnte, je nachdem, was für ein Foto gefragt war.

Das Zimmer war immer in ein freundliches Licht getaucht.

Die weiß gestrichenen Wände reflektierten das Morgen- und das Mittagslicht. Aber nicht nur die frühe Sonne, auch das durchsichtige Grün der Birken und im Winter die vorbeipeitschenden schwarzen feine Äste wurden sanft gefiltert durch die weißen Spitzengardinen. Noch heute habe ich sie vor mir: Ich liege im Bett und sehe auf die eingewebten Rosen in den Gardinen. Gegen die Morgensonne hebt sich eine neben der anderen deutlich ab, in dieser Spitze aus weißem Baumwollgarn, die sich aus ein Unzahl von Rosen zu einem wunderschönen luftigen Gebilde zusammensetzt. Ich liebte diese morgendliche Begrüßung, den Anblick der weißen Rosen, die sich nicht so einfach darboten, die man vielmehr immer wieder neu herauslesen musste.

Vielleicht liebe ich deshalb immer noch diese blassen dicht nebeneinander blühenden Rosen, so wie die von »Dorlis Rosenstrauch«, der uns auf allen Umzügen begleitet hat und heute den Eintretenden im Garten des Cottage empfängt.

Das Zimmer nebenan war in den ersten Jahren noch Gästezimmer.

Nach Justs Geburt zogen Resi und ich dorthin um, und der Knabe in seinem hölzernen Gitterbettchen kam nun in die alleinige Obhut der Person an der Nähmaschine. Doch das gemeinsame Spielzimmer blieb es weiterhin. Vor allem Resi spielte hier gern mit ihrem Brüderchen. Unser neues Töchterzimmer war ziemlich schmal geschnitten, mit einem Fenster in der Mitte. Rechts davon standen die Betten hintereinander und gegenüber ein Tisch für die Schularbeiten. Weil man mir verordnete, mich auf meine Arbeit zu konzentrieren, zog Resi mit ihrer Tafel wieder an den runden Tisch zu Just und malte ihre Buchstaben, wobei Ida oder Fräulein Lauschke ihr halfen, vier und drei richtig zusammenzurechnen.

Vor allem entwickelte ich mich ja zu einer Leseratte. Da saß ich dann auf dem Fensterbrett und schmökerte, wenn ich mich nicht in die hinterste Ecke vom Garten, neben der Buddelkiste, zurückzog.

Vom großen Kinderzimmer führte eine Tür unmittelbar ins Schlafzimmer der Eltern. Das war schon modern, denn die Mutter sollte sich ja jederzeit um den Schlaf der Kinder kümmern können. Für uns war die Tür jedoch meistens verschlossen, nur am Sonntagmorgen, wagten wir zart anzuklopfen. Vielleicht drehte sich der Schlüssel: »Na, kommt rein ...« – und wir, Resi und ich, schlüpften gleich in die »Ritze«, die zwischen den beiden Matratzen entstand. Ich bin sicher, dass unser Vater dann schon beim Rasieren im Badezimmer nebenan war, denn ich kann mir nicht vorstellen, dass er für unsere Kinderschmuserei etwas übrig hatte. Die Badezimmertür stand offen, Papa schaute mit seinem weißen Schaumbart schon einmal zu seinen »Damen« herein, die Sonne fiel durch die Balkontür und zeichnete einen breiten hellen Balken auf dem braunen hölzernen Fußboden, ließ gegenüber den Spiegel vom Toilettentisch aufblitzen und die Welt war in Ordnung. Vielleicht wurde ein Tagesplan gemacht für den Sonntag, und wenn wir Glück hatten, und die Eltern waren nicht eingeladen, war ein Buchwald-Spaziergang beschlossen oder ein kleine Autofahrt zu einem See.

Dieses Schlafzimmer war auch ein gut durchdachter Raum, Licht von zwei Seiten, mit Morgensonne durch die Balkontür. Aber auf dem Balkon konnte »Frau Drekter« weder die Betten lüften noch sich die Nägel lackieren, denn durch seine feinen horizontalen Gitterstäben bot sich alles

Geschehen weithin vom Zollamt bis zur Birkenstraße dem Publikum dar. Der Balkon gehörte zum architektonischen Effekt der Achse über der darunterliegenden Terrasse. Die Betten musste das Mädchen schon in den kleinen Hof tragen. Ich glaube, die Wände des Schlafzimmers hatten sogar eine hellgrüne Tapete – oder war sie gelb? Dagegen standen die dunkel gebeizten und mattierten Eichenmöbel, sicher wieder vom Schreinermeister Gaul in Insterburg als Aussteuer für Fräulein Hoffmann angefertigt, ziemlich robust und unvermittelt. Sie waren allem Anschein nach eine freie Kopie nach dem Katalog der Deutschen Werkstätten, den ich irgendwann einmal im Bücherschrank meiner Eltern gefunden hatte. Als Abschluss vom strengen, glatten Bettgestell und Kleiderschrank gab es nur sehr reduzierte Kanneluren, nirgends einen Schwung oder eine Applikation. Eine helle Spitzendecke über den Betten war schon ein Stilbruch, der aber auch das Ganze nicht mehr lieblicher machte, genauso wenig wie die Rubens-Kopie von den dicken Kinderlein, die einen langen Blütenkranz herbeischleppten. Eins von der Kindern war ich, ein anderes Resi, und der kleine Just zottelte hinterdrein, obwohl ja keiner von uns blonde Locken hatte oder so niedliche Rundungen. Ein bisschen freundlicher gaben sich dann schon die Nachttische, die aus der modernen Phase der Eltern stammten, nach 1926: flache Kommoden, wieder aus Eiche, aber nun schon mit abgerundeten Ecken, mit einem offenem Fach, das konnte man sich jetzt erlauben, denn der Nachttopf musste ja nicht mehr hinter einem Türchen versteckt werden, einem Schubfach und einer eleganten Glasplatte als Abdeckung. Im selben Stil entstand auch der neue Toilettentisch. Ein sehr hoher Spiegel in der Mitte und je ein kleines Minikommödchen rechts und links davon.

Schön war das Schlafzimmer nicht. Das habe ich schon als Kind empfunden – warum so grässlich dunkles Holz, kastenartig zusammengefügt. Da gefiel mit das Schlafzimmer von Henkemeyers tausendmal besser. Gertrud ließ mich heimlich hineinschauen, um die Ecke vom Kleiderschrank. Eine Pracht aus hellem glänzend lackiertem Wurzelholz mit plastischen Schnörkellinien dekoriert. Spitzenverzierte Paradekissen thronten auf seidener Decke, es war märchenhaft.

Selbst wenn man in der »Moderne« groß wird, das Herz eines zehnjährigen Mädchens fühlt sich doch allem Anschein nach unwiderstehlich vom Neo-Neo-Rokoko angezogen. Und das war in diesen Jahren sogar legitim, denn neben der Modernen Sachlichkeit war das Verspielte genauso in Mode.

Eine überaus moderne Einrichtung um 1925 war das Bad, das schon neben das Elternschlafzimmer gelegt wurde. Es gab zwar noch einen Badeofen, den man mit Holz anheizen musste, und das Wasser im schon großen Keramik-Waschbecken war nur kalt – das Rasierwasser erhitzte der Vater in einem elektrischen Wassertopf auf einem Brettchen nebenbei. Mindestens einmal in der Woche wurde für uns das Badewasser warm gemacht, und in einer riesigen Wasserschlacht schubberte das Mädchen einen nach dem anderen ab. Sonst standen wir auf dem Klodeckel bei den täglichen Abwaschungen, kalt – oder brodelte der Elektrotopf auch für unsere abendliche Wäsche? Einen Trost gab es wenigstens bei diesem Kneipp'schen Kaltwassergüssen, das Badezimmer war schön warm. Es existierte nämlich schon eine zentrale Warmwasserheizung für das gesamte Haus, von der Haushaltungsschule bis zu uns, für die Herr Nickel in riesigen Heizkesseln die Flammen lodern ließ.

Bleibt auf dem oberen Korridor nur noch das Zimmer, wo das jeweilige Dienstmädchen schlief, dicht neben den Kindern, auf die sie ja aufpassen sollte. Sie musste das Wasser zur Morgen- und Abendtoilette noch in einer Kanne zu ihrer Schüssel im Zimmer tragen. Hier in dem schmalen Zimmer standen das Bett und der Schrank aus Papas Studentenzeit, Stuhl und Tisch dazu, in dunklem Nussbaum. Hätten es eine passende altmodische Tapete gegeben, so wäre es sicher ein gemütliches Zimmer gewesen, aber so, gegen die weiß gestrichene Wand, war es eher eine Klosterzelle. Für die jungen Mädchen, die aus überbelegten Bauernhäusern kamen, und sich womöglich noch das Bett mit der Schwester teilen mussten, war so ein Zimmer höchster Luxus.

Natürlich durften sie nicht den »Schatz« mit hinaufnehmen.

Aber hatte ich nicht doch einmal einen schmalen bärtigen jungen Mann gesehen, als ich zufällig ins Zimmer kam, irgendwann einmal, als die Eltern verreist waren?

Für Dienstmädchen und Kinder gab es übrigens noch eine zweite Toilette neben der Tür zum Hof. Nur nachts durften wir Kinder das Klo im Bad benutzen.

Die Führung durch »unser Haus« ist beendet. Es war ein großzügiges Zuhause, wo wir früh das Vergnügen am »Raum« lernten, den Übergang von drinnen zu draußen, das Erleben von alldem, was das Haus erweitert, die Höfe, Plätze, Nischen, gedeckten Gängen, Loggien, die Terrassen, Treppen und Mauern, die sich als neue Dimension vor das Haus lagern und wieder neue Räume schaffen, die alle noch zu unserem »Zuhause sein« gehörten, das in unserer Kinderperspektive einfach enorm weit und groß war.

Der Garten als Raum zum Haus

Der Garten war ein erweiterter Raum des Hauses. Er lag da wie ein großes rechteckiges ummauertes Zimmer, in das man von der Terrasse herunter, einfach hineinschritt. Die übermannshohe Mauer, grob geputzt, schloss sich vorn im rechten Winkel an das Haus an, lief die ganze Länge nach und dann noch einmal die kurze Seite des Rechtecks. Links zum Nachbarn Pfeilsdorf, der einen Garten voller Obstbäume hatte, ließ der Architekt optisch dieses Grün mit in unseren Garten spielen, da gab es nur einen Drahtzaum.

Gemäß der Vorstellung des Architekten, von der Achse an dieser Hausseite, hatten meine Eltern den Garten dann auch axial angelegt.

Vor der Terrasse lag ein Rasengeviert mit Rosenrabatte und in jeder Ecke ein Pfingstrosenstrauch, dahinter durch einen schmalen Weg getrennt, noch einmal solch ein mittig gesetztes – nun aber rechteckiges Feld, oben und unten von einer Stachelbeer-Rabatte abgegrenzt. Anfangs hatte meine Mutter hier aus der Euphorie heraus, endlich einmal »maßlos« Erdbeeren essen zu können, Erdbeerstauden gepflanzt, später wurde auch hier Rasen eingesät und ein Goldregen in die Mitte gesetzt. Um diese Rasenmitte lief ein bekiester Weg rundherum und jenseits davon, also wieder symmetrisch, verschiedene hochstämmige Obstbäume, darunter Blumenrabatten und an der hinteren Mauer eine dicke Hecke mit Johannisbeersträuchern.

Ich kann mich an mindestens drei Sitzplätze erinnern, die dazwischen eingerichtet waren, und sobald die Sonne im Frühling herauskam, kamen auch die weißen Gartenmöbel aus dem Keller und wurden mal hier und mal dort platziert. Außerdem gab es noch die Dauerprovisorien aus zwei

Hochlochziegelsockeln mit einem Brett darüber. So konnte jedes Familienmitglied sich seinen Platz im Garten suchen, auf der Terrasse, neben der Terrasse, im Schatten der Mauer, in der Westsonne, neben der Buddelkiste oder einfach nur auf dem Rasen hoppskaboll schlagen, vielleicht ein Puppenkleid nähen oder ein Buch ansehen.

Und dann war da noch der Gemüsegarten – aber der war jenseits der Wäschewiese und wenn es nicht einen Drahtzaun gegeben hätte, wäre er in die Felder vom Bauern Fenske mit hinübergegangen, genauso wie der von der Hausmeisterfrau.

Für den Gemüseanbau war natürlich der Landwirt im Hause zuständig. Papa und Just bauten zusammen die Spargelbeete, was ein ausgesprochenes Experiment mit dem Klima war. Es wurde jedes Gemüse quasi versuchsweise angebaut: Blumenkohl, Mangold, rote Rüben, Kohlsorten aller Art. Der Rhabarber mit den schönen großen Blättern bildete sozusagen die Grenze zum Wäscheplatz.

Aus deutschen Landen frisch auf den Tisch

Damals, in der kleinen Ackerbürgerstadt der Grenzmark, an der Wende zu den dreißiger Jahren, war das keine missionarische Parole der alternativen Szene, die heute mit verklärter Miene den selbst gezogenen Kohl, den selbst gebrochenen Apfel verzehrt. Damals war das bei uns eine ganz normale Selbstverständlichkeit. Apfelsinen, Bananen – das war ein Fest. Apfelsinen lagen zur Weihnachtszeit auf dem bunten Teller – von der Feinkosthandlung Schreiber in festlicher Vorfreude gekauft.

Bananen – allein schon ein Grund, einen langweiligen Spaziergang zum Stadtsee mitzumachen, denn im Kiosk am See, neben dem Wasserturm, gab es eine Banane als besonderes Vergnügen. ... Apfel, Nuss und Mandelkern ...

Nuss und Mandelkern gehörten auch zum Weihnachtsbild. Vor allem Mandelkerne. Die wurden in großen Mengen mit einer kleinen Mühle feingemahlen für das Marzipan, das meine Mutter selber machte, nach altem Königsberger Rezept. Mandeln waren so etwas wie ein Basis-Küchengewürz, denn der abendliche Grießpudding enthielt immer Mandelstückchen – und geschlagenen Eierschnee. Mandeln waren fast in jedem Nachtisch, und der wiederum gehörte zu jedem Mittagessen.

Von den Äpfeln wuchsen zwar einige an den jungen Bäumen – der Garten war ja erst 1927 angelegt worden –, aber die wenigen Augustäpfel, ein heller, süßlich frischer Apfel, blieben Leckerei, die gerecht verteilt wurde. Erstaunlicherweise ließ mein Vater im Herbst per Bahn mehrere Kisten mit Äpfeln herantransportieren. Sie kamen vom Bodensee. Das war ausgesuchtes Obst: Prinzenäpfel, Cox orange und was damals gerade neu gezüchtet wurde, denn die Äpfel kamen von Gärtnerei-Versuchsgütern. An die landwirtschaftliche Schule war auch eine Gärtner-Klasse angeschlossen, so dass mein Vater mit Züchtern und Wissenschaftlern im Reich in Verbindung stand und seine Freude hatte an diesen besonderen Exemplaren. Sorgfältig wurden die Äpfel einzeln im Obstkeller auf Lattenroste aufgereiht – und die Tür verschlossen. Nur dieser besondere Duft – süßlich-säuerlich – drang durch die Lattentür an unsere Nase. Dieser Duft sprach von einem fernen Land im Westen, wo die Sommer länger waren als bei uns, wo die Sonne anders schien, um solche gleichgeformten Früchte gedeihen zu lassen. Und so wurde der Genuss dieser Äpfel auch zu einer Zelebration, die nicht so alltäglich genommen wurde wie zum Beispiel unser Mohrrüben-Kauen, direkt aus dem Beet – oder Johannisbeeren-Futtern, direkt vom Strauch. Ein schöner Apfel mal zur Schule, ein Scheibchen vom Apfel der Mutter am Nachmittag galt schon als Kostbarkeit. Uns blieben ja die Boskop von einem Gut aus der Umgebung, die ganz und gar nicht so perfekt aussahen. An Birnen kann ich mich überhaupt nicht entsinnen. Das junge Spalierobst, erst spät gepflanzt, trug noch keine Früchte. Pfirsiche waren uns unbekannt. Pampelmusen – nie gehört. Weintrauben – eine Kostbarkeit, die zusammen mit dem rosa Lachs nur zu besonderen Festen in der Feinkosthandlung gekauft wurden.

Dagegen waren Beeren vom Strauch, Johannisbeeren, Stachelbeeren, in rauen Mengen da. Auch Erdbeeren, für die meine Mutter ein großes Rasengeviert im Garten am Haus umgraben ließ, so dass Erdbeeren zum Synonym für Sommer wurden.

An der hinteren Gartenmauer waren Himbeeren gepflanzt. Doch die nicht sehr üppige Ernte gehörte Mutti – genauso wie sie sich einen Reineclaudenbaum reserviert hatte, der anfing, Früchte zu tragen, als wir den Garten schon wieder verlassen mussten.

In Potsdam legte die Mutter natürlich sofort einen neuen Garten an, mit jungen Obstbäumen, deren Ernte wir dann auch nicht mehr genießen konnten, weil mein Vater nach drei Jahren schon wieder versetzt wurde, in einen neuen Garten.

Die Gärten, das heißt, die beiden Gärten waren so angelegt, dass vom Frühjahr bis zum Herbst geerntet werden konnte. Schließlich musste der Herr Direktor ja Vorbild sein für die Gärtner-Klasse.

Eine ganze Reihe Rhabarberstauden säumte den Gemüsegarten. So kauten wir Rhabarberstangen pur und machten Hüte aus den Blättern. Am Abend gab es Rhabarbergrieß. Hier im Gemüsegarten gab es also alles, was das Jahr über reif wurde: Kohlrabi, Blumenkohl, Schwarzwurzeln, Radieschen, Rosenkohl, Mohrrüben. Als Rarität, die noch neumodisch war, wurden auch Spargelbeete angelegt, deren Ernte aber auf sich warten ließ, denn erst nach drei Jahren konnte man beginnen, die weißen Spargelstangen aus dem Hügel zu stechen.

Pilze, heute eine Kostbarkeit, brachte uns ein kleines, dickes Frauchen an die Haustür. Es waren immer Pfifferlinge, die in den Wäldern um Deutsch Krone wunderbar wuchsen. Pfifferlinge mit Speck und Zwiebeln konnten wir in riesigen Mengen verspeisen – es war eine preiswerte und gesunde Nahrung.

Genauso kam die Frau mit den Heidelbeeren, die wirklich nur Pfennige kosteten. Wenn ich sie jetzt bei meinem Gemüsehändler kaufe, stammen sie aus polnischen Gärtnereien, und der lange Weg ist ihnen anzusehen. Dafür macht der Preis das einstige erfrischende Sommerabendessen zu einer exklusiven Angelegenheit. Bei dieser Selbstversorgung – bis auf die Kartoffeln, die im Kartoffel-Exportland Grenzmark von ausgesuchter trockener Qualität waren und vom besten Züchter stammten – konnte Frau Wacknitz, die Besitzerin des

Gemüseladens in der unteren Königstraße, an meiner Mutter nichts verdienen. Und doch entsinne ich mich an den Laden. Da waren die seltsam geformten weiß-braunen Stangen, die Mutti hier kaufte – Meerrettich für das gekochte Rindfleisch, eine Lieblingsspeise meines Vaters. Ich glaube, auch die Sellerieknollen wuchsen in unserem Garten nicht so recht ...

Übrigens darf ich die Tomaten nicht vergessen, hinten im Gemüsegarten. Es gab so viele, dass wir sie ungefragt von den Stauden pflücken durften. Immer noch suche ich heute die »deutsche Gartentomate«, die so schmeckt wie die aus dem Deutsch Kroner Garten. Aber es gibt sie nicht, es fehlt das besondere Aroma von Frische und Würze. Nun wuchs uns das nicht einfach so in den Mund. Es musste hart gearbeitet werden, um all den Segen einzufahren. Und die Arbeit reichte rund um das Jahr. Graben, hacken, düngen, säen und pflanzen, kontrollieren und pflegen, ernten und wieder graben. Für meinen Vater war das ein Feierabendsport, für meine Mutter Lebensinhalt. Sie überließ in der Saison das Kochen dem Mädchen – jede Stimmung hellte sich im Garten wieder auf, ob sie nun Gemüsebeete anlegte oder Blumen umsetzte, den ganzen Garten neu disponierte, Sitzplätze mal hier-, mal dorthin veränderte. »Mutti-Mutti«-Rufe verhallten im Haus – sie war im Garten.

Aber auch wir wurden kommentarlos zur Gartenarbeit eingesetzt. Da gab es kein Fackeln – ich habe das nie geliebt, und wenn mein Garten heute in Ordnung ist – ohne Gemüse –, dann nur, weil ich so früh gelernt habe, dass ein Garten als Teil des Hauses genauso gepflegt werden muss. Da ich immer mit Gärten gelebt habe, scheinen sie einfach zum Menschen zu gehören.

Wie stand es in Deutsch Krone mit Kirschen und Pflaumen? Wir hatten zwei Sauerkirschen neben dem Sitzplatz an der Südmauer. Sie waren aber so sauer, dass wir keine Lust hatten, uns daran gütlich zu tun. Das taten die Sperlinge, und der Rest blieb für Obstkuchen und Kompott. Vom Nachbarn Pfeilsdorf wurden die Kirschen gekauft, die für den Obstsaft benötigt wurden. Kirschsaft, Johannisbeersaft, das war alles Eigenproduktion und wurde im Keller für den Winter gelagert. Das bedeutete immer gewaltige Kochereien in der heißen Küche. Beim Kochen von Apfelgelee in dem riesigen Einmachtopf hat es nur so gesprutzt und gezischt – die Spritzer sprangen bis an die Decke. Ich glaube, diese Apfelgeleekocherei wurde nur einmal versucht. Es war fast lebensgefährlich – die heißen Spritzer und der heiße Brei hatten die Neigung, im unrechten Moment anzubrennen. Das ganze Erntejahr wurde mit der Einkocherei begleitet. Zum Beispiel in Weckgläser. Ich saß mit dem Mädchen im kleinen Hof auf der Bank unter dem Küchenfenster – wir putzten Mohrrüben, schnitten sie zurecht, wir schälten kleine, grüne Erbsen aus den Schoten, wir entkernten Kirschen und zupften die Johannisbeeren von den Stielen. Die Regale im Keller füllten sich mit Gläsern, um ein gutes halbes Jahr die fünfköpfige Familie mit Eingemachtem versorgen zu können.

Und überall in den Haushalten standen die Hausfrauen an heißen Herden, denn für die großen Töpfe zog man den Kohleherd vor, weil man so viele Ringe aus der Herdplatte herausnehmen konnte, wie der Topf groß war. Ich glaube kühn behaupten zu können, dass meine Mutter nie ein Gemüse oder Obst aus einer gekauften Konservendose auf den Tisch gebracht hat. Einzig die Orangenmarmelade, die sie zum Frühstück aß, kam in einem hübschen weißen Keramiktopf aus Tangermünde und wurde speziell beim Kaufmann aus der Stadt mitgebracht. Unsere Marmelade, die wir auf dem Frühstückbrot hatten, war selbst gekocht – wobei man immer etwas Rhabarber mitkochte, weil es besser gelierte oder eine gewisse pikante Säure gab.

Zum gemeinsamen Sonntagsfrühstück im Spätsommer, wenn die ersten Äpfel schon da waren, gab es immer einen flachen Apfelkuchen. Auf einem großen Blech mit Hefeteig durfte ich die feingeschnittenen Apfelscheiben gleichmäßig und ganz sorgfältig, eins hinter dem anderen, aufreihen, viele Reihen nebeneinander. Darauf den Zucker gestreut, in den Ofen, und das ausgiebige lange Sonntagsfrühstück auf der Terrasse wurde zum sich ständig wiederholenden Ritual – bis in die letzten Vorkriegstage auf der Berliner Terrasse.

Ich muss hier noch etwas zum Mais sagen. Alle Welt glaubt, dass das Maisessen eine Erfindung der Amerikaner sei, die es uns neben Coca Cola als Care-Paket sozusagen nach dem Krieg nach Deutschland brachten. Das stimmt nicht! Resi, Just, Gertrud Henkemeyer und Günther Nickel werden es bestätigen. War die Reifezeit für den Mais gekommen – der Bauer Fenske nebenan hatte ihn für seine Hühner und Schweine angebaut –, dann strichen wir durch die mannshohen Pflanzen, die uns lichtgrün wie ein tropischer Urwald umschlossen, und brachen besonders dicke Maiskolben – um es richtig zu sagen, wir stibitzten sie. Die braunen Fäden brauchten wir als Twist zum Kaufmann-Spielen. Dann bissen wir in die goldgelben Kolben tief hinein, bis der Saft süß im Mund zusammenlief. So etwas haben die Amerikaner uns nicht mitbringen können – frische Maiskolben.

Wer lebte im Schulgebäude?

Hausmeisterin Frau Nickel, der Zerberus der landwirtschaftlichen Schule

Frau Nickel war eine große dicke Frau – und furchtbar alt. Natürlich war sie nicht furchtbar alt, vielleicht 55 Jahre – aber sie war die Beherrscherin der landwirtschaftlichen Schule – der Drache, der mit erhobenem Arm feuerspuckend das Revier verteidigte. Der Schutzmann, dem sich alle beugten. Sie war die Hausmeisterin. Sie hatte auch einen Mann – der war lang und dünn, der aber nur am Abend erschien und die großen Heizungskessel mit Kohle fütterte. Sie lebte in der Hausmeisterwohnung, links an der Treppe im Erdgeschoss.

Wenn man durch die Wohnungstür zu ihr hereingelassen wurde, wohnte links ein erwachsener Mann, ohne Alter, den wir auch nie sahen, und von dem man schauerliche Geschichten erzählte: Er habe sich den Daumen selbst abgehackt, weil er nicht zum Militär wollte. Das war der Sohn von Frau Nickel Das Zimmer, in dem er hauste, ich muss auch einmal hineingeschaut haben, war dunkel und mit Kisten vollgestopft. Er saß am hochgelegenen Fenster ohne Gesicht – ich weiß nichts von ihm. War er ein Schneider? Aber wo arbeitete er? Dass der arme Mensch hier im Dunkeln hockte, war auch so eine Idee des Architekten gewesen: Aus künstlerischen Gründen mussten die Fenster in dieser Erdgeschoss-Wohnung, einmal zum Ehrenhof hinaus, unter den Arkaden versteckt werden, und waren hier zum hinteren Hof nun so klein, dass man nicht hinausschauen konnte. Frau Nickel hatte dann ein dunkles Schlafzimmer, eben zu den Arkaden raus. Das riesige Bett war mit gehäkelten Kissen übersät. Auf einem harten Sofa hat nie jemand gesessen – denn ihr »Leben« fand in der Küche statt. Da saß ihr hagerer Mann und stopfte die Sprotten mit Stumpf und Stiel in seinem großen Mund. Wir Kinder standen voller Entsetzen davor. In dieser Küche hingen immer die Wärme des Kochherdes in der Luft und der Dunst des Wasserschiffchens. Immer stand eine blaue Blechkanne mit Kaffee auf dem Herd. Genauso wie wir den »fischfressenden« Herrn Nickel bestaunten, staunten wir über das neben der Küche liegende Badezimmer, das nicht zum Baden da zu sein schien, sondern in der Badewanne standen Kisten und Kasten, Besen und Schaufel – und gerade das Klo war zugänglich.

Später sah ich in Shanghai wieder ein solches Badezimmer, neben der Küche: eine betonierte Badewanne war vollgestopft mit Dingen aller Art – und sofort fiel mir Frau Nickel ein. Hat dich als Kind einmal etwas zutiefst erstaunt, wird diese Verwirrung sehr lange weitergetragen.

Trotz dieser scheinbar nicht allzu gepflegten Sauberkeit, für die das Abwaschbecken in der Küche ausreichte, hing aber in Frau Nickels kleinem Hof ständig die Wäscheleine voller Unterhosen, Hemden, Tücher, Lappen – und wenn es ein Foto von dieser Hausmeisterecke gäbe, hingen ganz sicher auf der Leine einige dunkle Handtücher. Die Wäsche wusch Frau Nickel in der Waschküche, die zur Haushaltungsschule gehörte.

Die Wohnung und der kleine Hof waren das privateste Reich der Hausmeisterin, aber ihr Herrschergebiet war die ganze Schulanlage: Die Klassen, die Korridore, die Büros, die Zimmer der Pensionsschüler, Boden und Keller und die verschiedenen Höfe.

Der Architekt hatte in seinen Wettbewerbserfolg diese Hofräume als architektonisches Moment integriert.

Die landwirtschaftliche Schule war eine Winterschule, das heißt, unterrichtet wurde nur im Winter, wenn die Arbeit auf den Feldern getan war, und die jungen Bauernburschen – es waren ca. 60 bis 70 junge Leute in einer Unterklasse und Oberklasse – Zeit hatten, in die Schule in der Kreisstadt zu fahren.

Und da einige ihre Heimatorte nicht täglich mit der Bahn oder Fahrrad erreichen konnten, gab es ein Internatsbetrieb für die Bauerntöchter der Haushaltungsschule und für die Schüler der landwirtschaftlichen Schule. Auch Zucht und Ordnung dieses Betriebes unterstanden dem strengen Auge der Hausmeisterin.

Weil die Wohnung von Gertrud Henkemeyer auf demselben Korridor des obersten Geschosses der Schule lag, drückten wir uns auch schon mal gern zwischen den Internatsschülern herum. Wir ließen uns in ein Zimmer zu einem Apfel einladen, was natürlich streng verboten war. Erwischte uns Frau Nickel, dann schrie sie: »Das sag ich dem Herrn Drekta (Direktor).« Prompt rannten wir davon. Unser Vater war eine echte Autorität, und eine Anmahnung von ihm traf wie ein Hieb. Nie habe ich von ihm einen »Klapps« bekommen.

Ich kann mich sehr wohl erinnern, dass ich einmal im Leben eine Ohrfeige von meinem Vater bekommen habe, als ich zu einem Dienstmädchen frech geworden war – und sie sich bei meinen Eltern beschwerte. Ein kalter Blick aus den blauen Augen meines Vaters genügte vollauf, um mich zerknirscht stehen zu lassen. Ich liebte meinen Vater sehr. Ich verehrte ihn sehr.

Die einzige sichtbare Zuneigung meines Vaters zu mir waren seine Einladungen, mit ihm im Auto auf das Land zu den Bauern zu fahren. Aber so oft petzte Frau Nickel auch nicht, ihr Gekreische reichte aus, dass wir die Flucht ergriffen.

Waren die Schüler im April wieder auf ihre Bauernhöfe zurückgekehrt, begann Frau Nickel mit dem gründlichen Putzen der Zimmer, dann waren wir dabei. Denn während dieser Arbeit konnten Frau Nickel und ihre Tochter, die ihr half, nicht viel sprechen. Wir, Gertrud, Resi, Just, Günther Nickel und ich, zogen durch die Zimmer, öffneten Schränke, Nachttische und suchten nach irgendwelchen Reliquien der ehemaligen Bewohnern. Aus den Nachtischschubfächern sammelten wir zum Beispiel abgebrannte Streichhölzer. So einem Bündelchen kleiner Hölzchen, unten hell, und oben mit den schwarzen Köpfchen, muss irgendetwas Besonderes innegewohnt haben – denn wofür konnte man sie schon benutzen? Nur eben diese kleinen Päckchen aus Stäbchen – in der Addition des Vielfachen eines Dinges – vielleicht barg es etwas Mystisches, wie die Stäbe, die Germanen warfen, um die Zukunft zu lesen.

Ein weiterer verbotener Raum war der Dachboden dieser Schule, wo manchmal die Koffer der Schüler standen, Reserve-Tische und -Stühle, alte Prospekte von Düngemitteln und Landmaschinen – hier konnte man herrlich wühlen. Leider hielt Frau Nickel die Bodentür meist verschlossen, wie natürlich auch die zum Heizungskeller. Es kam schon aber mal vor, dass die Tür nicht abgeschlossen war, und voll ängstlicher Neugier schlichen wir die steile Treppe herunter in die Tiefe des Raumes mit lauter Maschinen und Kesseln. Natürlich hatte ich den Film »Metropolis« nicht gesehen, aber als ich ihn jetzt einmal im Fernsehen wieder sah, hatte ich dasselbe Gefühl wie damals, als wir im Heizungskeller inmitten der schwarzen, spuckenden und röhrenden Maschinen standen und rote Flammen durch die Türritzen der Kessel schimmerten. Dort von Herrn Nickel erwischt zu werden, war das Schlimmste, was geschehen konnte. Er packte uns, die Ohrfeige bekam natürlich Günther – sein Enkelsohn –

der auch immer mit uns herumzog. Er war es wahrscheinlich gewesen, der uns in diese dunkle Feuerhöhle hineingelockt hatte, da sie ihm, als Enkelkind des Feuermeisters, ja sozusagen gehörte.

Streng verboten war, auf dem Hoftor zu schaukeln. Das war das schwere doppelflügelige Tor von der Straße zur Hofeinfahrt, das abends geschlossen wurde, wenn Herr Direktor oder Herr Dr. Henkemeyer oder die drei Lehrer und Wirtschaftsberater von ihren Fahrten zurückgekehrt waren. Dann wurden zwei eiserne Stangen, die rechts und links an den Wänden eingeschraubt waren, in jeweils ein Diagonale in der Mitte des Tores eingehängt. So war das Gelände scheinbar wie ein Festung abgeschlossen.

(In Wirklichkeit konnten eventuelle Einbrecher, und die hat es tatsächlich auch schon einmal gegeben, über den hinteren Gartenzaun auf das Drahtgeflecht klettern.) Für uns war es nun ein geliebter, aber gefährlicher Sport, von der Brüstungsmauer auf den darunterliegenden Torflügel zu steigen, sich oben rittlings draufzusetzen und der Kamerad unten stieß den Torflügel auf und zu, so dass der Reiter oben drauf sich schön gleichmäßig schaukeln ließ. Er konnte zum Beispiel auch mit den Beinen von der Mauer selbst abstoßen. – Aber wenn der Untermann schnell und ruckartig stieß, kam der Reiter ganz schön ins Schwanken, rutschte schief am Tor herunter und manchmal gab es blaue Flecken, wenn die Sache dann mit einem Fall auf dem Steinboden zu Ende ging. Das Tor quietschte bei dieser Fehlbenutzung ganz erheblich – und Frau Nickel war ja nicht weit.

Einmal als wir mit der Eisenstange herumpulten, um das Tor festzumachen, fiel die Stange Resi auf den Kopf. Das Blut spritze, alles schrie. Frau Nickel kam aus ihrer Hofecke gerannt. Die Haushaltungs-Schülerin aus ihrer Küche, unser Sportfeld lag ja gerade unter dem Küchenfenster

Resi wurde verklebt, verbunden, es gab ein großes Loch, zu mindest eine große Wunde und viel Geschimpfe von Frau Nickel. Nachdem Resi im Geleit zu unserem Haus begleitet worden war, kamen die Entsetzensschreie der Mutter dazu und die Strafpredigt folgte hinterher.

Eine andere Mutprobe verwandelte einmal das ganze Haus in einen Ort des Schreckens. Mutti und Papa waren weggefahren, Henkemeyers waren auch nicht da. Da kam Gertrud auf die tolle Idee, von ihrem Balkon auf unser Dach zu klettern und dort entlang zu spazieren. Also wir alle hinauf in Henkemeyers Wohnzimmer – auf den Balkon – über eine Küchenleiter und Tisch konnten wir die Regenrinne unseres Hauses erreichen, war doch unser Haus etwas niedriger als die Balkonhöhe. Lisa, die ältere Schwester von Gertrud, saß in ihrem Zimmer, schrie und schimpfte. Wir nahmen sie nicht für voll. Sie nahm nie an unseren Spielen teil. Sie war eine Stubenhockerin, denn ein früher Hüftschaden hatte sie zu einer Musterschülerin gemacht, die so schlau war, dass sie auf dem Gymnasium als einziges Mädchen zugelassen worden war. Also Lisas Neid- oder wohl auch Angstgeschrei zählten nicht. Ich kletterte etwas schlotternd hinter Gertrud auf das Dach. In die Kehle, wo der Aufschiebling in das Stalldach stößt. Resi war wohl auf dem Balkon stehengeblieben, aber der kleine Günther – er war sicher drei Jahre jünger als Gertrud, vielleicht acht Jahre – folgte. Plötzlich höre ich von unten im Hof Rufe heraufschallen: Zurück – zurück! Die verflixte Lisa hatte tatsächlich alles alarmiert, was im Hause zu erreichen war. (Papas Sekretärin Fräulein Tielmann, Frau Nickel, die Haushaltungsschuldirektorin). Da standen sie zusammen und wild gestikulierend wollten sie uns bewegen, sofort auf den Balkon zurückzukehren. Aber wie das so kommt, indem sie unten vor Angst zeterten, und besonders natürlich Anna oder Ida, der unsere Eltern die Aufsichtspflicht übertragen hatten, überfiel mich auch der Schreck von der Höhe. Das steile Dach neben mir, da hätten wir schon die Balance verlieren können. Wir tasteten also zurück. Umdrehen konnten wir uns ja nicht. Ein gewitzter Geist hatte unterdessen ein kleines Bodenfenster in unser Haus aufgemacht, und mit Gottes Segen fand ich zum Bodenfenster zurück, wo sich mir ein hilfreicher Arm entgegenstreckte. Gertrud und Günther zogen den Weg über den Henkemeyerschen-Balkon vor. Gertrud war sowieso die sportlichere, und Günther war beweglich wie ein Wiesel. Denn pünktlich zu dieser Rettungsszene, waren unsere Eltern vor die Garage vorgefahren – aber zu unserem erleichterten Erstaunen, hatten sich unsere »Mahner« plötzlich verschworen, den Eltern nicht die ganze Wahrheit zu offenbaren, denn sie wussten wohl, dass der Vorwurf auf sie zurückgeschlagen hätte. Sie erwähnten unwichtig unseren Versuch, sich aus den Bodenfenster zu weit hinauszulehnen, das war also gutgegangen. Selbst Frau Nickel war im Anblick unserer Rettung erleichtert und vergaß den Satz: »Das sag ich dem Herrn Drekta.«

Sicher war sie die gutmütigste Person der Welt und immer die erste Hilfe auf den Schlachtfeldern unserer vehementen Spielen und ihren Folgen. Ging es darum, dass wir unter Gertruds Anleitung Wettspringen von der Freitreppe zum Birkenplatz machten und mit aufgeschlagenen, blutenden Knien Hilfe suchten, so war Frau Nickel die erste Anlaufstelle. Bei dieser Übung sollten wir einen weiten Anlauf nehmen und versuchen über die gesamten Stufen bis hinunter auf den Kiesplatz zu springen. Das war schon fast Olympia-reif. Es galt acht Stufen ca. 2,40 Meter breit zu überspringen. Sollte ich es tatsächlich geschafft haben? Ich weiß, dass ich später in Berlin 3,70 Meter im Weitsprung schaffte. Aber mit zehn

Jahren schon 2,25 Meter? Da war es sicher Frau Nickel, die öfter ihre Medizinkasten holen musste, um mein linkes Knie zu bepflastern. Der Sprung von dem ca. 1,50 Meter hohen Stützmauer, war dagegen für mich einfacher – sicher machte Resi da nicht mit, aber Günther hoppste immer an vorderster Front. Der grobe Kies vor dem »Cour d'Honeur« war eine Quelle von Unfällen für wilde Kinder – obwohl man kleine, schöne Steine zusammentragen konnte, um »Verkaufen« zu spielen, mit den Edelsteinen. Eine Wunde von solchen spitzen Kieselsteinen, habe ich eine jahrzehntlang an meiner Stirn gefühlt. Ich hatte im Palast-Theater-Kino in der Berliner Straße den Film des Kurier des Zaren sehen dürfen. Da gab es also den Kurier, der auf seinem Pferd im gestreckten Galopp den Brief zum Zaren bringen sollte. Dieses Dahinsausen durch die Weiten Russlands hatte mir toll imponiert.

Als ich dann unserer kleinen Bande von meinem Kinoerlebnis berichtete, wollte ich es realistisch vorführen. Ich stellte die Rolle des Pferdes dar und Resi war der Kurier des Zaren. Sie setzte sich auf meinen Rücken und ich rannte leicht gebückt los durch die Steppe Russlands. Plötzlich stolperte das Pferd. Der Reiter rutschte vor Schreck aus dem Sattel, doch das Pferd stürzte und schlug mit der Stirn auf die Kiesel. Das erschreckte Publikum sah, dass das Pferd zu bluten begann. Mir rann das Blut vom Kopf herunter. Die Kinder begannen zu schreien. Ich war stumm vor Schock, dass der Sturz so viel Gebrüll auslöste und ich nun mehr Beachtung fand, als durch meine Darbietung erwartet. Günther war zu seiner Großmutter gerannt, und schon kam Frau Nickel klagend mit erhobenen Armen, als sie mich sah. Man zerrte mich zuerst in ihre Wohnung, doch das war ihr wohl doch zu viel Blut an meiner linken Stirn. Sie musste sich entschließen, zur Frau Drekta zu laufen. Die hatte gerade Damenkaffee im grünen Damenzimmer. Das

Mädchen überbrachte die Schreckensbotschaft. Die Damen fuhren auf. Papa wurde aus dem Büro geholt und fuhr mich umgehend in die Praxis des Dr. Lauers. Der kannte ja solche verletzten Kinder, denn die Spiele in dem östlichen Ackerbürgerstädtchen waren immer wüster als bei den Stadtkindern in München. Die Wunde war ziemlich lang. An der Stirn mussten Haare abgeschnitten werden. Nachdem ich eine örtliche Betäubung bekommen habe, nähte Dr. Lauer die Wunde zusammen. Ich wurde mir über meine Verletzung eigentlich erst jetzt bewusst, denn bisher hatte ich die allgemeine Beachtung des Publikums enorm genossen: Hatte ich es doch zustande gebracht, eine Kaffee-Gesellschaft zu sprengen, und vor allem hatte ich es zur Wege gebracht, dass mein Vater sofort seine Arbeit liegen gelassen hatte, um mich zum Arzt zu transportieren – und Frau Nickel ging aus ihrer derben Haut heraus und stand mitleidsvoll mit im Spalier der trauernden Kinder.

Die Henkemeyers

Mit drei Jahren zog ich also in die Villa am Birkenplatz. Resi lag noch im Kinderwagen. Es fehlte mir mein Freund, der Enkel des Schusters, mit dem ich im Garten dies und das unternehmen konnte und der immer eine tolle Idee hatte.

Doch bald muss ja auch Gertrud aufgetaucht sein, die meine engste Freundin wurde und die mich neun Jahre lang begleiten sollte. Gertrud kam von nebenan. Sie war die jüngste Tochter von Herrn Dr. Henkemeyer und seiner dicken Frau. Lisa war die ältere Schwester und wohl besonders schlau, denn sie war als einziges Mädchen Schülerin des Gymnasiums. Sie war zickig in meinen kindlichen Augen und ganz doof. Sie wohnten im Haupthaus im zweiten Stock über den Lehrmittelräumen der landwirtschaftlichen Schule. Und Gertrud und ich konnten uns aus dem Kinderzimmer über die Fenster unterhalten, die sich schräg gegenüberlagen.

Herr Dr. Henkemeyer unterrichtete neben Papa in den Wintermonaten die Schüler, die Söhne der Bauern, der landwirtschaftlichen Schule und fuhr auch in der Wirtschaftsberatung von einem landwirtschaftlichen Betrieb zum anderen quer durch den Kreis. Henkemeyers kamen aus Westfalen und waren stockkatholisch. Das war auch mir schon eingeimpft worden, dass Katholiken etwas anderes waren als die Evangelischen. Schließlich gab es zwei verschiedene Schuleingänge und Schulhöfe. Und wenn die katholischen Kinder eine Sünde begangen hatten, geklaut hatten oder das kleine Mädchen auf der Straße geschubst hatten, konnten sie beim Pfarrer beichten gehen und der liebe Gott vergab alle Sünden. Und dazwischen konnte man auch eine Heilige um Hilfe bitten beim nächsten Diktat.

Zwischen Gertrud und mir gab es keine Gespräche über

den lieben Gott, vielmehr beneidete ich sie ja auch noch, weil sie bei der großen katholischen Prozession zum Fronleichnam zwei Wochen nach Pfingsten aus einem Körbchen weiße Blüten der Prozession voraus streuen durfte, wenn die Monstranz vorbeigetragen wurde. Ich begleitete Gertrud, wenn wir zu den katholischen Freundinnen der Mutter gingen, um Blüten für das Körbchen zu erbitten. Das Fronleichnamsfest feierten auch die Evangelen in gewissem Sinne mit, denn die Straßen, durch die die Prozession zog, waren mit Birkenreisern festlich geschmückt, und fast ganz Deutsch Krone stand an den Straßenrändern und begleitete den pompösen Aufzug. Auch wir Prasse-Kinder wurden früh in das Ereignis integriert, denn das Dienstmädchen, das soundsovielste Kind eines Bauern, war natürlich katholisch und nahm mich mit zur katholischen Kirche am Marktplatz, von der aus die Monstranz aus der Kirche herausgeleitet wurde. Das Gefolge der Monstranz war natürlich auch schon ein Ereignis. Da waren der Reiterverein, der Schützenverein, der Gesangverein, die Handwerkergilden, der Ruderverein, der Turnverein, alle Vereine, die in einem langen Zug bis zur Pietä durch die Stadt und dann zurück zur Kirche zogen. Frau Henkemeyer war sehr streng, und ich glaube, dass ich als Kind eher Angst vor ihr hatte. Sicher hat sie auch die Hausmeisterin sozusagen noch unter ihrer Fuchtel gehabt, was natürlich nicht offiziell war. Mein Vater, der Herr Direktor, kümmerte sich nicht um diese Diskussionen zum Thema Reinigung der Schule, Lärm der Schüler, Fußballspielen auf dem Vorhof und überließ die Gewalten über Haus und Hof vom Birkenplatz den Frauen. Denn schließlich wirkte auch die Leiterin der Hausfrauenschule mit im »Triumvirat der wachsamen Weibsbilder«.

Die Nachbarn

Honig aus Pfeilsdorfs Garten

Aprikosenmarmelade – Erdbeermarmelade, das prismische Glas mit Honig.

Nicht eine Konfitüre auf meinem Frühstückstisch ist von mit selbst gekocht, und der Honig kommt aus der Abfüllfabrik.

Meine Hand scheint zu zögern. Müsste ich nicht ein Schälchen Honig aus dem braunen Steintopf abfüllen, so wie es meine Mutter tat, täglich ein paar Löffel aus dem Honigtopf von Herrn Pfeilsdorf.

In Deutsch Krone vor fünfzig Jahren, kokettierten wir nicht mit Honig aus der Provence, sondern von der Insel Sylt. Die Bienen, die den Blütenstaub in die Waben eintrugen, flogen in unserem Garten, die Bienenstöcke standen in Nachbars Garten.

Unser Nachbar, der alte Herr Pfeilsdorf, war mit seiner kleinen Villa schon da, bevor die landwirtschaftliche Schule 1926/27 am Birkenplatz gebaut wurde. Sein Haus lag an der Birkenstraße, ein besserer Feldweg zum Ostbahnhof, umgeben von den Feldern des Bauern Fenske, inmitten eines Obstgartens, an den nun unser Garten anstieß. Es war ein zweigeschossiges, fast quadratisches properes Haus mit einem hohen Walmdach. Hier wohnte der pensionierte Rektor mit seiner kranken Frau und den beiden erwachsenen Kinder. Ein Sohn, der wohl gerade in diesen Jahren, als ich mich für außergewöhnliche Sachen zu interessieren begann, aus Argentinien heimkehrte, wo er sich als Ansiedler versucht hatte. Als der Erfolg ausblieb, kam er wieder nach Deutsch

Krone zurück. (Oder war die Geschichte vielleicht ganz anders, und er wollte erst nach Argentinien auswandern?)

Auf jeden Fall war etwas Abenteuerliches an ihm, und so bekamen Argentinien und Südamerika für mich eine erste Vorstellung.Ein fernes Land, in das man mit einem Schiff reisen konnte, und viel weiter als nur nach Schneidemühl, oder sogar weiter als nach Berlin oder Insterburg.

In der obersten Etage hatte die Tochter, Fräulein Pfeilsdorf, ihre Zahnarzt-Praxis. Unsere Besuche in dem Häuschen galten nicht den alten Herrschaften, sondern mehr gezogen und geschoben dem Zahnarztstuhl, wo Fräulein Pfeilsdorf die wackelnden Milchzähne ruck, zuck zog. Es gab auch die einfache Methode mit dem Bindfaden. Das Dienstmädchen band, was gar nicht so einfach war, einen weißen Nähfaden um den losen Zahn und zog daran. Das Geschrei war mörderisch und der Erfolg nicht immer garantiert. Dann nahm meine Mutter mich – oder Resi – an die Hand (sie sah sich zu dieser Prozedur sowieso außerstande) und wir gingen um unsere Gartenmauer herum, am Pfeilsdorf'schen Garten vorbei und stiegen zögernd die Treppen in die ganz und gar nicht klinisch aussehende Praxis hinauf.

Mutti erzählt die Geschichte, dass sie Resi zu Fräulein Pfeilsdorf begleitete. Vor der Praxistür drehte sich Resi um und befahl klar und eindeutig: »Ich gehe allein rein – du bleibst draußen.«

Und tatsächlich blieb eine völlig sprachlose Mutter an der Treppe stehen. Fräulein Pfeilsdorf war vielleicht so alt wie Mutti, aber unverheiratet. Sicher war sie eine von den Frauen, deren Schatz im Ersten Weltkrieg gefallen war. Aber durch ihre außergewöhnliche Rolle als Ärztin, Dentistin im weißen Kittel, inmitten von allerhand Geräten, Gläsern, Tiegeln und dem Respekt einflößenden Zahnarztstuhl, den sie zurückkippte, und man dann ganz Opfer wurde, hatte sie sich eine geachtete selbstständige Position geschaffen. Tatsächlich war sie für mich die erste »selbstständige Frau« und im Unterbewusstsein so etwas wie ein Vorbild, wie eine Frau auch leben kann, ohne nur immer Hausfrau und Mutter zu sein.

Fräulein Pfeilsdorf war nicht nur eine schnell entschlossene Zahnzieherin – sondern auch noch sehr nett. Sie verstand es, Angst vor etwas Unbekanntem – denn ob der Schmerz des Ziehens überhaupt zu bemerken war, konnten wir ja gar nicht beschreiben – sofort umzumünzen in den Stolz für lobende Worte. »Du warst aber sehr tapfer!« – die durch ein Täfelchen Schokolade in buntem Papier sogar noch ins Materielle umgesetzt wurden.

Es gibt ein Foto von Resi und mir im Vorgarten des Pfeilsdorf'schen Hauses. Wir lächeln – also muss dieses Bild nach einer erfolgreichen Operation aufgenommen worden sein – nachdem wir mittels der Schokoladentäfelchen bereits wieder in die kummerlose freundliche Realität unserer Kindertage zurückgelotst worden waren.

Das Bild zeigt auch, warum ich mich oft über den Zaun reckte; da waren die Rosenbäumchen. Rosenbüsche auf Stielen, die höher als ich selbst waren, voller puderfarbener Blüten inmitten von niedrigen Rosenbüschen. Diese Blütenpracht stand zierlich geordnet auf kleinen Beeten, halbrund geschwungen von Nelkenstauden eingefasst. Rosenbüsche rankten am Zaun entlang. Ich könnte meinen, dass dieser Anblick von fast verschwenderischer Dichte, meine Liebe zu Rosenbeeten in eben solcher schäumenden Blütenfülle erweckt hat, die ich später immer wieder in meinen Gärten nachzuerleben bemüht war.

Der alte Herr Pfeilsdorf – wir sprachen von ihm immer so – denn es gab ja noch den jungen Herrn Pfeilsdorf – war anfangs wohl nicht sehr begeistert gewesen, als ihm eine Riesenbaustelle mehrere Jahre von 1925 bis 1927 ständig Lärm bereitete und seine kranke Frau belästigte. Sicher konnte er sich auch damit abfinden, dass er nicht mehr das freie Feld um sich hatte, sondern sich der doch recht kompakte und hohe Baukörper der Schulanlage mit unserem Haus um sein Grundstück legte. Im Sommer verbarg sich sein Haus hinter dem Grün der Obstbäume und später pflanzte er eine Wand aus Tannen gegen den Anblick der zum Fenster herausgelegten Betten von Frau Henkemeyer im obersten Stock des Haupthauses. Aber dann kam noch der Ärger mit der Müllkaule. Unser rigoroser Architekt hatte dieses gemauerte Rechteck mit einer Blechabdeckung, die in die Einfüllöffnungen eingeschnitten waren, direkt auf die Grundstücksgrenze gesetzt. Nach jedem Eimer Müll knallte der Blechdeckel schmetternd wieder auf das Blech zurück. Und wenn Herr Nickel aus den riesigen Heizkesseln Ruß und Schlacke gekratzt hatte, dampfte eine schwarze Masse zwischen den Spalten und die Schaden trieben bei Westwind genau in das Krankenzimmer der alten Dame. Herr Pfeilsdorf postierte seinen Misthaufen dagegen, der dann dagegen anstank. Beim ersten Morgengrauen krähte der Hahn auf dem Mist und der Ärger zwischen den Nachbarn war wieder einmal perfekt.

Ich stehe am neu gesetzten Zaun zwischen unseren Gärten, und versuche mit kindlichem Geplapper ein Gespräch mit dem weißhaarigen Herren – aber der bleibt stumm. Im Laufe der Jahre hat die gärtnernde junge Frau Prasse diesen Nachbarn doch noch gewinnen könne und man wurde gut Freund. Da steht Papa auf seine Hacke gestützt, Herr Pfeilsdorf etwas tiefer in seinem Garten, und sie fachsimpeln über das Spalierobst, da Papa erst später am gemeinsamen Zaun entlang pflanzte, davor die Reihe mit den Schwertlilien. Sie plauderten über dies und das, und wohl eben auch über Argentinien. Blieb der Sohn nicht sogar in Deutsch Krone und wurde Lehrer an der Aufbau-Schule?

Wenn wir Kinder auf die besagte Müllkuhle kletterten, und die Bleche mal nicht heiß von der Schlacke waren, und das sicher im Sommer, denn das warme Wasser musste im ganzen Haus auf dem Herd zubereitet werden, konnten wir auf das kleine Gartenhaus von Herrn Pfeilsdorf sehen, vor dem die Bienenstöcke aufgereiht standen.

Herr Pfeilsdorf steckte fast ganz in einem Gazesack, trug einen großen Strohhut und rauchte eine Pfeife, die viel Rauch machte. In dieser Ritterverkleidung näherte er sich seinen Bienenstöcken. Das sah wirklich sehr heroisch aus, und war mit ein Grund, warum wir alle vor ihm so großen Respekt hatten. Wer konnte sich schon diesen gefährlichen Tierchen nähern, es sei denn in solch einem Harnisch. Einzel über einer Pfingstrose taumelnd, in einer Schwertlilie halb drin steckend, schienen sie nur putzige pelzige Tierchen mit schillernden Flügeln. Sicher einen Bienenstich hatten wir allerweil. Der wurde mit einer Zitronenscheibe kuriert und damit wir nicht zu viel kratzten, gab es ein Pflaster drauf.

Dann erwischte es mich eines Tages allerdings so, dass ich wieder einmal zum Dr. Lauer gebracht werden musste. Ich hatte einen trockenen Blütenschaft als Pusterohr für die Seifenblasen benutzt, störte eine Biene, die darin saß und vor Schreck stach sie mich in die Lippe. Die schwoll in Windeseile zu einer dicken Beule unter meiner Nase, und ich dachte, nun muss ich sterben. Mit dem üblichen schreienden Gefolge zu Papa, ins Auto und ab zum Arzt. Man sagte, dass ein solcher Stich, sei es nun von einer Biene oder Wespe, am

Kopf tatsächlich sehr gefährlich sein kann. Ich jedenfalls war wieder um eine Erfahrung reicher, nämlich, nie einer Biene in die Quere zu kommen, und Mutti schimpfte vor sich her, dass diese Bienenhaltung unmittelbar neben dem Garten mit den Kindern, doch nicht zu verantworten sei. Noch schlimmer wurde das, wenn sich ein Bienenschwarm um die Königin gescharrt auf die Wanderschaft machte, in einer dunklen Wolke umhertaumelte, bis er davonsummte, um ein neues Nest zu suchen. Der Imker hatte nicht aufgepasst, um rechtzeitig einen Korb über den geteilten Schwarm zu stülpen. Allein der Bericht von solch einem Auszug konnte meine Mutter in »Raasche« bringen.

Aber gab es zur Belohnung für diese unruhigen Nachbarn, nicht auch den köstlichen Honig!

Die Lektion über Königin, Drohnen, Arbeitsbienen, Sammelbienen hatte uns Herr Pfeilsdorf eines Tages gehalten, sozusagen als Therapie gegen unser letztes schlechtes Abenteuer mit solch einem Viech. Da standen wir, Gertrud, Resi, Günther Nickel und ich – die kleine Truppe, die alles zusammen erlebte und erlitt, ängstlich vor den Bienenkörben und hörten die seltsame Geschichte von dem Bienenstaat – von den Waben aus Wachs, die die Bienen bauen und in die sie den Blütennektar und die Pollen hineinlagern, damit sie zu Honig geronnen, für die Bienenlarven als Nahrung dienen. Diesen Honig aus den Waben nimmt dann der Imker heraus und ersetzt ihn durch eine Zuckerlösung.

Was wir verspeisen, ist eigentlich die Vorratsnahrung, die die fleißigen Bienen für die jungen Baby-Bienen von tausenden von Blumen und Blüten zusammentragen. Weil die Blüten, die die Bienen auf ihrem Flug antreffen, sehr verschieden sind, gibt es ja auch so verschiedene Geschmacksrichtungen von Honig. Pfeilsdorfs Bienen sammeln also Birkennektar von den Birken am Birkenplatz und in der Birkenstraße. Hatte der Bauer Fenske Raps gesät – so schwirrten die Bienen auch über diese gelben Blüten – und natürlich besuchten sie auch die Blumen in unserem Garten.

Konnten wir uns nach dieser Belehrung schließlich noch wundern, dass die Bienen sich gegen die Menschen wehrten, wenn sie doch längst gemerkt hatten – sie waren ja sehr intelligent – dass diese Menschen, die ihnen im Winter zwar ein warmes Nest boten, sie ständig mit Zuckerwasser blufften, um ihnen den Honig zu stehlen. Wir begriffen beides, die Bienen zu verstehen – und auch die Kostbarkeit, die der geraubte Honig für die Menschen bedeuten musste.

Solch ein großer brauner Keramiktopf mit Honig, den Herr Pfeilsdorf Mutti im Sommer über den Zaun reichte, war auch für uns eine Kostbarkeit. Was er gekostet haben mag, weiß ich nicht.

Bei unseren Speisekammerinspektionen, die wir besonders gern und erfolgreich unternahmen, wenn Mutti mit Papa weggefahren waren, stellte dieser braune Steintopf, über den ein Tuch gebunden war, immer wieder ein verlockendes Objekt dar. Schnell schob ich das Tuch hoch, den Finger in die goldbraune dicke Masse getaucht, Resi hinterher – und triefend und schleckernd flitzten wir zurück auf die Küchenbank, grinsend ein harmloses Gesicht markierend.

Eine Honigstulle, gar ein Honig-Brötchen, bedeutete »Sonntag« – genauso, wie ein Frühstücksei »Sonntag« heißt. Diese lustvolle Entsagung in der Woche, die am Sonntag und Feiertag ihre Belohnung findet, habe ich bis heute beibehalten, und jeder in der Familie hat dieses Spiel mitgemacht.

Bei aller Sparsamkeit, gab es bei meiner Mutter nie Margarine auf der Stulle, auch nicht zum Backen oder Braten, sehr zu unserem Leidwesen, denn wir aßen zu gerne ein Margarinenbrot, das mit Zucker bestreut werden musste. Das war eine Spezialität von Henkemeyers.

Wenn wir am Nachmittag zu Gertrud hinaufgingen, machte uns das kleine katholische Dienstmädchen solch ein Margarinenbrot mit dick Zucker. Dieses Dienstmädchen war etwas Besonderes – ich sah sie mit mitleidig-neugierigen Augen an. Sie war die jüngste Tochter einer armen Bauernfamilie aus dem Kreis mit vielen Kindern und war dem Kloster versprochen worden. Auf dem katholischen Lande war das noch üblich, eines der Kinder wurde der Kirche geopfert – eben die Töchter als Dienstmädchen, denn sie hatten ja nichts, was sie dem Kloster einbringen konnten.

Schon damals als zehn- oder elf-jähriges Kind verkrampfte sich mein Herz, bei dem Gedanken, dass dieses junge Ding hinter Klostermauern leben sollte, eingeschnürt in eine dunkle Nonnentracht – auch im Sommer. Ohne Freude, ohne Vergnügen – ohne Sonne, wie mir schien. Ich weiß nicht, woher ich dieses Bild hatte. In Tütz gab es das Kloster der »Heiligen Elisabeth«, die Schwestern wurden »Graue Schwestern« genannt. Sollte sie dorthin kommen?

Hatte ich die Schwestern in Tütz gesehen? Mein Vater wurde mit einem vereiterten Blinddarm »in letzter Minute« nach Tütz transportiert, in das neue Krankenhaus von 1929 – das die grauen Schwestern betreuten und einen besonders guten Ruf im Kreis hatte. Oder hatte ich nur das Bild unserer Krankenhaus-Schwestern in der Buchwaldstraße vor mir, die bis zum Hals eingepackt, freundlich und Gott ergeben, ihren Dienst taten?

Ihr kleines Zimmer war neben der Küche, manchmal warf ich einen scheuen Blick auf das Kruzifix, auf das Gebetbuch mit den kleinen Madonnenbildchen, die sie uns zeigte. Sobald ihre Arbeit in der Küche beendet war, begann sie sich in ihr frommes Buch zu versenken. Während meine Mutter die Plage hatte, dass unsere Dienstmädchen so schnell wie möglich sich aus dem Hause stahlen, während der Schatz an eine Birke gelehnt, schon im dunkeln wartete. Meistens waren es Soldaten, die auf die jungen Dienstmädchen des Ortes lauerten, und das war wohl auch der Grund, warum unsere Mädchen so oft wechselten – das heißt meine Mutter sie wieder nach Hause auf ihr Dorf schickte –, wenn diese nächtlichen Ausflüge mit noch so großer Schimpferei am nächsten Morgen nicht mehr zu bremsen waren.

Also diese fromme Klosteranwärterin streute uns den Zucker liebevoll ganz dick auf unsere Margarinenstulle, und wenn Frau Henkemeyer dann vielleicht ihre katholischen Damen zum Tee geladen hatte, stellten Gertrud, Resi und ich uns auf den Balkon, balancierten unser Zuckerbrot und schrien zu unserem Mädchen, die beim Strümpfestopfen im Höfchen saß: »Huhu, Anna – Anna, huhu, ein Zuckerbrot!«, triumphierend – denn unsere Nachmittagsstulle war nur mit selbst gemachter Marmelade bestrichen oder mit selbst ausgelassenem Schmalz.

Der Pfeilsdorfsche Bienen-Honig war außer einer Leckerei auch noch Medizin, wie sich das im Osten bei den dort herrschenden kalten Jahreszeiten gehörte. Denn schließlich beginnt nicht erst jenseits der Weichsel die »kalte Heimat«, sondern schon jenseits der Oder – oder vielleicht etwas genauer: jenseits der Drage, dem ungefähren westlichen Grenzfluss des Kreises Deutsch Krone – weht ein kälterer Wind. Die Drage, die bei Kreuz in die Netze mündet, von Norden kommend, war schon immer Grenzfluss zwischen der Neumark und dem Königreich Polen – seit 1368. Der Askanier Waldemar Markgraf von Brandenburg hatte 1303 Deutsch Krone als Stadt gegründet – dann gab es Rückschläge und er überließ die Stadt und die Bauern»in treue Hände« dem polnischen König Kasimir, der das Deutschtum dieser Bewohner nie antastete. Das Stadtrecht nach Magdeburger Recht wurde auch von den folgenden polnischen Königen nicht angetastet, und Stadt sowie Deutsch Kroner Land blieben deutsch.

Aber man sieht, die Winde bliesen bis zur Drage schon sehr östlich und so kurierte man auch zu unserer Zeit noch nach den alten Methoden mit den Mitteln, die die Natur einem gab: einen Esslöffel Honig in eine Tasse Milch. Das reichte oft und schon war man auf den Bronchien und im Hals geheilt. Eigentlich hätten wir ständig erkältet sein müssen, denn wir trugen elendes Schuhzeug, in Nässe und Schnee. Heute werden Kinder und Erwachsene in dicke Moonboots und Anoraks gesteckt. Wir trugen dünne Lederstiefel, die vorn hochgeschnürt wurden, und hoffentlich für ein Paar Wollsocken noch ein bisschen Platz ließen. Unsere Mäntel waren aus den Anzügen unseres Vaters geschneidert, und zwar hübsch bestickt, aber gegen die Kälte waren sie ein schlechter Schutz. Es mussten dann Pullover und Jacken darunter angezogen werden.

Und dabei hielten wir uns weit länger und öfter draußen auf als heute die Kinder. Da war nicht nur der lange Schulweg, den wir durch Regen und Schneematsch zu Fuß machen mussten – ohne Schulbus oder das elterliche Auto – wir tobten auch noch freiwillig draußen herum. Sobald es geschneit hatte, konnten uns nur noch fast angefrorene Fußzehen oder Finger – in den lächerlichen Strickhandschuhen – wieder ins Zimmer treiben. Und dann gab es schon aus prophylaktischen Gründen: heiße Milch mit Honig.

In die frühen Wintertage gehörten auch die Vorbereitungen für den weihnachtlichen Honigkuchen. Wir sagten: »Pfefferkuchen, weil der Geschmack der Gewürze, Kardamon, Zimt, Nelken und Piment stark vorschmecken musste.

Der Teig für den Pfefferkuchen, den meine Mutter nach altem ostpreußichem Rezept machte, musste vier Wochen vor dem Backen angerührt werden. Damit er mit Hirschhornsalz und Pottasche in Ruhe gären konnte, wurde er zu gleichen Teilen aus Mehl und Honig angerührt. Nun muss ich leider gestehen, dass meine Mutter, die Fanatikerin in Sachen Reinheit der Materialien und des Geschmacks, bei der Zubereitung des Pfefferkuchenteigs auf den echten Honig von Herrn Pfeilsdorf verzichtet hat – sei es aus Sparsamkeit oder weil zu dieser Zeit auch nicht mehr so viel Honig vorrätig war – denn es stand ja noch eine lange Periode voller Husten und Heiserkeit bevor. Ich habe mir ein Neuauflage ihres Königsberger Kochbuchs angesehen, erstmals erschienen 1902, von den Leiterinnen der Kochschule an der ostpreußichen Haushaltungsschule, Doenning, zusammengestellt. Da steht zum Rezept »Pfefferkuchen« – Verwendung von Honig (oder Kunsthonig) – also auch Kunsthonig erlaubt. Wobei ich annehmen muss, dass diese in Klammern gesetzte Möglichkeit ein Zusatz sein könnte, der in den erneuten Auflagen von 1940 bis 1956 dazukam. Auf jeden Fall hat meine Mutter schon in den Jahren um das dritte Dezennium diese quadratischen Pappwürfel gekauft, die nichts anderes als »Kunsthonig« enthielten. Es waren immer viele, viele Pakete, die sie benötigte. Dieser Kunsthonig war süßer und nicht so würzig, aber uns Kindern war er nur allzu recht, denn nun gab es für uns auch schon mal eine Stulle mit Kunsthonig.

Kunsthonig und Mehl wurden verknetet, wobei der harte Honig vorher etwas angewärmt werden musste. Zu einem Klumpen geformt, blieb es dann vier Wochen in ein Tuch gehüllt in der Speisekammer liegen – bis Mitte Dezember vielleicht. Dann wurde er flach auf ein Blech gerollt, mit einer Gabel Rauten eingepresst, und wir durften in die Mitte jeder Raute eine halbe Mandel legen. Später, nach dem Backen schnitt meine Mutter daraus rechteckige Stücke – so groß wie eine halbe Stulle und alles wurde wieder in eine große Blechkiste, die, worin der Kaffee direkt aus Bremen kam, sortiert.

Bis zum ersten Adventstag, wenn die bunten Teller für alle Familienmitglieder zum ersten Mal gefüllt wurden.

Bauer Fenske und seine Maisfelder

Mit in das freundliche Winterbild der Deutsch Kroner Jahre gehört aber auch der dampfende Misthaufen im Hof vom Bauern Fenske an der Ecke, dessen Dunstwolke hoch über die Dächer der Ställe in den klaren Winterhimmel stieg.

Jeden Abend holten das Mädchen oder wir Kinder in einer Blechkanne die frisch gemolkene Milch ab, hinten im dunklen Flur, neben der Küche, der nur durch die offene Tür zum Hof beleuchtet wurde. Da sahen wir, wie der Bauer den Mist aus den Ställen immer höher stapelte, ein dampfendes Gemisch aus Stroh, schön viel Kuhscheiße und Pferdeäpfeln. Eines Tages wurde der Mist aufs Feld gefahren und auf dem makellosen weißen Schneetuch über dem gefrorenen holprigen Acker verteilt. Wenn dann noch die Jauche aus dem Jauchefass rieselte, verbreitete sich ein unverwechselbarer, intensiver Gestank, der in der trockenen Luft eines sonnigen Wintertages so herrlich duftete, dass er bis in das offene Schlafzimmerfenster dringen konnte. Ein Teil der Fenskeschen Felder lag ja direkt hinten um die landwirtschaftliche Schule herum und reichte bis zum Ostbahnhof.

Vor allem haben uns Kindern natürlich die Maisfelder gefallen. Wenn der Mais mannshoch gewachsen war, spielten wir darin Versteck oder rannten wild durch diesen hellgrünen Wald. Einmal hatte Resi ein kleines, rotes Köfferchen, das sie zum Geburtstag geschenkt bekommen hatte, in dem grünen Stangenwald verloren oder liegen gelassen, jedenfalls war es, nachdem die Mutter uns nach Hause gerufen hatte, nicht mehr vorhanden. Wir rannten zurück, Resi heulte, und Gertrud und ich versuchten, das Köfferchen auf dem Boden dieses Blätterwaldes zu finden. Unterdessen war auch der Bauer Fenske dazugekommen und verfluchte die Bagage, die seinen Mais zertrampelte. Er gab den lautstarken Befehl, das Maisfeld nie mehr zu betreten.

Ob das strikte Verbot, das Maisfeld zu betreten, nun auch unsere Nähgarnverkaufsspiele beeinträchtigte, weiß ich nicht mehr genau. Denn für uns hatten die Maiskolben eine besondere Bedeutung. Die Maiskörner bildeten einen Kolben, der in einem grünen Mäntelchen versteckt war, und wenn man dieses aufriss, waren die Kolben von einer Hülle goldbrauner Fäden umgeben. Wir zogen die Kolben zu uns herunter und zupften die Fäden ab, um damit Kaufmann zu spielen. Sie waren das Nähgarn, das wir in einem imaginären Lädchen, das wir uns auf der Steinmauer am Podest unseres Hauseingangs erdachten, an die Spielkameraden verkauften.

Der Bauer Fenske blieb für uns aber eine Respektsperson, der wir eher aus dem Weg gingen. Aber Herr Fenske war natürlich stolz, wenn er mit seinem Nachbarn Herrn Prasse über die Probleme der östlichen Landwirtschaft diskutieren konnte.

Die Polen in den Baracken

Aus welchen Gründen auch immer der Architekt des Ensembles der landwirtschaftlichen Schule um den Garten des Herrn Direktors eine zwei Meter hohe Mauer gesetzt hat – diese martialische Geste war ja wohl mehr als ein Sichtschutz gegen den Fußweg zum Ostbahnhof. Aber sie schien auch ein Reizpunkt für die Bewohner der Baracken zu sein. Diese Baracken waren wohl ab 1919 entstanden, um polnische Arbeiter unterzubringen, die seinerzeit auf deutschen Gütern in Westpreußen gearbeitet und es vorgezogen hatten, den Deutschen, die ab 1919 Westpreußen verlassen mussten, zu folgen. Natürlich wurden diese Auswanderer von einer sozialen Institution betreut. Das war in unseren Augen eine ganz wilde Gesellschaft, die in den tiefer gelegenen Holzbretterbuden hausten. Kreischende Frauen, schreiende Kinder, herumlungernde Männer schienen sich in unserer Vorstellung zu versammeln. Aber auch die Kinder und Jugendlichen dieser Flüchtlinge sahen in uns und in der Mauer eine Bedrohung, die sie zu Aggressionen reizte. Sie schrien über die Mauer: »Der reiche Prasser und der arme Lazarus!« und warfen Steine gegen die scheinbare Überlegenheit. Bei uns hießen diese Leute nur »die Polacken«. An diesem Mauerteil, der ja auch gegen den Garten vom Nachbarn Pfeilsdorf grenzte, war der Spielplatz für uns drei Kinder. Es gab eine Sandkiste und eine Bank, die eine eigenartige Konstruktion hatte – ein Brett lag auf zwei oder drei aufgeschichteten Mauerziegeln. Hier spielten wir mit den Püppchen, mit Bauklötzen und schaufelten einen Tunnel. Und eines Tages stürzte Resi schreiend zu Boden, ein Stein war über die Mauer geworfen worden und hatte Resis Kopf getroffen. Unsere Mutter rannte schreiend zu der Blutstätte und pflasterte und klebte. Aber es wurde keine Rache gegen die Täter geschworen.

Das Zollbeamtenhaus

Wenn wir zusammen mit Ida zu dem Kaufládchen des Kaufmanns gingen, kamen wir vorbei an einer originellen Hausgruppe, einem zweigeschossigen Fachwerkgebäude mit einem riesigen Zeltdach, das rund um die Ecke bis an die Südbahnhofstraße reichte. Das war das Zollamt, in dem sich neben den Diensträumen im Erdgeschoss auch Wohnungen für die Zollbeamten befanden. Das Ganze wirkte irgendwie bedrohlich mit dem dunklen Schieferdach. Ich kann mich auch nicht entsinnen, dass wir jemals Kindern in diesem Haus begegnet wären. Aber ein Zollbeamter in einer Stadt in mittelbarer Nähe der polnischen Grenze war natürlich eine respektable Person. Der einzige Grund, an diesem rätselhaften Haus vorbeizugehen, war das spitze Tütchen mit den Goldnüssen und dem Eiskonfekt, die wir dann bekamen, wenn das Mädchen am Ende der Woche bezahlte, was es im Laufe der Woche hatte anschreiben lassen.

Die Kinder der Nachbarn

Günther Nickel

Natürlich hatten wir drei Mädchen auch einen kleinen Leibeigenen: unseren Freund Günther Nickel, den Enkel von Frau Nickel. Er war der Sohn ihrer Tochter, die in der Nähe lebte. Hatte er auch einen Vater? Auf jeden Fall war Günther anscheinend immer bei Omama und Opapa in der kleinen Dienstwohnung im Erdgeschoss der landwirtschaftlichen Schule. Er war jünger als Gertrud und ich, vielleicht so alt wie Resi. Er trabte immer hinter uns her, grinsend, mit geschorenem Kopf, ein schmales Kerlchen, ein treuer Gefolgsmann. Alles machte er mit. Beim Sammeln für die Armen war er dabei, beim Springen von der Seitenmauer der großen Freitreppe. Er kletterte in das große gemauerte Wasserbassin ohne Wasser (wahrscheinlich hatte man nicht an Isolierung gedacht) und sammelte die Frösche auf, um sie den kreischenden Mädchen unter Hohngelächter vor die Nase zu halten. Irgendwie erschien er immer ein wenig wie ein geprügeltes Hündchen. Vielleicht hatte er einen versoffenen Vater. Aber in der warmen Küche bei der Omama, wo der Opapa, in der Ecke am Fenster sitzend, kleine Fische – Sprotten – mit Haut und Haaren vertilgte, fühlte er sich geborgen. Was mag aus ihm geworden sein? Ein Heldtod fürs Vaterland, für Herrn Adolf Hitler, um Russland zu erobern, oder ein armer Flüchtling, den die Hiesigen in Westdeutschland als armes Bettelvolk betrachteten?

Gertrud war die Begleiterin meiner Kinderjahre in Deutsch Krone. Manchmal gab es eine Nachricht von Fenster zu Fenster, dass die Mutter von Gertrud bei ihrem Kaffeekränzchen war. Also durften wir mal zu ihr in die Wohnung kommen. Allein der Weg dahin war spannend genug. Unter den Arkaden gingen wir in den Haupteingang, dann kam ein großer Windfang, der zu einer breiten Treppe, die schon am ersten Podest einen Halt hatte, weil sich in dem großen roten Rahmen eine Tür befand, die zu der zweiläufigen Hoftreppe führte. Diese Treppe und der Hof durften jedoch von den Schülern nie benutzt werden, weil der Hof ein Privatissimum mit Wäscheleine und Gemüsegärten von Frau Henkemeyer, Frau Nickel und Frau Prasse und den Autogaragen der Schulmeister war. Der zweite Lauf der breiten Treppe führte sozusagen auf den öffentlichen Flur im ersten Stock in den Schulbetrieb mit Klassenzimmern, Chemieraum, Lesezimmer und den Büroräumen für den Herrn Direktor, den Herrn Dr. Henkemeyer und die verschiedenen Fachlehrer und als Empfangsdame die Sekretärin Fräulein Thielmann.

Ein weiterer Treppenlauf führte in den zweiten Stock. Hier befanden sich rechter Hand die Zimmer der Winterpensionäre, das heißt der Bauernsöhne, die als Internatsschüler der Haushaltungsschule mit Kost und Logis hier lebten. Ich fand es immer sehr spannend, an den Appartements der verschiedenen Lehrer vorbeizukommen, da ich es ja nie gewohnt war, dass in einem Haus mehrere Parteien wohnten.

Der Eingang zur Wohnung von Gertrud war verglast, was schon außergewöhnlich erschien. Dann kam eine große Diele, in der manchmal die Tür zum Herrenzimmer offenstand und manchmal auch zu dem Zimmer von Frau Henkemeyer, die immer in einem großen Sessel am Fenster saß und Batistdeckchen zierlich bestickte. Ich habe die Frau nie gemocht. Die Kinderzimmer waren am Ende der Diele. Da war ein sogenanntes gefangenes Zimmer, weil man es durchqueren musste, um zum Schlafzimmer der Kinder zu kommen. Aber an diesem Zimmer lag auch der große Balkon. Von hier aus machten wir dann eines Tages, als Mutti und Papa in Schneidemühl oder vielleicht sogar in Frankfurt am Main waren, um das neue Auto abzuholen, die tollkühne Kletterpartie, die in die Geschichte einer dramatischen Kindheit einging. Wir kletterten nämlich auf das Dach unseres Hauses, das ja im Winkel zum Haupthaus stand. Man konnte mit einem Stuhl auf die Regenrinne der Villa steigen und dann auf dem Dach entlangkrabbeln. Wahrscheinlich wollten wir von dort aus durch ein Dachfenster auf unseren Boden klettern können, aber dazu kam es gar nicht, denn Frau Nickel, die an der großen Mülltonne, wo die Asche von der Zentralheizung eingekippt wurde, arbeitete (und das gegenüber vom Fenster unseres Esszimmers – Frau Direktor tobte jedes Mal, wenn die Asche hier ausgekippt wurde, warum der Architekt ausgerechnet diesen Ort gewählt hatte), hatte uns auf dem Dach entdeckt. Sie schrie so laut vor Entsetzen, dass Ida aus der Küche stürzte, Fräulein Thielmann aus dem Büro und wer noch im Haus war, und alle sich zu einer Gruppe entsetzter Weiber zusammenfanden, die zu uns heraufstarrten. Schreiend und gestikulierend wollten sie uns zur Umkehr bewegen, was uns wahrscheinlich jetzt noch in Gefahr brachte. Ob wir nun durch das Dachbodenfenster unseres Hauses oder über Henkemeyers Balkon zurückkletterten – irgendwie kamen wir heil vom Dach. Was geschah, als die Schauergeschichte den heimkehrenden Eltern berichtet wurde, weiß ich nicht. Oder wandte sich der Protest sogar gegen die Aufsichtspersonen, die die Kinder nicht an solchen abenteuerlichen Unternehmungen gehindert hatten? Gertrud, die zwei, drei Jahre älter war als ich, verlockte uns ja nicht nur zu solchen Abenteuern, sie zeigte uns als Trostpreis das schöne Schlafzimmer ihrer Eltern. Das war nämlich ganz wunderschön, hell und silbrig schimmernd mit Spiegeln, so ganz anders als das handgetischlerte, dunkle Schlafzimmer von Mutti und Papa, das wahrscheinlich vom Schreiner in Insterburg noch mit in die Aussteuer geschickt worden war.

Täglich waren wir mit Gertrud zusammen. Sie herzte und küsste auch den kleinen Just, der erst 1931 zu dieser Clique hinzugekommen war.

Lolo Lange

Da gab es noch eine tolle Freundin: Lolo Lange von Gegenüber an der Südbahnhofstraße. Lolo, ein großes Mädchen mit einem blonden Pferdezopf, die Haare zusammengebunden mit einer großen Schleife, war noch etwas älter als Gertrud. Ob sie noch in die Schule ging, ob sie Lehrling war – ich weiß es nicht. Sie hatte einen Wunderkoffer. Mit diesem Wunderkoffer kam sie während Schlechtwetterzeiten zu uns in das Kinderzimmer. Hier hatte Mutti ihren ehemaligen Toilettentisch aufgebaut, eine geschwungene Tischplatte, von einem gerüschten, langen Blumenvorhang umrahmt, der bis auf den Boden reichte, ein ovaler Spiegel in einer gerafften Voiledekoration. Vor dieser dekorativen Szene packte sie die Kostbarkeiten ihres Köfferchens aus – Ketten, Ringe, Armbänder, Kunstblumen, Bänder, alles wohl Reste der Dekorationen aus dem Fotoatelier ihres Vaters. Eine dicke Puderquaste, die wir in eine gedachte Puderdose tauchten. Ein Diadem wurde in die frisierten Haare gesteckt. Und wir verkleideten uns mit diesen Kostbarkeiten mit Tüchern und Schals von Mutti und stolzierten vor Ida, die dann vielleicht schon in der Nische vom Eckfenster an der Nähmaschine saß und uns belustigt bei unseren Spielen zuschaute.

Es kam auch vor, dass uns die Mutter von Lolo eingeladen hatte zu Kaffee und Kuchen neben dem Atelier. Sie war eine bescheidene und liebe Frau neben ihrem kleinen, quirligen, dünnen Ehemann, der aber des Öfteren zum Schützenkönig den Schützenhaus im Buchwald gekürt wurde. Irgendwann einmal zog die Familie in eine neues Atelier mit Wohnung, wo man hinten im Garten bis an den Schlosssee gehen konnte. Aber es war uns verboten, auf den schmalen Steg hinauszugehen, vielleicht hatten wir auch Angst vor dem großen See. Die Freundschaft mit Lolo hielt noch bis in die Zeit in Potsdam, also nach 1935, wo sie uns einmal besucht hat. Auch hier steht die Frage: Was ist aus ihr geworden? Was hat der Sturm der Russen über das kleine Städtchen für sie bedeutet?

Der Schulweg

Wir hatten uns nun schon vier Jahre in dem neuen Haus eingelebt – unterdessen war ich 7 Jahre alt –, und im Jahr 1930 sollte der Ernst meines verspielten Lebens beginnen. Die Streifzüge durch das Maisfeld des Bauern Fenske, mit Resi und Günther Nickel und der Bauer fluchend hinter uns her – Herumstrolchen durch die landwirtschaftliche Schule, und Frau Nickel, der Zerberus, der uns verfolgte. Die Schule sollte für mich beginnen, und ich hatte meine neue Rolle als »Schülerin der Evangelischen Stadtschule« anzutreten.

Ich könnte mir denken, dass ich mich auf diese neue »Beschäftigung« gefreut hatte, schließlich war Gertrud, die Tochter des Landwirtschaftslehrers Dr. Henkemeyer, unsere Anführerin in allen Spielen, schon ein oder zwei Jahre in der Schule, und immer die »Kleine« zu sein, passte mir sicher nicht. Die Stadtschule – in einem großen Komplex die Katholische Schule und die Evangelische Schule. Ja, damals war das noch streng getrennt. Die Schule lag dort, wo wir früher gewohnt hatten, in der Hindenburgstraße. Heute werden die kleinen Schulkinder von ihren Eltern per Auto in die Schule gefahren – ich musste nun die ganze Stadt durchqueren – und das war ein ganz schön weiter Weg gen Westen. Das hatte ich schon festgestellt, als Mutti mich bei Herrn Rektor Pöpping, vorgestellt hatte. Der Rektor Pöppig war ein kleiner Herr mit weißem Spitzbart und einem Zwicker auf der Nase, der es sehr schätzte, mit meiner Mutter, einer eleganten Dame, zu plaudern und infolgedessen stand ich während meines Besuches in seiner Schule immer unter dem wohlwollenden Blick dieses auch mir sehr gewogenen Herr Rektors. Weit erschien mir der Weg bis hinaus in die Hindenburgstraße, weil ich an vielen Häusern und Plätzen vorbeikam, aber wenn ich heute nachmesse auf einem Stadtplan aus diesen Jahren, dann hatte ich doch nur eineinhalb Kilometer zu laufen. Aber das Bummeln vor den Schaufenstern mit eingerechnet, war es vielleicht ein Weg von einer halben Stunde.

Wenn wir heute die kleine Dorli – die immerhin die Größte in der Klasse war, auf ihrem Schulweg begleiten, lernen wir ein Gutteil der Stadt kennen, und vorbei an der Bucht des Schlosssees.

Aber beginnen wir mit dem Anfang eines solchen Schultages unserer Heldin.

Anna oder Ida kommt ins Kinderzimmer und weckt mich leise, damit Resi nicht aufwacht. Wie schliefen jetzt in einem schmalen Kinderzimmer, ein Bett hinter dem anderen, nachdem Just das große Kinderzimmer übernommen hatte. Schlafend geht es ins Badezimmer, zum kalten Abwaschen, wohl nur das Gesicht. Im Sommer kommt über die Höschen das handgewebte blaue Leinenkleid mit einer breiten Borte am Saum und natürlich Puffärmel, oder ein quergestreiftes Hängerkleidchen oder mit angekraustem Rock und viel Permutterknöpfen – damals waren das tatsächlich noch Knöpfe aus echten Muscheln.

Die Kleider meiner Freundinnen – wie zum Beispiel von Inge Genee, die immer einen Trägerrock mit weißen Blusen trug, waren so ganz anders. Aber diese extravaganten Stoffe waren Papas »Mitbringsel« von den landwirtschaftlichen Messen und Ausstellungen. Sie waren am Webstuhl von Kunstgewerblerinnen gewebt. Und das nicht nur in »klassischen« Bauernbordüren, sondern auch in allen möglichen »modernen« Strukturen. Manchmal auch handgedruckte wie das Dunkelblaue mit weißem Druck auf Baumwollstoff – grässlich! Im Winter waren es dann die handgestrickten Kleider – eines orange – und von denselben dünnen Wollfäden bekam dann auch die Puppe ein Kleid gestrickt, das tatsächlich auch heute, 2003, noch existiert. Wie das seinen Weg aus dem Weihnachtszimmer – Muttis Damenzimmer, von dem Mahagonistuhl – bis Königstein im Taunus fand, ist ein Rätsel.

Gefrühstückt wurde in der Küche – die Kinder zusammen mit Ida-Anna. Immer Marmeladenbrot ohne Butter und immer Kakao, auf der weißen Holzbank an dem großen weißen Küchentisch vor dem Fenster. Der Blick ging auf unseren kleinen quadratischen Hof, der immer im Schatten zu liegen schien, bis zu dem großen Hof, wo der riesige gemauerte Müllkasten stand, der im Winter stets qualmte, weil Herr Nickel am Morgen gerade die Heizkessel entschlackt hatte. Zu Muttis größtem Ärger hatte der Architekt wohl nicht gewusst, wohin damit – und so drangen die Schwaden in Küche und Esszimmer – und auch der Nachbar Herr Pfeilsdorf, dessen Garten bis zur Rückseite des Müllkastens ging, schimpfte laut, weil seine Bienenstöcke beeinträchtigt wurden. An den großen Hof schloss sich unser Gemüsegarten mit den Spargelbeeten an – Papas Hobby.

Im Winter nur kahle Erde, aus der allein die Rosenkohlstrünke noch hochragten, denn Rosenkohl blieb ja so lange stehen – auch bei Frost, bis er in den Kochtopf wanderte. Dann, durch einen Drahtzaun getrennt, die Versuchsfelder der landwirtschaftlichen Schule.

In die kleine Brottasche aus Leder packte unsere gute Anna das Schulbrot – sicher war es nur mit Teewurst oder Schmalz bestrichen. Mutti war unterdessen heruntergekommen in einem blauseidenen Morgenrock mit gerüschtem Kragen;

gab den Abschiedskuss und schob mich zur Vordertür hinaus. Eigentlich hätte hier schon Gertrud Henkemeyer auf mich warten müssen. Aber in keinem Falle ging sie mit mir zusammen den Weg, denn angenommen, ich war jetzt in der ersten Klasse, dann war Gertrud schon in der letzten Volksschulklasse in der Katholischen Abteilung. Dann war es unter ihrer Würde mit so einem kleinen Mädchen in die Schule zu gehen. – Aber ich habe solche gemeinsame Schulwege auch gar nicht mehr vor Augen. Ich rannte los, um den Birkenplatz herum, an der Fenskeschen Scheune vorbei. Hier war das erste Feuer, das ich in meinem Leben sah, der Brand eben dieser Fenskeschen Scheune. In einem heißen Sommer war der Blitz eingeschlagen und hatte die Holzkonstruktion in Brand gesetzt, und wir, von schaurigem Entsetzen erfasst, in gebührender Entfernung, sahen die Flammen emporschießen. Dann kann die Feuerwehr und löschte den Brand.

Das Fenskesche Wohnhaus, um das ich rechts herumlief, war, zur Straße gerichtet, ein typisch preußischer Bauernhof mit Mittelachse.

Es lag fast ebenerdig, nur ein bis zwei Stufen führten zu einem kleinen Podest hinauf. Rechts und links niedrige gemauerte Brüstungen, und davor zwei rund geschnittene rot blühende Bäume. Hier hatte das Mädchen schon früh am Morgen Milch geholt. So hing ein warmer Milchduft immer in dem dunklen Flur, der durch das Haus in den Hof führte. Rechts lag die gute Stube, die Küche gegenüber zum Hof hinaus. Hier haben wir uns oft herumgedrückt. Frau Fenske war eine große, freundliche Frau. Nur der Bauer war oft barsch mit uns, wenn wir wieder einmal in seinem Maisfeld Versteck gespielt hatten. Die harten Blätter rauschten so schön wie ein Palmenwald. Der Bauer wiederholte wohl hundertmal in der Saison sein Verbot, in das Maisfeld zu laufen.

Gegenüber auf der Straße hatte in einem zurückliegenden Häuschen ein Schuster seine Werkstatt eingerichtet – gleich neben dem Haus von Lolo Lange. Daneben lag die Schreinerei. Der Schreiner war ein interessierter Möbelschreiner und setzte sein Ehrgeiz ein, die letzten modernen Möbel der deutschen Werkstätten nach Fotos nachzuarbeiten, die meine Mutter aus Berlin mitbrachte. So gibt es heute noch den Tisch von diesem Schreiner und bis vor Kurzem ein niedriges Bücherbrett und einen kastenartigen Sessel. Ein Rest des Stoffbezuges ist als kostbare Reliquie in einem Bilderrahmen aufgehoben.

An der Ecke zur Klemannstraße war der Bäcker, wo wir für das »Schandgeld« von unserer »Sammlung für die Armen« – und weil keine Armen zu finden waren, Schnecken gekauft hatten, die wir wie arme Sünder in uns hineinwürgten.

Wenn ich die Klemannstraße, die zum Ostbahnhof führte, überquert hatte, denn das war noch gefahrlos – so viele Autos gab es noch nicht – fuhr aus dem Hof des »Getreidejuden Cohn«, vielleicht gerade ein schwerer Lastwagen mit den Getreidesäcken heraus, zur Eisenbahn oder auf dem Weg nach Frankfurt an der Oder oder sogar bis Berlin. Gegenüber eine schmale Treppe zum Herrenfriseur. Papas Figaro. Hier mussten wir immer, das speziell für Papa georderte Mundwasser abholen. Das Bild der original gebogenen weißen Flasche mit blauen Papier,Odol, das wir heute auch noch kennen, ist für ewig mit diesem engen Friseurladen verbunden.

Dann ging es an der Pieta vorbei, links der Schlosssee und dann die Königstraße hinauf. Ja, es ging tatsächlich von diesem neueren Stadtteil hinauf zur eigentlichen Altstadt, die ja auf der schmalsten Stelle zwischen den Seen lag – 1303 durch die Tempelritter gegründet. Hier begann das, was man Geschäftsstraße nennen konnte. Denn nicht das Quartier um das Rathaus – eben auf dem Buckel, war die attraktivste Straße, sondern das war der Abschnitt Königstraße, von der Post an, vorbei am Kolonialwarenhändler Heidrich, bis eben zu dem Punkt, wo die Straße den kleinen Wassergraben überquerte. Links war der Zeitungsverlag Gramses. Ich lief rechts um die Ecke hinter der Bäckerei Hettge – entlang des Grabens – und auf dem Poetensteig (im Gedenken an den Dichter Heinrich von Kleist, der einige Jahre Schüler der Jesuitenschule war) – bis zu dem Sarggeschäft – gegenüber von der Baugewerkschule.

Rechts und links Lebensmittelgeschäfte, die Apotheke, die Drogerie, der Fleischer Busch. Ich musste mich entscheiden, ob ich rechts die Abkürzung über die Straße nehmen sollte, die über die Synagoge führte, oder ob ich noch ein Stück weiter die Königstraße hinauflaufen sollte bis zum Poetensteig.

Denn nicht das Quartier um das Rathaus – eben auf dem Buckel – war auch die attraktivste Straße, sondern das war der Abschnitt Königstraße. Hier stand die pompöse Post, 1891 im gotisierenden Stil errichtet mit einem Giebel zur Hauptstraße und einem Eckturm in farbig gebrannten roten Klinker und farbig gebrannten Dachziegeln. Im Jahre 1841 erhielt die Posthalterei 42 Pferde für die Postkutschen von Berlin nach Königsberg, die hier gewechselt wurden. Als dann 1881 die Eisenbahnstrecke von Schneidemühl nach Deutsch Krone führte, hatte der Posthalter nur 3 Postillione und fünf Pferde, die die Verbindung mit Deutsch Krone und dem Umland aufrechterhielten. Die Erschließung der östlichen Provinzen durch einen geregelten Postverkehr, konnte erst nach und nach eingerichtet werden, nachdem Friedrich der Große die ersten Schlossebauten befahl.

Die Königstraße führte von der Post an – beim Kolonialwarenhändler Heidrich – bis eben zu dem Punkt, wo die Straße den kleinen Wassergraben überquerte, also bis zu Gramses Papierhandlung und der Zeitungsverlag. Ich lief um die Ecke hinter der Bäckerei Hettge nach rechts – eben entlang des Grabens – und auf dem Poetensteigbis zu dem Sarggeschäft gegenüber von der Baugewerkschule in die Bismarkstraße .

Und dann sah ich auch bald links den roten schweren Schulkomplex. Ein roter Klinkerbau im gotisch/romanischen Mixstil – das war wohl die Erinnerung an die Tempelritter.

Unter einer bewegten Dachlandschaft, aber doch gemeinsam waren die katholische und evangelische Abteilung als »Zentralschule« 1905 vereint.

Ich ging in die evangelische Abteilung, die unmittelbar an der Ecke lag. Zwischen den evangelischen und katholischen Kindern gab es, sobald sie auf dem Schulhof waren, eine gewisse Rivalität – möglicherweise gab es sogar ein Drahtzaun zwischen katholischem und evangelischem Hof. Wir evangelische Kinder sagten: Die Katholen können lügen, so viel sie wollen, denn in der Beichte werden ihnen alle Sünden verziehen. Während wir protestantische Kinder zu Ehrlichkeit verdammt sind, weil der liebe Gott auf uns Sünder mit zürnendem Blick wissend herunterschaut.

Die Freundinnen – als ich den Bogen überspannte

Wie die Geschichte zu meinem zerschlagenen Knie preisgibt, hatte ich eine erstaunliche Neigung, mich plötzlich aus dem Kreis der anderen Kameradinnen herauszuziehen. Wahrscheinlich ein Gefühl der Schwäche, einen Leidensweg anzutreten, um dann die Liebe der anderen zu gewinnen.

Das hatte mit dem schönen Verband um mein Knie dann auch wieder geklappt. Doch einmal habe ich den Bogen überspannt, und keiner kam mehr, um mir sein Liebe anzutragen.

Es war eines der Geburtstagsfeste, die reihenweise stattfanden. In der Volksschule waren wir, wie man auf einem Foto von 1934 nachzählen kann, 35 Schülerinnen. Aber später, in der Sexta 1934 waren wir nur noch halb so viele. Aber WIR – die Kinder von »besseren« Leuten – verkehrten beileibe nicht mit jedermann. Es gab also nicht 34 Geburtstagsfeste zu besuchen, sondern höchstens acht bis zehn. Irene Rathay gehörte zu der Freundinnen-Clique, obwohl ihr Vater nur ein kleiner Angestellter beim Zollamt war, mit dem meine Eltern nicht verkehrten. In solch einen Kastengeist integriert zu sein, gehörte in einer so kleinen Stadt im äußersten Osten des Landes nun einmal dazu. Da sorgte schon der Akademische Verein dafür und in etwas überlappendem Rahmen der Kasinoverein, zu dem auch schon einmal der Kaufmann Beckmann gehörte, dazu Offiziere (es gab 2.000 Soldaten in der Stadt) und ein Bankdirektor. Diese gesellschaftliche Gruppierung entsteht immer allein aus der Interessengemeinschaft heraus. In einer größeren Stadt fallen sie nicht so auf, wie in einem Kreisstädtchen mit 9.000 Einwohnern.

Aber Irene war ein besonders liebes Mädchen, ein pummeliges Kind mit Pagenkopf und dicken Backen, und immer herausgeputzt, während unsere Bleylekleider immer wieder in der Fabrik angestrickt wurden. Die Kinderfeste bei ihr waren sehr beliebt, weil es besonders schöne Törtchen gab, bunten Pudding und dann noch eine Platte mit belegten Broten. Während bei uns ein Obstkuchen gereicht wurde und eine Baisertorte, an der ich mir regelmäßig den Magen verdarb.

So sollte es auch an diesem Geburtstag von Irene sein. Wir liefen die vielen Treppen hoch bis zur Mansarde, in der die kleine Wohnung mit Fenstergauben lag. Schon das war anders bei Irene. In einem Haus zu wohnen, in der noch viele andere Menschen wohnen. Es war ein dreigeschossiges Haus im Fachwerkstil und mit einem schweren Dach, wie sie bei den Genossenschaftshäusern infolge der Jugendstilbewegung gebaut wurden. Alles war hier niedlich. Während bei uns alles groß – weit und kühl – modern war. Rechts von der quadratischen Diele lag Irenes Zimmer. Für mich ein Entzücken, weiße zierliche Möbel mit einem Regal voller Puppen, danach das Elternschlafzimmer, Bad, Küche und links dann das Wohnzimmer mit altmodischen dunklen Möbeln und dunklen Tapeten. Wie war die Kaffeetafel an einem runden Tisch zierlich gedeckt. Vor allem erinnere ich mich an den kleinen japanischen Miniaturgarten. Kleine Brücken, kleine Bäumchen und Büsche, die der Vater von Irene selbst gemacht hatte. Es passte so ganz zu Irene. Selbst wenn es draußen warm war, war es ein besonderes Vergnügen der acht Freundinnen in dem engen Kinderzimmer von Irene zu spielen. Da gab es ein niedliches Puppenhaus. So viele Puppen verschiedenen Alters und unterschiedlicher Rasse, dass jeder der Gäste eine eigene Puppe an sich reißen konnte. Dazu viele selbst genähte Puppenkleider, dass auch die acht Gäste sich bändigen ließen. Vor allem aber war da ein Kaufladen, mit Reis und Rosinen in den Fächern. Tüten und Kindergeld in den Kassen. Es wurde verkauft, es wurde eingepackt und mit Geld bezahlt. Plötzlich glitt mir eine dieser Schubladen mit Reis aus der Hand, und es schneite auf die Puppenstube, die darunter stand. Alles stürzte sich mit lautem Schrei und Vorwürfen auf mich, wobei mich immer der herrische Blick von Inge Genee am meisten traf. Sie war eine kleine, rassige, energische Person, mit kritischem Blick unter ihrem dunklen Pony. Ich liebte sie am meisten. Obwohl sie mir gerade nur bis zu den Knien ging, lag mir an ihrer Freundschaft sehr viel. Ihre verurteilenden Worte über meine Tolpatschigkeit, die sich ergab, da ich die längste unter den 8- bis 10-Jährigen war. Ich konnte mich schlecht wehren. Mit den Worten wusste ich nie so treffend zurückzuschlagen. Ich versuchte den Reis oder Puderzucker zusammenzusammeln, was aber meine Seelenqualen noch besser verdeutlichte, war die vergebliche Mühe, den Puppenkopf mit einem Küchentuch sauber zu machen. Da ergriff ich die Flucht und wollte aus der Wohnung rennen. Frau Rathay, die alles so schön geputzt und schön herrichtete, war auch nicht begeistert von der verschmutzten Puppenstube, doch sie versuchte mich zurückzuhalten. Aber ich war nun so verkrampft und rutschte unter ihren Armen durch und rannte die Treppe runter und blieb vor dem Haus an der Ecke stehen. Was sollte ich jetzt tun? Aber da kam schon Irene hinter mir hergelaufen und sagte: »Komm doch wieder herauf.« – »Nein, nein, nein, nein.« Die Schande hatte mich zu tief getroffen. Unverrichteter Sache musste sie wieder nach oben. Ich bummelte unschlüssig am Haus entlang. Sollte ich wirklich auf den Pudding und die belegten Brote verzichten? Aber wie kam ich wieder rauf? Eine Weile dachte ich pragmatisch: »Rettung für mich und das Abendessen.« Und da tauchte die ganze Kinderschar auf, um nach mir zu sehen.

Jetzt wollte ich gebeten sein, ich schmollte und lief hinüber auf die andere Straßenseite. Mit der Hoffnung und Allüre eines Stars, der wollte, dass man ihm auch noch nachlaufen sollte. Jetzt hatten trotz mahnender Worte von Frau Rathay, mich unbedingt nach oben zu holen, auch die anderen Kinder die Lust verloren, sich von so einer albernen Pute das schöne Spielen verderben zu lassen. Sie schwirrten unter höhnischen Worten ab. Ich blieb nun da, bis meine kapriziöse Laune langsam verflog, und schlich langsam an den Straßenwänden entlang gen Heimat nach Hause. An der Pieta begann sich meine Verzweiflung zu legen. Am Haus vom Juden Kohn (Getreidehändler) begann ich zu hüpfen, und als ich zu Hause war – unterdessen hatte ich mich so langsam herumgedrückt, dass ich zur richtigen Zeit nach Hause kommen konnte –, hatte ich schon alles vergessen.

Als mich am nächsten Tag die Kinder etwas scheel anguckten, übersah ich das hochmütig. Vielleicht hatte ich doch etwas gelernt und es hat mir genützt, mich später, als ich immer wieder durch das Wanderleben eines Beamtenkindes in einer neuen Klasse beginnen musste, mich gegen eine feste Phalanx einer bestehenden Clique nicht nur durchzusetzen, sondern auch einzupassen. Am besten ging es, wenn ich mir mit den Stärksten und Angesehensten der Klasse eine Keilerei lieferte, aus der ich schließlich auch dank meiner Größe ungeschlagen hervorging.

Immer ist's das linke Bein

Diese Impressionen eines elfjährigen Kindes wollte ich schon immer schreiben, damit die ersten und letzten Jahre, die kurze Lebenszeit der Grenzmark Posen Westpreußen, nicht verloren gehen.

1920 war sie aus den Resten der Provinz Westpreußen und Posen entstanden.

Drei Jahre nachdem wir aus Deutsch Krone weggegangen waren, 1935, wurde der Kreis in die Provinz Pommern einverleibt, das war 1938; und weitere sieben Jahre später war aus Deutsch Krone Walzc geworden (1945).

1966 hatte ich schon einmal einen Anlauf genommen, diese vergangene Heimat wenigstens in kleinen Skizzen festzubinden, und abonnierte das Deutsch Kroner Heimatblatt, um dadurch Erinnerungen hervorzurufen. Aber dann wieder Architektur-Aufgaben – und es blieb bei dem Satz: »Das müsste ich doch mal aufschreiben«.

Jetzt gab eigentlich meine Tochter Dorly den Anstoß und sagte: »Schreib das mal auf« – als ich zum x-ten Male die schreckliche Geschichte von unserem »Sammeln für arme Menschen« erzählte, die damit endete, dass wir uns nicht trauten, die gesammelten 45 Pfennige den armen Leuten zu geben – den polnischen Optanten – die in den Baracken hinter uns wohnten, und uns dafür Schnecken kauften (runde Hefekuchen), die wir mit solchen Entsetzten in uns hineinwürgten, als ob wir Arme und Beine der Armen verspeisten.

Der Teufel wollte es, dass ich nun tatsächlich »Zeit« habe, um die Geschichten von Deutsch Krone aufzuschreiben. Denn es ist wieder das linke Bein, das mich nach einem Skiunfall zwingt, eine andere Lebensart zu suchen, zu Hause zu bleiben und hier zu schreiben – jetzt aus der Erinnerung – und nicht den neuesten Architektin-Theorien auf Baustellen und Ausstellungen nachzulaufen.

Es geht also um das linke Bein.

Ich schaue an ihm herunter und stelle fest, dass es wirklich immer das linke Bein ist, auf dem sich alle Verletzungen meiner sechzig Jahre eingeschrieben haben: Unten am Knöchel, links, eine verdickte Stelle, ein rot angelaufenes Mal am unteren Schienbein, das auch immer dick ist: Ein Knöchelbruch beim Skilaufen 1962.

Auf der Kniescheibe die letzten Spuren einer Narbe vom Sturz in Deutsch Kroner Kindertagen. Und ganz oben am Oberschenkel, ein glasiges Häufchen über einer Narbe – auch aus Deutsch Krone – eine Blutvergiftung. Am linken Handgelenk eine hässliche Ausbuchtung von einem schlecht verheilten Bruch nach einem Schlittschuhunfall 1961.

An der linken Stirn verraten die in falsche Richtung gewachsenen Haare, dass es da einmal eine Narbe gab; ein Sturz – wiederum in Deutsch Krone, die vom »Kurier des Zaren«.

Und nun das I-Tüpfelchen auf alle Unfälle: Impressions- und Depressionsbruch des linken Tibia-Kopfes 1983 beim Skilaufen in Flaine-Haute-Savoie.

Es begann mit der Blutvergiftung am linken Oberschenkel. Ein höchst seltsamer Platz für eine Blutvergiftung bei einem fünfjährigen Kind. Ich bin aber deshalb sicher, weil ich im Laufe der Jahre immer betont habe, wenn man mich fragte: »Wo stammt denn diese Narbe her, wann hast du sie dir geholt?« – dass ich damals fünf Jahre alt gewesen sei.

Also war es 1928 – wir wohnten schon am Birkenplatz und Resi hatte gerade ihren zweiten Geburtstag gefeiert. Damals trugen alle Kinder dicke selbst gestrickte Strümpfe.

Sie wurden von einem weißen Stofflaibchen gehalten, von dem ein weiches gelochtes Gummiband seitlich über den Bauch führte und dann in einen Waschknopf am Strumpf eingeknöpft wurde. Was für ein Gezerre das war, kann sich heute kein Kind mehr vorstellen. Bei den meisten Kindern – ob Junge oder Mädchen, waren die Strümpfe vom Waschen so eingegangen, dass sie gerade das Knie bedeckten und die Gummibänder noch unter dem Rocksaum herausguckten. Ein schreckliches Bild! Bei mir waren die Strümpfe, um die es dann ging, noch recht lang, aber vor allem waren sie leuchtend rot. Meine Mutter hielt es, als modisch informierte Frau – die eine Modezeitschrift, die »Dame« abonniert hatte, immer mit dem Außergewöhnlichsten – auch für uns Kinder.

Irgendein kleines Tier muss mich gepikt haben, denn ich fing an zu kratzen – da oben am Schenkel – zwischen rotem Wollstrumpf und Unterhöschen. Ich kratzte und kratzte – die roten Wollfusseln vermengten sich mit dem Blut – denn ich hatte die Beule schließlich richtig aufgekratzt. Ich beachtete es jedoch nicht Erst die Anna, die mich am Abend in der Wanne abschrubben wollte, entdeckte den blutigen kleinen Hügel, mit seiner violett schillernden Umgebung. »Mein Gott, was hast du da – warum hast du dich blutig gekratzt?«, schimpfte sie vor sich hin. Schmierseife soll ja nützen, also schmierte sie die Stelle voll Seife und packte mich ins Bett. Ab und zu kam sie nachsehen – das schien nicht gut. Um die Wunde wurde es immer röter – und die Eltern waren nicht da. Endlich kamen sie nach Hause. Kaum hatten sie den Schlamassel gesehen, telefonierten sie mit dem Krankenhaus. Papa warf das Auto erneut an, und in Decken gehüllt ging es durch die Nacht zum Städtischen Krankenhaus am anderen Ende der Stadt, und gleich auf den Operationstisch zu Dr. Mesewinkel. Es war eine Blutvergiftung aus Schmutz und roter Strumpffarbe, die schon so weit fortgeschritten war, dass nur ein sofortiger Schnitt mich retten konnte.

Und da setzt meine Erinnerung ein:

Ein bläuliches Licht fällt auf mich – ich liege auf einem Tisch, weiß gekleidete Menschen um mich – man drückt mir etwas wie eine Tüte aufs Gesicht – die Nase – die Narkose.

Das Ganze nur ein verschwommenes Bild.

Dann ein anderes Bild: ich liege in einem kleinen Gitterbettchen – ein kleines Zimmer um mich – von einem hohen Fenster kommt Sonnenlicht durch das Grün der Blätter. Mutti und Tante Käthe sind da – eine Freundin von Mutti – sie lehnen sich über das Gitter – ich fühle mich rund und wohl – ich drücke ein kleines weiches Püppchen in meinen Händen. Dann kommt Papa durch die Tür – so etwas wie ein stolzes Glück erfüllt mich – mein Papa kommt zu mir – ich liebe ihn sehr.

Dann liege ich auf einem langen Stuhl gegen eine dunkle Steinmauer – im kleinen Garten vor meinem Krankenzimmer. Neben mir liegt eine Frau mit einem ganz dicken runden Bauch auf dem in der Mitte ein Pflaster klebt. Was konnte das sein? Irgendwie fühle ich mich gut hier – unter den Erwachsenen, zu denen ich jetzt gehöre. Alle Menschen sind so lieb zu mir. Ich genoss die Beachtung, denn außer mir sah ich kein anderes Kind. Und dann das Spiel: Was wäre gewesen, wenn ich nun tot wäre? Hätten Papa, Mutti, Anna und Resi um mich viel geweint? Wären sie hinter meinem kleinen Sarg gegangen und hätten ihre Gesichter in dem Taschentuch vergraben!

Von unseren Buchwald-Spaziergängen wusste ich schon, dass hier draußen die beiden Friedhöfe lagen, der katholische links, neben dem Krankenhaus und der Evangelische gegenüber.

Mann musste dann immer ganz still sein; scheu betrachtete ich die schwarz gekleideten Menschen, die in das große Tor zwischen den roten Mauern in diesen unheimlichen Garten hineingingen. Bei den späteren Spaziergängen zeigte ich dann aber ganz stolz auf das Krankenhaus, in dem ich operiert worden war – und beinahe gestorben wäre – und man mich mit einem schwarzen Wagen von Pferden gezogen hier auf den rechten Friedhof, den evangelischen, gefahren hätte. Eine herrlich gruselige Vorstellung – wer konnte das schon bieten.

Nun war ich zwar nicht tot – aber meine Narbe blieb mir – wie auch die vom zweiten Fall. Der fand mehrere Jahre später statt, als ich schon in die Schule ging. Nach dem Schulunterricht waren wir, die Kinder aus der 3. oder 4. Volksschulklasse, die Treppe von unserem evangelischen Schultrakt heruntergehüpft – waren an der rechten Seite des tortenstückartigen Schulgrundstücks die Straße heruntergelaufen, bis sie sich mit der linken Straße – von der katholischen Seite her verband, und wie aus einem Trichterende die schlauen Schulkinder in die Hindenburgstraße entließ. Links herunter bis zur Ecke der Baugewerbsschule. Da zerteilte sich die Schar und auch ich hätte mich von den Kindern trennen können. Wäre den Poetensteig herunter bis zur Königstraße gehüpft, links abgebogen und dann die Königstraße immer gerade aus gehabt.

Aber heute lief ich mit den Freundinnen mit, die als eine geschworene Clique immer zusammen bleiben konnten, weil sie alle in dem neueren Wohnviertel – so etwas wie ein Villenviertel – um die Campstraße herum – wohnten. Ich verlängerte meinen Schulweg dadurch, weil ich oben am Ende der Schlussmühlstraße in einem rechten Winkel wieder zurück zur unteren Königstraße laufen musste. Doch diesen Umweg machte ich öfters, denn eigentlich beneidete ich die Freundinnen, Rosemarie Schneider, Inge Genee, Ina Pott, Irene Rathay und Ilse, weil sie so oft sie wollten, auch am Nachmittag zusammen sein konnten, während ich weit draußen von ihnen getrennt war.

Für die Kinder wiederum war ich wohl so etwas wie ein »Outsider«. Nicht nur weil ich bei den Nachmittags-Spielen nicht dabei war, sondern auch, weil ich nicht in einem »normalen« Haus wohnte, sondern in einem Komplex, der mit seinem Imponiergehabe, bei ihnen eher Verwirrung erzeugte.

Aber wir waren Freundinnen, weil die Eltern miteinander bekannt waren, die anderen Mädchen als »passend« akzeptierten – oder wir selbst spürten, wie weit wir als »Gruppe« zusammen passten.

Ich zog also mit ihnen los. Am Gesundheitsamt vorbei, wo Inas Vater sein Büro und Amtspraxis hatte, um das Sparkassengebäude herum, das der Architekt der landwirtschaftlichen Schule schon 1923/24 gebaut hatte, in die Gampstraße. Vor dem evangelischen Kindergarten, einem breitgelagerten zweigeschossigen klassizistischen Bau, der hinter dem mit Bäumen bestandenen Hof wie ein Gutshaus aussah – begannen wir zu rennen – erst gab es Geschubse – dann rannte Inge davon – ich überholte sie: »Ich kann schneller laufen! Nein – ich.« Irene Rathay blieb zurück – ich drehte mich mit hopsendem Schulranzen um einen Baum. Inge hätte hier schon in die Straße zu ihrem Haus einbiegen müssen, aber die kleine Meute lief weiter hinter mir her – ich voraus – halb im Spiel, halb im Ernst – wie eine Verfolgte. Da plötzlich stolperte ich – stoppte – und lag auf dem Boden. Der Schulranzen über den Kopf – ich platt voraus. Vor Schreck blieb ich liegen, dann wollte ich mich hochrappeln – beugte das Knie – da rann das helle Blut am linken Bein herunter. Die anderen waren herangekommen und mit verhaltenem Atem starrten sie auf das zermatschte Knie.

Das Ganze geschah direkt vor dem Gartentor von Dr. Poff. Ina rannte zur Tür und rief nach ihrer Mutter. Die hatte die Kinderschar schon gehört und erfasste als Arztfrau sofort die Situation, nahm mich um die Schulter und zog mich hopsend auf einem Bein ins Haus. Alle Kinder hinter her, neugierig, wie die Rettungsaktion verlaufen würde. Frau Poff aber verschloss die Tür, nur Ina und Inge durften assistieren – als sie das Knie säuberte. Es war nur eine Fleischwunde, aber so breit, dass ich heute weiß, sie hätte eigentlich genäht werden müssen – denn die Narbe hielt sich pucklig und hässlich bis in die fünfziger Jahre. Sie machte dafür einen riesigen weißen Verband, tröstete mich mit einem Glas Saft – ich hatte bisher noch keine Träne vergossen – telefonierte Mutti an, dass ich etwas später nach Hause käme. Ina und Inge erhielten den Auftrag, mich nach Hause zu begleiten, und mit guten Ratschlägen für die Weiterbehandlung wurde ich entlassen. Vor dem Haus hatten die Kinder gewartet. Nun trat ich verschämt lächelnd auf die Treppe, denn so viel Anteilnahme hatte ich ja nicht erwartet. Aber dann nahm ich schnell die Rolle des heimgekehrten Kriegers ein, der verletzt aus einer Schlacht zu den Seinen trat – die ihn freudig huldigten.

Der Verband sah ja auch enorm aus. Mit meiner kleinen Eskorte humpelte ich voraus – dann verlief sich das übrige Feld, und wir drei bummelten zum Birkenplatz. Eine trug die Schultasche – ich schwankend zwischen genossener Beachtung der Passanten und dem wirklichem Schmerz. Ich schleifte mein linkes Bein und Inge sprach schon wieder von was ganz Anderem.

Die Wunde musste dann noch eine ganze Weile mit Wasserstoffsuperoxyd gewaschen werden, als der Schmutz nach und nach herausbutterte. Ich weiß, dass der kolossale Verband mich auch noch zum Sommerfest im Buchwald dekorierte – ärgerlich war es schon, dass die Wunde so schlecht heilte.

Aber der allgemeinen Aufmerksamkeit war ich sicher, und schätzte ich nicht dieses bisschen Extravaganz – diese Außenseiter-Rolle, in die ich mich selbst stürzte, um dann wie Phönix aus der Asche – wieder emporsteigen zu können – inmitten reumütiger Freunde und neugierigen Zaungästen.

Der Kurier des Zaren

Papa und Mutti waren ja große Kinogänger. Also versuchte ich mit aller Verführung, sobald als möglich auch einen Film sehen zu können. Der Film »Kurier des Zaren« war also jugendfrei. Mit glühenden Ohren hatte ich ihn verfolgt. Das Erlebnis musste ich ja nun Resi und den anderen Kindern erzählen. Schließlich ging es ja darum, dass der Kurier des Zaren ein wichtiges Schriftstück zur Königin Luise bringen musste. Der Weg von Moskau nach Potsdam wurde damals mit Pferden bewältigt, die nach so und so viel Kilometern an einer Poststation ausgewechselt wurden. Also war das Pferd die Hauptperson in dem Film. Die Kopie des Rittes nach Berlin ging so: Ich war das Pferd, Resi saß auf meinem Rücken, Günther Nickel blies die Trompete, und ich rannte los (aber nicht auf vier Beinen, sondern nur auf zwei). Ich rannte über den Platz, der mit kleinen Kieseln beschüttet worden war. Plötzlich stolperte das Pferd und stürzte, der Reiter fiel zur Seite, aber das Pferd lag sozusagen in seinem Blute auf dem steinigen Weg. Nun wurde aus dem Pferd plötzlich wieder Dore, die fast stumm auf dem Kies lag und dann anfing, laut zu schreien. Der Schrei war so infernalisch, dass Frau Nickel herbeistürzte, noch lauter schrie und in die Villa rannte, ins Damenzimmer stürzte, wo Mutti gerade ihr Kaffeekränzchen abhielt: »Dore liegt im Blut!« Nun rannte auch Mutti zu dem verletzten Pferd, und das Ende war, dass Papa gerufen wurde, der mich in den Aga stopfte und zu Dr. Lauer fuhr. Tatsächlich hatte es eine ziemlich große Wunde an der linken Seite der Stirn gegeben, in die sich ein Kiesel gebohrt hatte. Die Wunde wurde genäht und ein großes Pflaster darauf gegeben.

Wahrscheinlich habe ich mich wieder einmal ganz toll

gefühlt in der extravaganten Verpackung meiner linken Gesichtshälfte. Die Narbe habe ich tatsächlich noch jahrzehntelang gespürt.

Der Sommer in Deutsch Krone

Wenn ich in dem alten Fotoalbum meiner Mutter blättere, meint man, es wäre immer Sommer gewesen. Da steht ein kleines nacktes Mädchen in einem Wassereimer. Ein andermal schiebt dasselbe kleine Mädchen einen alten Korb-Puppenwagen unter alten Bäumen auf einem mit Steinen abgegrenzten Weg – im Garten der alten landwirtschaftlichen Schule. Zwei Nachbarskinder hatten mit ihr gespielt, und jetzt schaute sie einem Vogel nach, der in den Bäumen saß. Immer schien in dieser frühen Jugend Sommer gewesen zu sein. Und auch auf der schnellen Momentaufnahme einer Bilderinnerung dieser Deutsch Kroner Zeit sehe ich grüne und gelbe Getreidefelder mit rotem Mohn und blauen Kornblumen, das wogende Gelb der Rapsfelder, Schmetterlinge und darüber immer ein sehr weiter blauer Himmel. Die Kulturen reiften durch die sonnigen und heißen Sommer schneller als in Westdeutschland, da unser Landstrich sich schon dem russischen Klima annäherte, und diese kurzen heißen Tage scheinen sich in den alten Fotos widerzuspiegeln. Es gibt ein poetisches Bild, wie Mutti mit dem Baby im Arm im Korbsessel in einem weißen, weitfallenden Sommerkleid sitzt. Daneben Tante Lütti in einem weitgeschnittenen Voile-Kleid und großem Bootsausschnitt, neben der kleinen Dorli im kurzen Kleidchen und die alte Anna – in ihrem gestreiften Baumwollkleid in weißen Strümpfen. Auf der Terrassentreppe in dem neuen Haus Mutti im ärmellosen weißen handgewebten Kleid, neben ihr der kleine Just im hellblauen Kittel. Just war immer hellblau gekleidet. Er hatte die hellblauen Augen von Papa geerbt, und diese wurden mit hellblauer Kleidung in Baumwolle im Sommer oder Wolle im Winter unterstrichen. Ich erinnere mich auch sehr gut an seinen blaue

Bleyle-Matrosenanzüge, aber die kamen wohl erst später. Als wir Deutsch Krone verließen, war er ja erst vier Jahre alt. Bis dahin war alles hand-made. Dann die angegilbten Fotos aus der Badeanstalt, dann ist da noch das charakteristische Thema, die Seen um Deutsch Krone, die das besondere Sommervergnügen boten. Die Stadt liegt wie eine hohe Brücke zwischen den beiden Seen, die zu einer Perlenkette von Seen gehören und sich nach Südwesten ausstrecken. Dieser Landstrich ist eine typische Endmoränen-Landschaft. Die schmalste Stelle dieser Brücke betrug 300 Meter. Das war die Straße, die zum Rathaus führte. Der Stadtsee oder Radunsee lag wie ein langgestreckter langer Darm nach Süd-Westen, sechs Kilometer lang. Am Ende schob sich eine Landzunge in den See hinein. Der Schlosssee auf der südlichen Seite der Brücke hatte wieder diese darmartige Figur, die sich nach Süden schlängelte und schon am Deutsch Kroner Ufer eine Landzunge in sein geöffnetes Maul nahm.

Diese Seen der Grenzmark, Posen und Westpreußen waren das tragende Moment der Landschaft. Im Kreis Deutsch Krone zählte man 200 Seen in der Größe von einem Hektar und darüber. Sie bedeckten eine Fläche von 20.700 Morgen. Der größte See ist der Böthinsee mit 13.000 Quadratmetern. Westlich hinter dem Stadtwald von Deutsch Krone, man müsste sich vorstellen, wie idyllisch die Dörfer Kleinnakel, Dretz und Albprochem vor der Waldkulisse am See gelegen haben.

Aber diese einzelnen Bilderinnerungen an Orte, die ich mit meinem Vater damals aufgesucht habe, verschwimmen zusammen in das Bild einer schwerelosen Jugend.

In einer weiten Landschaft über die die Sonne aus hohem Himmel strahlt. Unser Deutsch Kroner Stadtsee mit 4.500 Quadratmetern war zu der Zeit der größte See des Kreises. Der Schlosssee mit 2.000 Quadratmetern lag erst an achter

Stelle. Die Ufer werden gebildet durch verschieden breite Schilfgürtel und geben so den Seen ein besonders schönes Aussehen. Im Sommermonat sind die Seen natürlich Warmwasseranlagen die ihre Umgebung vor zu großer und plötzlicher Abkühlung schützen. Alle Menschen um die Seen herum wurden zu einem Regenbadebetrieb verführt. Wenn die Städter und Bauern am Sonntag ihren Spaziergang um den Seen machten, trafen sie auf nackte, badende Menschen.

Meine Mutter war eine große Schwimmerin, denn schon in ihrer Jugend in Ostpreußen in Insterburg war es kein weiter Weg bis nach Rauschke an der Ostsee. Schwimmen war auch schon in den frühen zwanziger Jahren modern. Sie traf sich mit ihren verschiedenen Freundinnen in der hölzernen Badeanstalt, die auf Holzpfählen über dem Stadtsee aufgebaut war. Sie schwammen dann bis zu einem schwimmenden Brett, auf das man sich in der Sonne räkelte. Es gab auch einen Sprungturm aus Holz, aber das schien ein gefährliches Gerät zu sein. Wenn meine Mutter mich mitnahm in die Badeanstalt, schwamm ich in dem abgeteilten Kinderabteil, wo das flache Wasser ganz hellgrün schimmerte und man vom Steg aus kleine Fischchen schwimmen sah. Mein Vater war kein Schwimmer, schließlich kam er aus Schlesien, wo ihm die Berge näher lagen. Vor mir liegt ein Freischwimmerzeugnis im Original vom 26. Juni 1934 (schon ein Jahr nach Hitler), das noch aus den alten Beständen der Ortsgruppe Deutsche Lebensgruppengesellschaft, denn es trägt kein Hakenkreuz.

Unterschrieben ist es von Herrn Bruno Topfmeier, der im Sommer Schwimmmeister war, und im Winter handelte er als Altwarenhändler mit alten Möbeln usw.

Die feinen Damen spielten im Sommer auch Tennis, auf einem Platz unter dem Wasserturm. Ich weiß nicht, ob meine

Mutter dazugehörte, denn sie war viel zu ungeduldig, um in langjährigen Trainerstunden die richtige Haltung anzunehmen, um den entgegensausenden Ball zurückzuschlagen.

Aber sie war im Ruderverein. Mann musste über den Viehmarkt am Stadtsee gehen, unterhalb des tiermedizinischen Institutes, dann noch ein Stückchen über eine Wiese und kam zu einem flachen hölzernen Bauwerk. Hier lagen in überdachten Becken die schmalen Rennboote. Daneben war eine kleine Gaststätte. Meine Mutter ruderte üblicherweise mit ihren ebenfalls sportlichen Freundinnen. Eines Tages im Mai, es war der Muttertag, ließ sie sich in einem Einer-Boot in den See helfen, und ich sollte der Steuermann sein. Es wurde eine Schreckensfahrt. Ich steuerte die eifrig rudernde zuerst in die Millitärbadeanstalt – in der ich auch meinen Freischwimmer gemacht hatte – und den Sprung vom 5-Meter-Sprungturm wagen musste. Dann verfing sich das Boot im Schilf, meine Mutter schimpfte mit ihrem unfähigen Steuermann. Wir befreiten uns aus dem Schilf, ruderten ein paar Mal im Kreise, und dann schaffte es meine Mutter ohne Hilfe des Steuermanns zurück an den seichten Strand des Rudervereins. Zu dieser Zeit warteten Vater und Resi im Buchwaldrestaurant, wo sie mit dem AGA hingefahren waren, um im Familienkreis im Buchwaldrestaurant einen Imbiss zu nehmen. Mutti und ich hasteten zurück Richtung Molkerei, von wo aus ein Motorboot zum Buchwaldrestaurant fuhr. Das Schiff war schon am Abfahren, aber die wedelnde Frau Direktor von der landwirtschaftlichen Schule zitierte den Kapitän zurück, damit er die zwei verunglückten Wassersportler aufnahm und zum Buchwald fuhr.

Der Vater versagte sich eine ironische Bemerkung zu dem Sportereignis Mutter und Tochter. Es wurde wie immer ein wunderschöner Sommernachmittag.

Das Sommerschulfest im Buchwald – zum Sedanstag ist die Stadt leer gefegt

Einmal im Jahr ist die Stadt wie leer gefegt.

Wenn der Feind die Stadt erobern wollte, könnte er die ganze Bürgerschaft im Buchwald in den Sack stecken.

Denn die Deutsch Kroner Schulkinder feiern ihr Sommerfest, wie immer am 2. September, der selbstverständlich auch immer ein wunderschöner Tag ist.

Der 2. September ist außerdem »Sedanstag«.

Ob man allerdings während meiner Schulzeit noch wirklich des »Sedan-Tag« von 1870 gedenken sollte, an die für die verbündeten deutschen Staaten siegreichen Schlacht gegen die Franzosen, deren Kaiser Napoleon III. gefangen genommen wurde, wage ich zu bezweifeln. Aber bis 1918 war der Sedanstag eben ein glorreicher Tag gewesen – denn ohne diesen Sieg hätte es ja auch kein deutsches Kaiserreich gegeben, und alles, was es an öffentlichen Freudenfesten zu feiern gab, hatte man also auf den Sedans-Tag gelegt. Dabei blieb es eben, selbst nachdem es für die Republik Deutschland keine Siegesfeiern mehr zu feiern gab.

Für mich war dieses festgesetzte Datum des Festes natürlich noch bedeutender, als es ja die Vorfeier zu meinem Geburtstag am nächsten Tag war, dem 3. September.

Da zieht ein schier endloser Zug festlich gekleideter Kinder die Landstraße entlang, vorn spielt die Musikkapelle und der Gesang aus kindlichen Kehlen jubelt in den blauen Himmel.

Nebenan auf den beiden Fußwegen wandern die Erwachsenen, Vater und Mutter, die Großeltern, die Babys im Kinderwagen, der Vater trägt die müden Kleinen huckepack und selbst die Oma wird im Rollstuhl die knappen drei Kilometer bis zum Buchwald geschoben.

Was für ein heiteres Bild.

Ganz so stellte ich mir immer die Szene vor, wenn das Lied von Richard Strauß erklingt:

Musikkapelle
ein Schmetterling ... bum bum ...

Dieser Tag des Schulfestes hatte natürlich sein festes Ritual.

Für die älteren Schulkinder war es ja vor allem ein Sportfest, bei dem sich die Schüler der verschiedenen Schulen im Wettkampf gemessen, mit Turmvorführungen und Gymnastik konkurriert habenen.

Also wurde fleißig geübt, denn wenn es Gymnasium gegen Aufbauschule ging, konnte das ja kein Spaß bleiben, sondern musste ernsthaft im Schweiße des Angesichts trainiert werden – Staffellauf – Weitsprung – Hochsprung, vielleicht sogar Barrenturnen, alles, was man so in der Turnstunde im Freien übt.

Für uns Kleine von den ersten vier Klassen der Volksschule galt das nicht.

Sollten wir etwas gegen die Katholischen antreten? Wir freuten uns auf Ringelrein und Sackhüpfen.

Aber vorerst hatten auch wir unsere Probleme. Da waren die Blütenbogen, die jeweils von zwei Mädchen im Zug zum Buchwald getragen wurden. Ein halbrunder Bogen aus einem Weidenzweig musste mit Blüten dicht bewickelt werden. Wenn ich also mit Inge Genee zusammen diesen Blütenbogen tragen sollte, wickelte sicher meine Mutter die blühenden Zweige Margeriten und Rosen zu einem zierlichen Rockoko-Attribut zusammen, denn Frau Genee hatte ja acht Kinder – Mädchen – und jedes brauchte zu diesem Tag etwas Besonderes, sei es das steif gestärkte weiße Kleidchen und die Leinenschuhe, die mit Kreide bearbeitet werden müssen, um die wieder weiß zu bekommen.

Dann gab es das alljährliche Problem mit dem Haarschmuck. Ein Blumenkränzchen war obligatorisch für die Mädchen.

Nun konnte ja jedes Kind ein Kränzchen mit Wiesenblumen flechten, mit den weiß-braunen Blüten des Klees, die so praktische, lange, dünne und bewegliche Stile hatten, um sie schön dicht zusammenzuflechten. Oder die weiß-rosa-farbenen Gänseblümchen. Besonders beliebt war die blitzblaue Kornblume, nicht nur weil sie so frisch aussah, sondern sich auch recht lange aufrecht hielt, aber wehe, wenn eine rote Mohnblume mit eingebunden war, die zwar köstlich aussah, aber auch ganz schnell ihre Blättchen müde zusammenfallen ließ.

Unsere Mutter hatte natürlich auch da wieder ihre eigene Idee, sei es aus pragmatischen Gründen, sei es, um ihre Kinder wieder einmal mit dem Besonderen auszustatten: Resi und ich bekamen von Fräulein Theuss handgenähte Kränzchen. Auf ein rotes Samtband wurden kleine künstliche Blütchen – Kornblumen, Mohnblumen und Gänseblümchen – genäht, so natürlich, wie sie am Wegrand standen, und endeten mit einer langen Schleife. Dieses Gebinde welkte während des ganzen Sommerfestes nicht, und in einem Schächtelchen verwahrt, war es dann auch für die künftigen Feste bereit. Anfangs genierten wir beide uns mit unserer »Extra-Tour«, aber da die Blicke und Sprüche der Klassenfreundinnen sich damals noch in Grenzen hielten, denn schließlich wusste jeder, hinter allem, was man an nicht »Üblichen« vortrug, standen die Eltern. So trabten wir zum Markt, dem allgemeinen Sammelplatz, wo die Aufstellung nach Schulen im Schatten der katholischen Kirche stattfand, und sicher war auch der Herr Pfarrer zugegen. Die Kapelle des Schützenvereins machte den Anfang, dann die beiden Volksschulen, nach Konfession getrennt, die höhere Töchterschule, die Aufbauschule und schließlich, schon fast dem kindlichen Treiben entwachsen – das Gymnasium. Aber die sahen wir längst nicht mehr, so weit hinten schritten sie. Eigentlich kann ich mich an diese »Großen« überhaupt nicht entsinnen, ja von ihrer Existenz wusste ich nur, weil Lisa Henkemeyer ins Gymnasium ging, als einziges Mädchen unter lauter Jungen. Später als ich vielleicht neun Jahre alt war, besuchte meine erste Liebe, meine ersten Lieben – es waren zwei Brüder – das Gymnasium.

Mit Tschingderassabum ging es los – zuerst noch durchs Städtchen. Die obere Königsstraße hinauf, sozusagen auf dem Höhenrücken zwischen den beiden Seen, gleich vorn am Kino vorbei, beim Fleischer Neumann, woher unsere Wiener Würstchen bezogen wurden, nach einer ziemlichen Strecke entlang der Häuserzeilen von kleinsten Katen bis zum dreigeschossigen Haus aus den Gründerjahren, gabelt sich die Straße, der Zug schwenkt nach rechts, Richtung Stranz. Nun geht es vorbei am dunkelroten geheimnisvoll düsteren Krankenhaus, rechts und links ein Friedhof, hier katholisch – dort protestantisch, noch einige flache Häuschen, – vor allem muss man da links schauen, wo der Töpfermeister seine lustige Zwerge in den Vorgarten gestellt hat, und dann zieht sich der Zug schnurgerade durch die Felder, auf der Landstraße, nein auf der Chaussee Nr. 1 bis zum Buchwaldrand. Man merkt es dieser Staatstraße regelrecht an, dass sie nach preußischem Plan am Reißbrett gezogen wurde, nur im Wald muss sie einmal dem See ausweichen.

Zum Stadtsee hin stehen zwei Gehöfte mitten im Feld, weit von der Straße weg, dann kommt der kleine Huckelweg rechts am Waldrand zum Schützenhaus, wo die Musikkapelle später aufspielen wird, denn die Schützen feiern natürlich ihr Fest auch am Sedans-Tag. Unterdessen sind Inges und mein Arm schon lahm vom steifen Hochhalten unseres Blütenbogens; seine Blümchen beginnen traurig herunterzuhängen. Ein paarmal haben wir unseren Platz gewechselt, damit der andere Arm dran kommt. Warm ist uns auch, aber nun treten wir in die Kühle des Waldes, nur noch ein halber Kilometer bis zum Buchwaldrestaurant, und daneben dem neuen Sportplatz von 1922. Da ist auch schon der Weg, der rechts die Chaussee verlässt und abbiegt zum Festplatz. Noch einmal den Blumenkranz hochgehalten und unter der jubelnden Begrüßung der Erwachsenen, die schon um die Arena herumstehen, sich gegen das weiße hölzerne Geländer drücken, zieht der lange Kinderzug in das Stadion ein.

Die Kleinen kreischen, wenn sie ihre Geschwister in dem sich endlos schließenden Kreis entdecken, Mütter schwenken mit Taschentüchern und Väter blicken stolz auf ihren Ältesten, der da forsch bei den Gymnasiasten mit hereinmarschiert.

Der Bürgermeister spricht, die Schuldirektoren und Rektoren sprechen, Reigentänze werden vorgeführt und dann wickelt sich das vielseitige, komplizierte Programm ab unter leidenschaftlicher Teilnahme der Zuschauer.

Wir Kleinen aus der Volksschule hatten unseren Platz in der Mitte des grünen Rasens bekommen. Bei uns bleibt es beim Spiel. Wir hüpfen in Säcken um die Wette, laufen eine Staffel und die Sieger bekommen alle einen Bonbon. »Dreh dich nicht um, der Plumpsack geht um«, kreischt es rund um den Kreis, der Plumpsack musste gefangen werden.

Alles zusammen schnelle, laufende, springende und hüpfende Wettspiele, wobei sich die Faulen und die Fixen ganz schnell voneinander unterscheiden. Ich gehörte zu den Fixen, allerdings zu meinem Kummer musste ich es einsehen, Inge Genee war immer noch quicker – sie war so viel kleiner als ich, doch ich fühlte mich zu ihr hingezogen, genauso wie später in Potsdam zu Brigitte Reichstein, auch kleiner, gleichwohl in Stärke und Beweglichkeit mir überlegen.

Die Lehrerin hatte vorher von jedem einige Groschen eingesammelt, um kleine Geschenke zu kaufen. Nun lag beim Topfschlagen für den Fündigen ein Säckchen mit Murmeln unter dem Topf, beim Wettlauf gab es ein Notizbüchlein für die Siegerin, und für die furchterregendste Fratze beim Figurenwerfen einen hölzernen Kreisel. Die Sonne stand schon nicht mehr im Zenit des klaren Spätsommerhimmels, die Kinder glühten vor Vergnügen. Ich erinnere mich, dass bei diesem gemeinsamen Spiel nun auch die »Pollacken« mit einbezogen wurden. Diese zwei oder drei Mädchen aus den Baracken am Ostbahnhof, gehörten zu den Familien aus den besetzten Provinzen, die für Deutschland optiert hatten. Es waren wohl auch polnische Landarbeiter dabei, die jahrelang bei Deutschen gearbeitet hatten und nun erhofften, mit ihrer Entscheidung für Deutschland den besseren Teil gewählt zu haben. Aber ihre Kinder trugen die Fremdartigkeit wie ein Stigma mit sich, sie waren scheu wie kleine Tiere, ärmlich und freudlos gekleidet, kalt und höhnisch unter zusammengesteckten Köpfen, wobei unsere Blicke nicht heimlich waren, nannten wir sie die »Pollacken«.

Erstes Zutrauen gewannen sie und wir hier auf dem Rasen, wo wir in der Lust des Spiels die Schranken vergaßen – zusammen die Suppe löffelten, die irgendwann von der technischen Nothilfe und der Feuerwehr aus der Gulaschkanone in die Blechtöpfe der Kinder verteilt worden war.

Was für ein Spaß.

Wir hier, unter all den vielen Kindern auf dem Rasen hockend, ermattet vom Tollen und Springen, die Eltern nicht allzu fern, rund um den Platz beim Picknick lagernd. Im Buchwaldrestaurant sind alle Stühle besetzt, das Grün der hohen Buchen um uns, und über uns dieses seidige Blau des Firmaments.

Dann kommen die Eltern herübergeschlendert, plaudern mit der Lehrerin und bedanken sich für ihre geglückte Regie des Tages. Die Kinder werden an die Hand genommen und schweren Herzens folgen sie, verlockt durch eine rote oder gelbe Limonade, die man mit einem Strohhalm schlürfen kann, unter die hohen Bäumen beim Buchwaldrestaurant, da wo im Musikpavillon heute die Feuerwehr spielt.

Unsere Mutter hatte sich mit den bekannten Müttern unserer beider Klassenfreundinnen hier getroffen, die Ehemänner kamen nach dem Dienst mit dem Auto nachgefahren.

Obwohl ich schon recht müde war und Resi zu quatschen anfing, lief ich immer wieder zum großen Sportfeld, um zu sehen, was ich vielleicht versäumt hätte. Der Schatten der Bäume begann sich auf den Rasen zu senken, und Grüppchen für Grüppchen löste es sich langsam auf. Letzte Kinder suchten ihre Eltern, die Eltern ihre Kinder; erst tröpfelnd, dann im langen Schwarm, begann der Rückzug zur Stadt.

Der Vater packte uns in den offenen AGA, Resi entschlief gleich auf dem gelben Leder, und langsam bewegte der Chauffeur sein Gefährt durch den sinkenden köstlichen Tag, noch einmal das Beglückende genießend, wie eine ganze Stadt – sagen wir – »fast« eine ganze Stadt – wieder heimzog von einem wundervollen Fest.

Vom Schützenhaus her klang noch Musik herüber, deren Abend würde noch lange dauern.

»Ist Lolos Vater jetzt auch da?«

»Natürlich, er ist doch heute Schützenkönig geworden – der Fotograph Lange«.

Das imponierte mir mächtig, denn schließlich war der neue Schützenkönig der Vater meiner Freundin Lolo.

September – Geburtstagsmonat

In zwei Wochen wird wieder ein Geburtstag sein – mein zweiundsechzigster, und der macht mich traurig. Es wird sich nicht lohnen, ihn zu feiern, denn ich sehe keine Freude vor mir.

Das sagt mein Kopf und die Situation, die mich umgibt.

Aber tief drin in meinem Herzen sitzt das kindliche Sehnen nach einer schönen Überraschung, die dieser Geburtstag doch wieder bringen müsste, diese köstliche Vorfreude auf den besonderen Tag. Scheint doch die Sonne am blauen Himmel so wie immer in diesen früher Septembertagen, wenn ich die Tage zu zählen begann. Da ist der Geburtstagstisch, lächelnde Menschen, die mich herzlich in ihre Mitte nehmen, mir Blumen reichen, Kerzen brennen auf dem Kranz, eine Kaffee-Tafel mit Freundinnen in fröhlichen hellen Kleidern, in deren Mitte ich sicher bin und glücklich.

Ich sehne mich nach diesen Geburtstagen meiner Kinderzeit in Deutsch Krone. Nur diese sind mir in Erinnerung, die späteren haben kein Bild mehr.

(Bis auf dem schrecklichen 3. September 1939, als um 11.00 Uhr vormittags das englische Ultimatum an Adolf Hitler ablief, seine Truppen aus Polen abzuziehen – und am Nachmittag um 17.00 Uhr das Französische. Damit befanden sich beide Länder mit Deutschland im Kriegszustand.)

Aber damals in Deutsch Krone schien die Welt noch in Sonne zu liegen.

Viele Tage vor diesem 3. September sprach ich nur noch von dem Fest, das mir allein gehören würde. Am letzten Abend ging ich als Erste ins Bett, hoffte ich doch voller Ungeduld, dass die Nacht dann schneller vorbeigehen würde. Ich kannte das Ritual, nach dem alles ablaufen würde, und gerade diese Gewissheit um die Abfolge des Spiels mit Geschenken und den kleinen Zeremonien war ja das besonders Schöne dieses Tages.

Die Nacht schien wirklich schneller dahinzufliegen. Im ersten schummrigen Licht des Morgens wachte ich auf, viel früher als üblich. Zwischen der Bettdecke guckte ich dorthin, wo der große runde Tisch stand – und wirklich, gegen das Licht, das durch die Rosengardinen fiel, erkannte ich die Umrisse von allerhand Dingen, die da sonst nicht standen. Das war also der ersehnte Tag. Ich rutschte leise aus dem Bett und schlich zu dem vollbepackten Tisch. Da liegen Päckchen, Schachteln, kleine Säckelchen, die ich nicht erkennen kann. Aber in der Mitte prangt ein großer roter Ball. Wie schön – in seinem Glanz. Ich ergreife ihn und schlüpfe schnell wieder zurück in mein Bett. Ich schlinge meine Arme um diesen herrlichen roten Ball, mach mich ganz rund und mit einem dicken warmen Glücksgefühl schlafe ich wieder ein. Bis meine Mutter mich mit einem Kuss weckt und die Zeremonie beginnt. Vater, Mutter, Anna alle stehen um den Tisch, während ich beginne, die Geschenke auszupacken. Resi hüpft fröhlich dazwischen, das ist auch für sie ein Fest – mein und dein – gilt noch nicht zu dieser Stunde.

Was für neue Spiele mögen das sein in der flachen Schachtel?

Wie schön glänzt der Umschlag von dem »Rösel«-Buch.

Es sind alles harmlose Sächelchen, die wir damals als Geschenke bekommen, aber alle zusammen, mit der Schokolade und den Bonbons, den neuen Buntstiften, einem Kinder-Xylophon mit kleinen Metallplättchen, der bunte Berg ist überwältigend.

Als ich diesen roten Ball bekommen habe, war Just noch nicht geboren, denn ich weiß genau, dass mein Bett im großen Kinderzimmer stand. Ich muss also gerade sieben Jahre alt geworden sein (1930).

Aber ich habe ein Geburtstagsfoto von meinem achten Geburtstag – und so läuft die Zeremonie des Tages damit weiter (1931).

In der Schule wird mir zu Ehren ein Ständchen gesungen, meine Lieblingslehrerin Fräulein Wundermann, die uns Zeichenunterricht gibt – ist wieder einmal besonders nett zu mir – die Freundinnen umringen mich. Star für einen Tag, und als die Schulglocke zum Schluss klingelt, wird noch einmal die Geburtstagseinladung zum Nachmittag ganz genau besprochen.

Am Haus angekommen, beginnt der zweite Teil des Festes. Das fängt damit an, dass auf dem Geburtstagstisch eine neues Päckchen liegt, das der Postbote gebracht hat. Von wem war es – was ist darin? Eine kleine Schachtel löst sich aus dem Papier – ein Kärtchen ist daran festgemacht. Ich habe natürlich keine Zeit, die zu studieren, aber Mutti sagt: »Das ist vom Onkel Rienecker.« Mein geliebter Patenonkel »Onkel Rienecker« – seine Geschenke waren immer etwas Besonderes – etwas, was ich von den Eltern nicht geschenkt bekam. Was war es diesmal? In der Schachtel ein kleines Kästchen – so etwas wie ein Schmuckkästchen – und tatsächlich: ein heller Juchzer – ein silbernes Kettchen liegt auf der duftig gelben Watte. Ein Kettchen aus lauter kleinen Silberperlchen – die von der Mitte aus immer feiner werden. Es war mein erstes Schmuckstück – und es ist kaum zu glauben – ich besitze es heute noch.

Nun kann der Nachmittag kommen. Der Himmel hat – wie an allen meinen Geburtstagen – dieses besondere Blau, wie mit einem Voile-Schleier überzogen spannt er sich über das hohe Rund. Weiße Wölkchen ziehen hoch, oben vorbei. Etwas von Würze der Erde, eine Frische liegt in der Luft, aber die Sonne scheint noch sehr warm. In diesen ersten Septembertagen trägt das Land noch die Wärme des Sommers in sich. Das ist bei uns im Osten so, denn der Deutsch Kroner Kreis liegt noch im Bereich des russischen Festlandklimas und der September ist mild und freundlich.

Resi und ich tragen unsere Sommerkleider. Resi im hellgrünen Seidenleinenkleid mit Bögen am Saum, die meine Mutter mit Blumenbögen nachgestickt hatte. Eigentlich hätte ich auch mein hellgrünes angezogen, denn wir traten ja immer in den gleichen Kleidern auf, aber heute trug ich das weiße, lose geschnittene Kleid aus dünnem Frottee-Stoff mit einer dunkelblauen gestickten Blume an der linken Schulter.

Wahrscheinlich war auch das ein Geschenk von Onkel Rienecker, denn dieser lose Schnitt und die asymmetrische Blume war einfach zu extravagant, als das es ein Entwurf von den Geschwistern Theuss hätte sein können, die die Muster für Muttis Strickereien auf unsere neuen Kleider bügelten.

Das Haus war mit guter Laune erfüllt. Im Esszimmer hatte man den Tisch ausgezogen und die Kaffeetafel gedeckt. Natürlich gab es nur Kakao. Fräulein Lauschke, unsere »Stütze« – das war etwas sehr viel Besseres als ein Dienstmädchen – und wir mussten auch »Fräulein Lauschke« zu ihr sagen, und nicht einfach »Anna oder Ida«, stellte den aufgeschnittenen Marmorkuchen und den Apfelkuchen, rechts und links neben den Kranz mit den Kerzen. Ich liebte ihn besonders, wenn zwischen den Hefeteig und den Äpfeln noch eine richtige schöne Schicht Klitsch war, womit die Köchin nicht gerade zufrieden war.

Gertrud Henkemeyer war der erste Gast. Sie gehörte ja zu uns wie ein Teil vom Ganzen und lief aus ihrer Wohnung nur die Treppe bis zum Schulflur und dann durch die Verbindungstür zu uns ins Haus. Der nächste war Günther Nickel, der Enkelsohn der Hausmeisterin, auch er das ständige Mitglied unserer kleinen Birkenplatz-Bande. Er war vielleicht sechs Jahre alt, mit einem ganz kurz geschorenen Kopf, immer lustig und frech, aber heute fein gemacht in einem dunklen Anzug mit kurzen Hosen und einem weißen breiten Hemdkragen. Er war etwas verlegen, denn solch feierliche Verkleidung war höchst ungewohnt – und als er hinten um das Haus in den Garten trat, muss ihm auch die elegante »Frau Direktor« in ihrem seidenen Kleid mit Karos und Volants eher erschreckend vorgekommen sein. Vielleicht hatte ihn auch Frau Nickel erst um die Ecke an der Garage schubsen müssen, bis er sich zaghaft mit seinem Geschenk, einer großen Tafel Schokolade, herangewagt hatte.

Die Dritte der Hausfreunde war Lolo Lange von gegenüber. Obwohl sie schon in die höhere Schule ging – also ein paar Jahre älter war, kam sie nicht nur zum »Friseur-Spielen«, sondern auch zu den Geburtstagen mit den »Kleinen«.

Dann klingelte es endlich vorn an der Haustür. Selbstverständlich kamen die Geburtstagsgäste aus der Stadt durch die Vordertür, die uns ja im Allgemeinen nicht erlaubt war.

Ich sauste den Korridor entlang, riss die Haustür auf, und grinsend standen da die Freundinnen, gleich alle zusammen, der feste Kern aller Geburtstagsfeiern : Irmchen Lauer und Gisela (?), Inge Genee, Ina Pott (Irene Rathay fehlte – vielleicht war sie krank) und das Mädchen aus der Bahnhofstraße, dessen Namen ich vergessen habe, sie war über den Feldweg am Pommernwerk vorbeigekommen. Beim nächsten Geburtstag würde noch Rosemarie Schneider dabei sein, die erst zum Schulbeginn nach Deutsch Krone übersiedelte, und deren Vater später unser Lehrer wurde. In der Sexta gehörten Hilde Schreiber und Christa Egtermeyer zu den Gästen und mein neuester Schwarm, das Mädchen vom Rittergut Stranz, möglicherweise war ihr Name Schwinning.

Die Mädchen machten ihren Knicks vor Mutti, ließen von den Eltern grüßen und reichten ein Blumensträußchen aus dem Garten. Erst dann drückten sie mir, je nach Temperament verlegen oder selbst vor Begeisterung hüpfend, ihre kleinen Geburtstagsgeschenke in die Hand. Etwa eine Tafel Schokolade, einen kleinen Ball, einen Bogen mit glänzenden Steckbildern, diese Rosen, verschlungene Ärmel um Vergissmeinnichtbuketts oder Täubchen. Später in der Sexta war es vielleicht auch ein dünnes Schneider-Buch, was aber schon über das Übliche hinausging, und als »angeberhaft« galt. Damals wurde in diesen Kreisen mit den Kindern nicht so viel Aufhebens gemacht – und die Freude über ein Mitbringsel – ein Säckchen bunter Murmeln, ein Springseil, war um so größer.

Schließlich kam noch Fräulein Thielmann, Papas Sekretärin, aus dem Büro herüber. Wir liebten sie sehr, denn manchmal erlaubte sie uns ein bisschen im Büro zu sein, was eigentlich streng verboten war – das machte den Reiz aus. Sie schnitt uns aus buntem Seidenpapier Haarschleifen und Schleifen für den Kragen. Jetzt übernahm sie den Vorsitz an der Kaffeetafel und mit der Freude, die sie an den Kindern hatte, sie war unverheiratet und wohnte mit Mutter und Schwester zusammen in einer kleinen Wohnung, steuerte sie das fröhliche Gegacker und Gekicher. Die Terrassentür stand weit offen, die Nachmittagssonne schaute auf die Kuchenschlacht, mit dem Höhepunkt einer Sahnebaiser-Torte. Diese Baiser-Torte hatte Papa in letzter Minute vom Bäcker Haedke abholen müssen, denn einen Eisschrank besaßen wir noch nicht.

Eigentlich war das ja nun keine »Kinder-Torte«, aber weil meine Eltern sie ihren Kaffeetisch hatten, war sie irgendwann einmal, auch auf den Kindertisch gekommen. Ich entsinne mich, dass mir einmal danach so schlecht wurde, anscheinend hatte ich vorher zu viel vom klitschigen Apfelkuchen gegessen, dass ich jahrelang keine Schlagsahne mehr aß. Heute bekomme ich wieder ab und zu eine Baiser-Torte zum Geburtstag, wenn der Bäcker des Ortes diese Kunst noch beherrscht.

Weil diese Kindergeburtstage ja eigentlich ein Fest der Eltern, der Mutter sein müssten, lud Mutti sich auch eine Freundin ein, diesmal war es Frau Zerbe, die Frau des Schlachthofdirektors. Doch in meinen Augen verband sich mit ihr eine Wohnung am Stadtsee, wo man nach dem Schlittschuhlaufen oder Schwimmen einen kleinen Besuch machte, und der Besitz eines Klaviers, auf dem ich in Ein-Finger-Technik das Motiv aus dem Chopin-Film nachzuspielen versuchte. Der Ehrengast war aber immer Fräulein Wiese, die Hebamme, eine stattliche große Frau in strengem weißen Kleid, die »dea ex machina«, die mit freundlich erkennenden Augen über die Kinderschar blickte, hatte sie doch zumindest den Protestantischen bei ihrem Eintritt in die Welt mitgeholfen. Auf dem Foto von 1932 steht sie am Fuße dieses Kindergebirges hinter ihr unser Vater, der gerade den Rauch seiner Zigarre verpusten will.

Waren alle Bäuche dick und rund gegessen – erst dann war ja ein Geburtstagsfest gelungen, wenn man wirklich nichts mehr in sich stopfen konnte –, sprangen wir in den Garten, die Terrassentreppe hinunter. Unter der Regie von Fräulein Thielmann und Fräulein Lauschke fanden alle möglichen Wettspiele, Sackhüpfen, Topfschlagen, Blindekuh statt. Wir kannten diese von Sommerfesten der Schule im Buchwald. Der Reiz eines solchen Nachmittags bei den einzelnen Freundinnen, war ja, dass bei jeder etwas anderes geboten wurde. Fiel der Geburtstag in den Winter, wie bei Irmchen Lauer, Irene und Hilde Schreiber, spielten wir im Zimmer mit der Puppenstube, Reise nach Jerusalem oder tanzten eine Polonaise. Bei Inge Genee spielten wir auf der Straße, bei Ina Pott im Hof Völkerball. Bei uns konnte man auf den langen Gartenwegen laufen und auf dem Rasen Purzelbaum schlagen.

Irgendwann saßen wir dann erschöpft auf den Treppenstufen, und aßen einen »Gestreiften Kater« – verschiedene Puddings übereinandergeschichtet – oder Rote Grütze mit Vanillesoße.

Gegen sieben Uhr kam irgendein Elternpaar mit dem Auto, um seine Sprösslinge und die Freundinnen abzuholen. Da gab es ein lautes Abschiednehmen: »Auf Wiedersehen – Vielen Dank!«

Gertrud trödelte noch ein bisschen bei uns herum, die Geschenke mussten noch einmal betrachtet werden. Ich versuchte den Tag noch etwas zu verlängern und schob mich durch einen schmalen Türspalt ins Damenzimmer, wo die Eltern mit ihrem Besuch saßen. Es gab nur einen Gutenachtkuss – Fräulein Lauschke erwartete mich schon oben, denn nun wollte sie auch Schluss machen. Resi war längst eingeschlafen, als ich müde und glücklich mich in mein Bett einkuschelte.

So oder ähnlich verliefen auch die anderen drei Geburtstage, die ich noch in Deutsch Krone feiern würde.

Abgeschirmt von der unglückseligen Auflösung der Weimarer Republik in diesen Jahren von 1930 bis 1933 jenseits unserer hohen Gartenmauer, über die höchstens der Ruf:

»Der reiche Prasser und die arme Lazarus« der Polenkinder drang – den Kindern der Optanten, die immer noch in den provisorischen Baracken an der Birkenstraße hausten.

Später in Potsdam gab es dann wieder eine Kaffeetafel mit klitschigem Apfelkuchen. Aber mit den neuen Freundinnen, den Mädchen aus dem Internat von Hermannswerder, Brigitte Reichstein und Gisela Meyer-Lomax von Küssel, machten wir kein Sackhüpfen mehr. Jetzt waren wir »Jungmädchen« und ungeheuer sportlich. Also trugen wir ein Korbball-Spiel aus und warfen mit dem neuen Speer.

Später schlenderten wir, vertieft in lange Gespräche, durch den Park vom Luisenhof.

Spaziergang mit den Eltern

Meine Eltern waren Spaziergänger, durch Wald und Aue, entlang den Seen, Sommer, Herbst und Winter. Wenn also zum Spaziergang aufgerufen wurde, am Sonntag, wenn sozusagen die Stadt in das Wäldchen zog, dann zog auch die Familie Prasse in den Buchwald. Sicher haben Mutter und Vater auch ihre Runde allein gedreht, sei es um die Stadt herum oder, um diesem oder jenem Bekannten auf dem nahegelegenen Stadtgut guten Tag zu sagen.

Der Buchwald, die Waldung entlang des Radaunensees, vom Strandbad bis zum Gutshof von Midding, war eigentlich nur ein etwa einen Kilometer breiter Streifen entlang der Chaussee nach Stranz. Vom Birkenplatz bis zum Buchwald waren es um die viereinhalb Kilometer, und alles wurde zu Fuß durchwandert, ohne Pardon, keine Autofahrt. Das Auto war sozusagen nur ein Dienstwagen. Die erste Etappe nach der Durchwanderung der ganzen Stadt war die Molkerei am Stadtsee. Und weiter ging es entlang des Sees bis zu dem Pavillon, wo man sogar eine Banane kaufen konnte. Die Promenade führte bis zur Rodelbahn, und dann begann der Buchenwald, hohe, astlose Stämme wie Säulen unter einem grünen Blätterdach, das hellgrün in der Sonne schimmerte. War es Herbst, zogen Resi und ich den Eltern voraus, etwas abseits des Weges. Jetzt war es die Zeit, in der die Buchenblätter rostrot gefärbt waren und den Waldboden bedeckten. Wir durchstöberten die Blätter, es rauschte laut, das war unser großer Spaß. Ein ganz zauberhaftes Bild bot die weiße Holzbrücke über die schmalste Stelle des Radaunensees, sie verband den Buchwald mit dem gegenüberliegenden Festlandwald. Doch das eigentliche verlockende Ziel für uns Kinder war das Buchwald-Restaurant, und zwar immer das alte Restaurant. Vor einem uralten Fachwerkbau, sicher früher eine Försterei, eine weite, kahle Fläche, auf der sich die klapprigen Tische und die wackligen Eisenstühle mit den aus Brettern zusammengeschraubten Sitzen versammelten. Davor öffnete sich eine riesige Muschel, aus der an Sonn- und Festtagen die Musikkapelle spielte, wahrscheinlich die Feuerwehrmusikkapelle. Ein außergewöhnlicher Anziehungspunkt für den Spaziergang in den Buchwald waren auch die Blecheier. Auf einer Säule stand eine große, aufgeplusterte, angemalte Henne. Die Henne hatte einen Schlitz an ihrem Hals, in den Resi und ich einen erbettelten Groschen steckten, es rasselte laut, dann wackelte die Henne mit dem Kopf, und aus ihrem Hinterteil kam ein Blechei. Das Ei war nicht weiß, sondern bunt, und es bestand aus zwei Hälften. Und darin lag dann die Überraschung: eine Pfeife oder ein paar bunte Glasperlen, ein Minipüppchen oder ein paar Fingerringe. In diesem Augenblick hatten wir an der Überraschung mehr Spaß als an einem Samttierchen von Steiff im Kinderzimmer. Irgendwann einmal endete der Spaziergang nicht auf diesem Platz im Schatten der Buchen, sondern er führte bis an den See heran, dort entstand ein »Schweizerhaus« mit einem großen Strohdach. Davor standen unzählige Tische und Stühle, die Buchen waren ausradiert, und es war alles sehr hell und sehr weit, und unterhalb am See war sogar ein Strandbad entstanden. Mir gefiel die ganze Helligkeit überhaupt nicht, und ich glaube, meinen Eltern auch nicht. Mein Lieblingsbuch war übrigens »Die Bernsteinperle«. In dem Buch gab es mehrere gemalte Bilder von Buchenwäldern, in denen das kleine Mädchen nach den Perlen suchte und die Tiere des Waldes sie begleiteten auf ihrem Weg, und die Sonne blitzte durch die Buchen, deren Blätterdach sich schützend über das kleine Mädchen wölbte. So sollte der Buchwald sein.

Sommerferien an der Ostsee

Man sollte meinen, dass Kinder, die in so viel Freiheit im Garten auf der Straße am See, zwischen Feldern und Wäldern leben, nicht auch noch in den Sommerferien ans Meer reisen mussten. Na ja, aber ich glaube, es war auch mehr meine Mutter, die eben einmal im Jahr, im weißen Sand liegen und in der Ostsee schwimmen wollte, wie sie es von ihrer Jugend her kannte. Aber vielleicht gehörte es auch zu dem gesellschaftlichen Prestige, selbst in einer Kleinstadt im Osten, dass man im Sommer verreiste. Damals vor dem Ersten Weltkrieg zog die Großfamilie Hoffmann nach Kranz an der kurischen Nehrung. Die modern eingestellte Omama erlaubte zu der Zeit schon den Mädchen in züchtigen, schwarzen Badeanzügen im Meer zu schwimmen. Sie kletterten auf die hohen weißen Sanddünen, die das besondere Gepräge dieser ostpreußischen Küste waren.

Als Frau des Direktors der landwirtschaftlichen Schule, wollte meine Mutter sich nicht mit den drei Kindern abgeben, was sie auch sonst nicht übermäßig tat. Also reiste das Dienstmädchen mit. Im voll gepackten AGA – sechs Personen mussten beim offenen Verdeck zwischen den Koffern Platz finden – ging es also an die Pommersche Ostsee.

Die Strecke betrug vielleicht 100 Kilometer, und ging durch die sogenannte Pommersche Schweiz, denn hier hatte die Eiszeit eine Endmoränenlandschaft mit Hügeln und Seen geschaffen. Wir durchfuhren Bad Polzin, das als eleganter Ausflugsort, für die Damen der Deutsch Kroner Gesellschaft galt.

1930 holperte der AGA über Landstraßen gen Norden, noch ohne den kleinen Bruder Just, nach Dievenow, nach

Misdroy – auf der Insel Wollin und nach Swinemünde auf der Nachbarinsel Usedom, da wo die Oder durch das Haff sich in das Meer ergoss.

Jedes Mal sagte der Vater: »Passt auf, gleich könnt ihr das Meer sehen.« Da standen wir auf, am liebsten wären wir auf die Sitze geklettert und hinter einem leichten Höhenzug – wirklich – da lag das Meer – wir jubelten, herrliche Wochen lagen vor uns.

Mit Sack und Pack ging es in Dievenow in eine dieser Pensionen, die immer einen gläsernen Kasten, also einen Wintergarten, vorgebaut hatten.

Hier mieteten meine Eltern eine kleine Wohnung, wo das Mädchen dann auch für uns die Mahlzeiten bereitete.

Wir aßen meistens ohne Mutter, die mit Strandbekanntschaften die Sommertage verbrachte. Aber gerade das fanden wir so gut. Auch die Mädchen waren froh, den Blicken der strengen Herrin entzogen zu sein. Am Vormittag zog dann die Kinderkarawane unter Aufsicht der Mutter an den Strand, während das Mädchen den kleinen Haushalt besorgte.

Ich habe heute noch Bilder von uns Kindern in Luftanzügen mit gepufften Höschen am Strand. Es war genau wie heute schick, seine kleinen Kinder am Vormittag auszuführen. So gibt es auch noch Bilder, wo Mutti mit Gleichgesinnten elegant und lässig am Strand liegt und plaudert.

Der Vater war, nachdem er seine Truppe abgesetzt hatte, nach Deutsch Krone zurückgekehrt, und er war sicher froh, wenn er seine Familien einmal im Jahr für vier Wochen los war. Außerdem liebte er das Wasser nicht, und auf keinen Fall so viel Wasser wie im Meer. Er zog das Gebirge vor, schließlich kam er aus Schlesien – und revangierte sich für Muttis Ostseeurlaub mit einem Alleingang ins heimatliche Riesengebirge oder in die Bayerischen Alpen. Aber am Nachmittag ging das Mädchen mit uns noch einmal an den Strand, oder wir zogen in den Wald zum Blaubeeren pflücken. Blaubeeren waren immer bei allen Mahlzeiten dabei: Grießpudding mit Blaubeeren, Blaubeeren mit Butterstullen, Blaubeersuppe.

Einmal kam unsere Mutter zu diesen Spaziergängen dazu.

Halb schimpfend, halb lachend sah sie der Anna oder Ida ins Gesicht und meinte: »Wenn du schon meinen Puder klaust, dann musst du ihn aber auch richtig im Gesicht verteilen, und nicht nur braune Striche über deinen Wangen ziehen.« Ida oder Anna hatte sich an dem Puder von Mutti vergriffen, weil sie ihre gesunden roten Wangen verschönern wollte. Sie hatte im Unkenntnis des Raffinements, das zum Verschönern mit den Kosmetika einer Dame sich die Puderquaste einmal über die Wangen gezogen, und den schwarzen Augenbrauenstift wie ein Balken über die Augenbrauen gezogen. Wahrscheinlich hat sie nie mehr einen Versuch gemacht, sich zu bemalen.

Dievenow war ein kleiner Badeort mit ländlichem Charakter. Es gab eine schmale Strandpromenade. Aber Misdroy war schon ein richtiger Kurort, mit breiter Kurpromenade und einer Konzertmuschel. Ein weißer Seesteg führte ins Meer hinaus. Hinter dem breiten Strand stiegen weiter draußen die Dünen hoch, mit Buschwerk bewachsen, wo auch die Blaubeeren wuchsen. Entlang der Kurpromenade lagen Hotels und Cafés. Unsere Pension lag immer weiter im Dorf, denn schließlich konnte das Gehalt eines Schuldirektors den Aufenthalt der Familie in einem Hotel nicht gestatten. Wenn schon die Gnädige mit Dienstmädchen anreiste.

Ein erheblicher Unterschied zu diesen beiden Badeorten war schon Swinemünde. Mutti verbrachte einmal ihre Ferien mit Resi im christlichen Hospiz für Damen, wie es sich für allein reisende Damen gehörte. Swinemünde war eine Stadt mit Marinehafen und einem Kurbad. Hier reisten auch schon die Berliner hin. Schließlich war ich mit meinem Vater dann auch noch eine Woche in Swinemünde, um Mutti und Resi abzuholen. Ich genoss dieses elegante Milieu, die eleganten Hotels, das Kurhaus und Geschäfte. Hier sah ich auch die ersten Matrosen meines Lebens. Ich fand sie so schick in den weißen Uniformen und den flatternden blauen Mützen, dass ich fortan auch ein Junge werden wollte, um Matrose zu werden. Der Vater kaufte meiner Mutter in einem eleganten Geschäft die Kette mit den großen runden Kugeln, die Mutti jahrelang im Sommer trug, und die blaue Kette mit den geschliffenen blauen Glasperlen, die ich heute noch besitze.

Ein Ereignis, von dem man heute noch spricht, das alles bisher in meinen Kinderaugen Vorgestellte verdrängte, war ein vom Meer kommendes, über den Strand brausendes Ungeheuer. Eine lange Kiste mit scheinbaren Flügeln. Das war ein Flugzeug. Noch nie hatte ich in meinen bisherigen acht Lebensjahren eine Kiste am Himmel fliegen sehen, und nun dieses Riesenmonster, die Do X. Der fliegende Koloss war gerade 1931 erfunden worden und nun flog er über den Strand von Misdroy. In der FAZ vom 27. August 2011 – man feierte den achtzigsten Jahrestag des Beginns der Verkehrsflugverbindung von Deutschland nach New York – ist zu lesen: »Die Do X glich mehr einem Schiff als den heutigen Flugzeugen. Sie startete und landete im Wasser.« Über unsere Köpfe brauste also dieses Schiff, bei dem die Tragflächen allein eine Spannweite von 48 Metern hatten, und auf drei Etagen konnten 169 Menschen über den Atlantik transportiert werden. Dieser Koloss da oben am Himmel muss auf Mutti, Resi und mich erschreckend gewirkt haben, denn ich glaubte, es müsste eigentlich herunterfallen.

Die Ostsee als Therapie gegen Keuchhusten

Ein Aufenthalt in Kolberg zwischen 1933 und 1934, das heute auch polnisch ist, war nicht so heiter. Ich sehe Resi und mich in einem ziemlich dunklen Zimmer in einem Gitterbett stehen und vor uns den Arzt. Er verordnete, dass wir nicht im Meer baden durften, sondern im Gegenteil in der Sole baden sollten. Wir hatten in Deutsch Krone Keuchhusten bekommen. Damals stand man völlig ratlos vor dieser lang dauernden Krankheit. Es schien nur die Kinder zu überfallen. Ein dauerndes Würgen und feste Schleimmassen, die uns fast zum Ersticken brachten. Weiße Laken lagen im Bett, in die wir den Schleim hineinhusteten.

Dr. Mesewinkel verordnete Luftveränderung. Also fuhr unsere Mutter zunächst mit dem Zug zur Tante Heide nach Neuhof, einem Gut in Schlesien, wo der Onkel Heimann Güterdirektor auf einer dieser riesigen Domänen des Grafen Dittersdorf war. Auf dem Hühnerhof der Tante Heide (Schwester von Papa) gab es furchterregende Puter, die laut schrien, und zauberhaft schöne Faun. Milch und ländliches Essen sollten uns gesund machen. Aber im Gegenteil, wir spuckten wieder alles raus. Am Ende waren alle erschöpft. Mutti und Tante Heide und wir unglücklichen Kinder.

Papa musste uns mit dem offenen AGA abholen. Aber Resi jammerte und hustete im Auto so stark, dass die Eltern beschlossen, dass Mutti und Resi die Reise im Zug fortsetzen mussten. Ich kämpfte tapfer gegen meinen Husten, weil ich so glücklich war mit Papa allein weiterfahren zu dürfen.

Gleich ging es weiter zum nächsten Klimawechsel, eben in die Solbäder von Kolberg. Alles war schrecklich – der Arzt, die dunkle Wohnung und das Solebaden in einer Kuranlage – und danach ins Bett.

Nur einmal hüpften wir begeistert im Bett herum, als der Arzt verordnete: »Die Kinder sollen keinen Fleisch essen.«

Fleisch hassten wir sowieso. Nun hofften wir, auch für die Zukunft einen Grund zu haben, uns vor allem Fleisch zu drücken: Der Arzt hatte es ja so verordnet. Für unsere vergnügungsfreudige Mutter war Kolberg nur ein Alptraum.

Mit Mutti zu Opapa Goldbeck am anderen Ende der Stadt

Mit Mutti in die Stadt zu gehen, war für mich immer ein Vergnügen. Es bedeutete in den Läden herumzugucken, etwas Neues zu entdecken, was immer ein Abenteuer war. Also nahm Mutter Gertrud ihre beiden Kinder Dore und Resi und machte sich an einem frühen Nachmittag auf den Weg. Mutti war für die Kleinstadtverhältnisse extrem elegant. Ein kniekurzer Mantel mit einem großen Pelzkragen, hochgeschlagen, eine Kappe auf dem kurzgeschnittenen dunklen Haar. Dore in einem braunkarierten Mantel im Trenchcoatstil, was ganz sicher wieder einmal ein Geschenk vom Onkel Rienecker war, der ein solches Modell nur in Schneidemühl finden konnte. Resi ist heute auch dabei. In einem dieser unmöglichen Mäntelchen, die Mutti mit einem der Geschwister Theuß erfunden hatte. Aus einem abgelegten Jackett von Papa hatte der Schneider ein kurzes Mäntelchen genäht, und Fräulein Theuß hatte breite Borten mit Blumenmuster auf die Vorderseite kopiert, die Mutti dann mit bunter Wolle bestickt hatte. Auch ich hatte ein solches Ding, das wir beide hassten, denn wir hatten beide keine Lust, von den Erwachsenen bestaunt zu werden.

Entlang der Scheunenmauer vom Bauern Fenske stießen wir auf die Südbahnhofstraße. Wenn Mutti gesagt hatte: »Heute wollen wir den Opapa Goldbeck besuchen« (der am anderen Ende der Stadt wohnte), warteten allerhand neue und interessante Dinge auf mich. Opapa Goldbeck, so hieß es, war ein Gutsbesitzer, der sein Altenteil nun eben in einem von Blumen umrankten Häuschen weit draußen vor der Stadt verbrachte. Seine Tochter war Muttis Freundin.

Um die Ecke rechts auf der Südbahnhofstraße gingen wir als Erstes an dem Wohnhaus des Bauern Fenske vorbei. Ein ebenerdiges Haus, Mittelachse, links und rechts mit rotblühenden, gestutzten Kugelbäumen. Wenn wir morgens die Milch holten, gingen wir durch die Tür in einen dunklen Flur, wo es schon nach Milch roch. Ein paar Schritte weiter stand dann auch das Haus, wo ich zum ersten Mal eine Feuersbrunst sah. Auf dem Hof dieses Ackerbürgers stand die Scheune in Flammen. Die Feuerwehr rollte an, und viele Zuschauer standen auf der anderen Straßenseite. War das Feuer durch Blitzschlag entstanden?

Dann öffnete sich scheinbar die Südbahnhofstraße da, wo sie in die Schneidemühler Straße einmündete. Hier stieß auch die Clemensstraße dazu. Es entstand kein wirklicher Platz, aber in der Mitte stand auf einem grünen Flecken ein Baum, um den sich dann auch tatsächlich, wie auf einem richtigen Platz, einmal der Bäcker, der Friseur und vor allem die Kneipe scharten. Zu der Kneipe führten ein paar Stufen hinauf, und da habe ich schon öfter finstere Gestalten davor stehen gesehen. Müde Lastwagenfahrer, Bauern, die ihre Schweine auf den Markt gebracht hatten, und eben auch das »fahrende Volk«. »Zigeuner«, wie wir sagten, die einen dunkelbraunen großen Bären tanzen ließen, durch die Nase eine Kette gezogen, eine traurige Gestalt, die mich eher in ein leichtes Grausen versetzte, als dass ich es bedauert hätte.

An der Ecke, wo die Clemensstraße in die Schneidemühler mündete, stand ein bemerkenswertes Haus. Eine moderne Villa, elegant in hellem Gelb, mit Terrasse und einer Pergola, die im Sommer mit grünen Ranken den Blick auf die Terrasse verwehrte. Daneben gab es eine große Einfahrt in einen Hof, wo in Säcken Getreide auf Lastwagen aufgeladen wurde. Diese Villa hatte sich der Jude Borchert gebaut, der Getreidehändler, also der Aufkäufer des Getreides der Bauern und Gutshöfe, um es danach in Mühlen oder zu den Großhändlern im Reich zu transportieren. Dann kam ein Hof mit einer

Autoreparaturwerkstatt – wo auch Papa sein elegantes grünes, mehrere Meter langes Coupé, den AGA, immer mal wieder abliefern musste, der dann abgelöst wurde durch einen viereckigen dunklen Kasten. Möglicherweise ein Opel, 1,2-Liter-Limousine, gebaut 1931–1933. Gegenüber, hinter einem hohen Holzbretterzaun, eine schmale Tür: das Fotoatelier von Lolo Langes Vater. Lolo gehörte zum festen Bestand meiner Freundschaften, und manchmal ließ sie mich in das Atelier. Vorn schien das Licht des Himmels durch die total verglaste Decke herein, auf kleinen, zierlichen Tischchen lag ein dickes samtenes Fotoalbum, alles faszinierend künstlerisch, und um das leichte Ateliergebäude herum konnte man auf einem schmalen Steg die Füße in den Schlosssee baumeln lassen.

Und dann kam mein Lieblingsplätzchen: zwischen Schneidemühler Straße und der Königsberger Straße, die dann ja als Reichsstraße Nr. 1 schon von Berlin her kam und nun von Deutsch Krone aus die Reisenden nach Königsberg weiterführte. In dem dreieckigen Zwickel zwischen den Straßen, hinter kurzem Gitter, aus dem die weißen Kelche der Ackerwinde ragten, die so schön dufteten, stand die Pieta. Inmitten von grünem Unkraut und wilden Blumen stand die Kopie der Maria, die Jesus im Arm hält, von Michelangelo im Petersdom. Hier war es nun nicht weißer Marmor, aber woraus auch immer – das interessierte mich damals bestimmt nicht. Immer wenn ich zur Schule hopste, kam ich hier vorbei, war heiter gestimmt durch die liebevolle Geste der Maria, den Duft der Ackerwinde, und gegenüber blitzte der Schlosssee im morgendlichen Sonnenlicht herüber.

Jetzt waren wir also auf der Hauptstraße unseres Städtchens, die von hier ab auch nur Königsstraße hieß. Beide Straßenseiten waren jetzt dichter bebaut. An der Ecke Steinstraße war die Apotheke, wo der Herr Apotheker aussah wie die Herren im Simplizissimus, den ich ja als Krankenbettlektüre mit seinen vielen Zeichnungen gut kannte. Groß, stattlich, leicht gewölbte Front in einem steifen weißen Kittel, aber vor allem der Kopf mit einer großen, fleischigen Adlernase. Meine Mutter begrüßte er galant, und für uns Kinder gab es immer ein Händchen voller kleiner, weißer Pfefferminztablettchen aus einem Glas.

Möglicherweise musste Mutti noch bei ihrer Friseuse einen Termin besprechen, wann das Brenneisen für die andere Frisur vorbereitet werden sollte. Dazu stiegen wir einige Stufen hinunter vom Bürgersteig, das Friseurlädchen lag also im Souterrain unterhalb des Bürgersteigs und das große Fenster guckte noch halb auf die Straße. Ebenso etwas unter dem Bürgersteig lag auch die Werkstatt des Schneiders. Mal musste er etwas bügeln, mal wohl auch einen neuen Anzug für meinen Vater kreieren. Selbstverständlich trugen die Herren der höheren Gesellschaft nur Anzüge, handgeschneidert aus englischen Stoffen. Das war man sich schuldig. Und auch die Gutsbesitzer trugen nur handgeschneiderte Tweed-Jacketts. Sicher hätten die Herren auch schon in Schneidemühl bei Zeeck einen Anzug »von der Stange« kaufen können, aber das kam meinem Vater anscheinend nicht in den Sinn.

Gegenüber auf der Straße gab es dann das tollste Lädchen, das ein Kind sich wünschen konnte. Tief in die Erde gebuddelt ein Kellerladen, aber mit einer Reihe Minischaufenstern, die immerhin so weit aus dem Bürgersteig herausguckten, dass hier immer Kinder hockten, also auch Resi und ich, und sich an der Vielfalt des Angebots ergötzten. Da war kleine Ringe mit bunten Bonbon-steinchen, Kettchen, Bilder mit den Heiligen, die Kindern etwas Gutes taten, bunte Stifte, Anstecknadeln, und dann eines Tages auch – es war also schon nach der Wahl von 1933 – die Nazi-Anstecker, Hakenkreuze aus Blech. Das war, als ob man ein wahnsinnig gefährliches Tier bestaunte, eine Krake aus der Unterwelt. Wir, so auch die Freundinnen, wussten natürlich nicht, was das geheimnisvolle Zeichen bedeutete, aber etwas Geheimnisvolles war es auf jeden Fall.

Die Mütter standen derweil ein paar Schritte vor uns im Sonnenschein und plauderten. Sie hatten ja gerade beim Fleischer nebenan die Teewurst, die Leberwurst für das Abendbrot gekauft. Ich weiß aber, dass der große Kassler Braten oben in der Altstadt hinter dem Markt gekauft wurde, auch die Wiener Würstchen. Denn eine rechte Hausfrau kümmerte sich wohlweislich um die Qualität eines Bratens.

Und dann ein Markstein in der Stadt: die gotisierende Post, ein roter Klinkerbau von anno 1895 (Buch Deutsch Krone von 1981; die Stadt hatte zu der Zeit 7.140 Einwohner). Nehmen wir an, Mutti hätte hier noch einige Briefmarken zu kaufen. Sie schrieb gern Briefe an ihre Eltern und Freunde jenseits des Polnischen Korridors im fernen Insterburg, an ihre Schwester in Düsseldorf, die Tante Lise. Beinahe ehrfurchtsvoll betrat ich eine pompöse dunkle Halle, ein geheimnisvolles Licht von irgendwo traf auf den Schalter.

An der Seite des Postgebäudes vorbei ging die Waldermarstraße hinunter auf die Halbinsel, die den Schlosssee in zwei Teile teilt. Hier muss ja dann auch im 13. Jahrhundert das Schloss gestanden haben, das dem See den Namen gegeben hat. Ich glaube heute, dass ich hier noch nie hinuntergegangen bin. Obwohl hier irgendwo auch eine der Freundinnen meiner Mutter gewohnt hat, die Frau des Amtsgerichtsrates. Im Winter, wenn das Eis auf dem Schlosssee fest genug gefroren war, schnallte Mutti den Kindern, auch Just mit seinen drei Jahren, vor der evangelischen Kirche die Schlittschuhe an. Aber die Schlittschuhpartie auf dem Schlosssee war nicht so beliebt, weil man sagte, es gebe warme Quellen, wo das Eis eben nicht fest genug gefroren sei.

Wir spazierten also weiter die Königstraße entlang. Vorbei am Lebensmittelgeschäft des Herrn Heinrich, wo Mutti sich ihren einzigen Luxus einkaufte, nämlich die Tangermünder Orangenmarmelade im weißen Porzellangefäß. Dann kam auf der gegenüberliegenden Seite mit ein paar Treppen hinauf unter einem begrünten Vordach, wo Mutti tatsächlich auch schon mal bei der alten Frau Wagnitz irgendein Gemüse kaufte, vielleicht eine Sorte, die im eigenen Garten nicht so gut gedieh? Unsere Kartoffeln wurden ja im Sack ins Haus gebracht und in einer Holzkiste im Keller gelagert. Neben der alten Dame Wagnitz hatte ihr Sohn die Drogerie mit Zahnpasta, Seife, Salzsäure für das Klo, Schmierseife, Persil, alles für die große Wäsche. In einem der größeren Häuser befand sich auch eine Bank. War es vielleicht die Dresdner? Muttis Bank war die Stadtbank im Rathaus weiter oben am Marktplatz, gegenüber der katholischen Kirche. Nach der Kleiststraße, die zur Synagoge führte, kam auch »Brieses Hotel«. Das war der Ort, wo sich die besondere Herrengesellschaft zum Dämmerschoppen traf, bestehend aus den Akademikern und den Gutsbesitzern, die ins Städtchen gefahren kamen, um ein neues landwirtschaftliches Gerät beim Eisenwarenhändler zu kaufen. Hier kam ich auch schon mal mit Mutti zu diesen Sitzungen in einem hinteren Raum des Hotels, um Papa zu treffen, der mit dem AGA angefahren war.

Heute ging Mutti auch noch in das Handarbeitsgeschäft der Geschwister Theuß, die die schrecklichen Blumenbordüren für unsere schwarzen Mäntelchen entworfen hatten. Zwei originelle Damen, aus dem Repertoire eines Balzac. Eine von ihnen war vor Jahr und Tag die Geliebte eines jüdischen Berliner Kaufmanns gewesen und bekam nach Beendigung des Liebesverhältnisses einen Hutsalon in der Provinz eingerichtet. Hier konnte Mutti die eleganten Modelle probieren, die jede Saison aus Berlin eintrafen. Unser Vater war sehr eitel mit seiner jungen Frau, und da leistete er sich dann auch den Luxus, ihr einen neuen Hut zu schenken (die Extras stammten von den Tongeldern). Woher ich das weiß – ich glaube, das hat Mutti schon mal erwähnt, denn dieser Taler aus Rauske erlaubte Fritz solche besonderen Vergnügen.

Der Buchladen von Herrn Burkowski war ebenfalls eine beliebte Station zum Stöbern und Plaudern. In seinem großen Schaufenster lagen neben Schultafeln und Bleistiften auch die neuesten literarischen Ereignisse der Saison. Tatsächlich gab es noch immer eine Anzahl von holländischen und französischen aktuellen Romanen. Der Kauf jeden Buches wurde datiert und mit einer kleinen Widmung zu Weihnachten oder zum Geburtstag versehen. Papa schenkte Mutti ein Buch und umgekehrt.

Es gab fast einen Geschwisterzwist zwischen Just und mir, wer diese Bücher aus der Deutsch Kroner Zeit erben dufte. Just bekam sie. Heute liegt im Büro immer noch ein Paket mit diesen Büchern, die Rehlein mir nach dem Tod von Just quasi zurückschickte.

Ich zähle nur die wichtigsten Treffpunkte der geistigen und leiblichen Bedürfnisse unserer Familie auf. Wichtig war die Confiserie der Dame Hedtke. Hier kaufte Papa einen Teil der Weihnachtsgeschenke für Mutti ein, ein Tütchen mit Ingwerstäbchen, die hauchdünnen Schokoladentäfelchen von Feodora und Mandelsplitter. Daneben dann die Konditorei Hedtke, woher die Baisertorte stammte, mit der ich mir zu meinem Geburtstag die wahnsinnigen Bauchschmerzen verschaffte.

Jetzt nehmen wir Abschied von der Königstraße und biegen rechts in den Poetensteig, eine Grünanlage entlang dem Mühlfließ, das am unten am Ende dann Judengraben hieß. Das Mühlfließ trennte die Neustadt von der Altstadt. Die Altstadt zog sich weiter den Mönchsberg hinauf, wo schon damals auf dem höchsten Punkt die Jesuitenschule gebaut worden war. Daraus wurde unter Friedrich dem Großen ein Gymnasium, dessen Ruf weit über die Kreisgrenzen hinausging.

Um das Kriegerdenkmal zur Erinnerung an die glorreichen Jahre 1870/71 gab es eine kleine Grünanlage, wo sonntags das Platzkonzert gegeben wurde. Wenn ich zur Schule ging, kam ich an diesem besonderen feierlichen Ort vorbei, wo auch das Landratsamt sich martialisch darstellte.

Wir gingen weiter geradeaus in die Hindenburgstraße hinein, in der unsere erste Wohnung in der Präparandieanstalt lag. Dann kamen wir an der großen Schulanlage vorbei, an der die Evangelen und die Katholen verschiedene Eingänge hatten. Ein paar Schritte weiter und schon sah man rechter Hand versteckt hinter Spalieren mit Rosen und Efeu abwechselnd, das Haus von Opapa Goldbeck. Der Opapa Goldbeck war ein Gutsbesitzer, der sich sozusagen in sein Stadthaus zurückgezogen hatte. Hier lebte er zusammen mit einer Hauswirtschafterin und einem Kater und einem Garten mit verhutzelten Obstbäumen. Meine Eltern schätzten den Herrn Goldbeck. Vielleicht hatten sie ihn kennengelernt, als sie noch in der Präparandie wohnten und er quasi der gegenüberliegende Nachbar war. Auch ich liebte diese Besuche, denn erstens war in der dunklen Küche die riesige, in eine Schürze gehüllten Wächterin von Haus und Hof, aber mit einem guten Herzen für uns, eine ungewöhnliche, fast eine Märchenfigur. Auch um in den Garten zu kommen, musste ich alte, ausgetretene Treppenstufen hinuntersteigen, wo dann der Hund lag, der wahrscheinlich alt und auch krank war, denn er war nicht gefährlich für mich. Alles war geheimnisvoll, viel dunkler als bei uns am Birkenplatz. Und auch das Zimmer, wo der Opapa Goldbeck Mutti empfing, war etwas ganz anderes, als ich es in den modernen, hellen Räumen am Birkenplatz gewohnt war. Dicke Teppiche, Wandteppiche, schwere Möbel und dicke Sessel ließen mich in eine geheimnisvolle Welt eintreten. Aber es gab etwas ganz toll Modernes: Er hatte ein Radio. Das heißt, aus einem Kasten kamen Musik und Stimmen, und das war einfach toll. Vielleicht war das auch der Grund, warum mein Vater so gern hierherging, um die Nachrichten eher zu hören, als der Jornalist in seiner Deutsch Kroner Zeitung sie drucken konnte.

Manchmal begegnete ich im dunklen Korridor auch einem schlanken Herrn, und man sprach davon, dass er der Sohn des Gutsbesitzers sei, ein ewiger Student, der nie zu einem Abschluss gelangt war und auf Kosten des Vaters in der Welt herumzog und ab und zu nach Deutsch Krone zurückkam.

Schräg gegenüber, schon in der Märkisch-Friedländischen Straße auf dem Weg zum Südbahnhof, lebte auch in einem kleinen Hutzelhäuschen eine schlanke, lange Dame, zu der mich meine Mutter an einem hellen Sonnentag hinaufkomplimentierte. Denn diese Dame war eine Malerin, sozusagen die einzige Künstlerin im Ort (wahrscheinlich war sie einmal Zeichenlehrerin gewesen). Die sollte nämlich beurteilen, wie weit mein künstlerisches Maltalent denn nun wirklich reichte. Wir saßen bei Kaffee und Kuchen, das Fräulein betrachtete mein Werk und sagte, was meine Mutter natürlich gern hörte, ich hätte ein ausgesprochenes Talent zum Malen. Sie wolle, wenn es meiner Mutter recht sei, mir Privatunterricht geben. Aber um die Jahreswende 1935 war Papas Versetzung nach Potsdam ja schon entschieden. Ich konnte also nicht zur Meisterschülerin der Dame werden.

Übrigens schien mein damaliges Talent wohl nur eine Scheinblüte zu sein, denn in der Hofbauer-Stiftung in Potsdam entthronte mich meine Zeichenlehrerin sogleich: Im Zeugnis der Quinta steht »befriedigend«. Dann ging es aber wieder aufwärts auf »gut«, sogar »sehr gut« während der ganzen drei Jahre, die ich in Potsdam blieb. In der Schule in Berlin-Zehlendorf, was ja nur ein Intermezzo war, purzelte ich mit allen Schulnoten auf »ausreichend«, was ein vernichtendes Urteil war. Die nächsten vier Schuljahre, schon in Kriegszeiten, in Berlin-Lichterfelde waren in künstlerischer Hinsicht auch erfolglos. Die große Wende kam, als wir zum Abitur einen Wunschberuf angeben sollten und, obwohl der Arztberuf etwas Schickes war, ich den Beruf Bühnenbildner wählte. Auf dem ersten Konzept des Lebenslaufes hatte noch gestanden: Medizin, was ich dann endgültig aufgab. Als Wahlfach hatte ich ja Kunst gewählt neben Deutsch, und zwar als wissenschaftliche Kategorie »Modernes Theater«. Zum Thema Kunst hatte ich große Bühnenbilder in Kohle auf dem angerauten, grauen Malpapier gemalt für den »Kaufmann von Venedig«. Irgendwann einmal, nachdem ich ein Buch über Peru gelesen hatte, tauchte der Gedanke auf, Archäologie zu studieren, um nach dem Gold der Inka zu suchen. Und auch später zitierte ich allem Anschein nach den Satz: »Ich werde eines Tages das Gold der Inka ausgraben.« Als Epilog zu diesem so talentierten Töchterlein können wir heute mitteilen, dass über den Umweg, Bühnenbildnerin zu werden, am Ende eine Architektin herauskam (die wiederum eine Architektin in die Welt setzte).

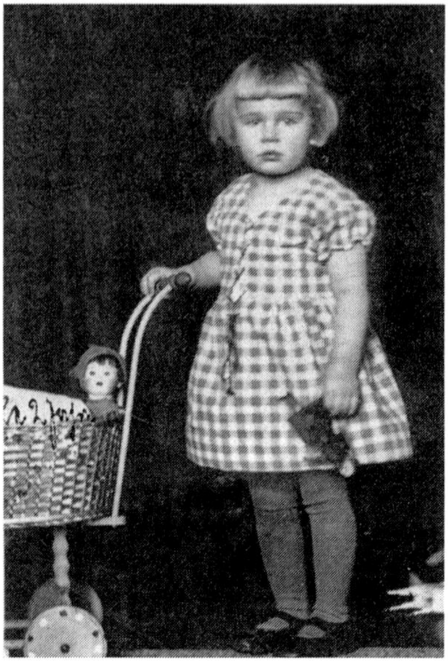

Dorli

Dorli und Resi

Zum Stadtbummel

Landwirtschaftliche Schule

Prasse Kinder zwischen Bauer Fenske und Haushaltungsschule

Das neue Auto

Die Dienstvilla

Sommer in der Stadt und Garten

Sommer an der Ostsee

Hans im Glück – Theater

Die Schlittschuhläuferinnen

Mutti und der Herr Gymnasialdirektor

Die dreißiger Jahre beginnen und auf die Szene tritt mein kleiner Bruder Just

Nun wohnten wir also schon fünf Jahre in dem neuen Haus am Birkenplatz, ich ging das erste Jahr zur Volksschule und war dadurch natürlich unter meinen Spielgefährten im Rang mächtig aufgestiegen, gleichberechtigt mit Gertrud Henkemeyer, doch Resi und Günther Nickel weit überlegen, als uns in einer kalten Winternacht, ein neuer Hausgenosse »ins Haus schneite« – möglicherweise hat es tatsächlich geschneit, denn es war die Nacht des 5. Februar 1931.

Als Resi geboren wurde, noch im alten Haus, aber schon fast im Umzug zum Birkenplatz, im März 1926, war ich gerade zweieinhalb Jahre alt und der Zugang eines kleinen Spielgefährten konnte mir nur recht sein, denn was hätte ich in dem neuen großen Kinderzimmer anfangen sollen ohne die Zustimmung oder den Protest eines Wesens, das gleich mir auf dem Fußboden herumrutschte, die bunten Würfel aufbaute, um sie mit dem Ball wieder zusammenstürzen zu lassen, den Hund Bully hinter der Spieltruhe fürchterlich bellen zu lassen, bis Resi die erhoffte Reaktion, dann mit lautem Gebrüll, hören ließ.

Mit dem neuen Bruder würde das wohl etwas anderes werden, denn schließlich war ich jetzt schon eine kleine Person von sieben Jahren, der sich mit den neun Schulfreundinnen eine neue und weitere Welt zu erschließen begann.

Für die Eltern war dieser Knabe ein sehr wichtiges Ereignis, auf das sie lange gehofft hatten, galt es doch, den Namen Prasse weiterzutragen.

Es war nur noch der Name, um den es ging, denn mit

dem Verkauf von Gniefgau, um 1920, Papas Gut in Schlesien, nördlich von Breslau an der Oder, gab es keine Latifundien mehr zu vererben aus dem Stamm des Friedrich Prasse.

Resi und ich wurden eines Abends in das Damenzimmer zum Schlafen umquartiert. Ich sehe noch heute das Bild, wie ich da zwischen der zugeschobenen Tür zum Herrenzimmer und der Tür zum Korridor liege. Mein Vater ist gekommen und hält ein Glas Wein in der Hand und sagt: »Nimm auch einen Schluck auf das Wohl deines Bruders!«

Er strahlt. Resi ist auch aufgewacht und richtet sich hoch, erstaunt über den nächtlichen Besuch, über die Stimmen im Korridor, die Schritte auf der Treppe.

Das war die Geburtsstunde unseres Bruders Friedrich Julius Gustav.

Ein aufwendiger Name, aber voller Ehrungen für die beiden Familien, denen der Knabe jetzt zugehörte.

Friedrich ist der Name des glücklichen Vaters, mit Julius wurde dessen Vater geehrt, der schon 1906 verstorbene Gutsbesitzer Julius Prasse zu Rauske, und Gustav hieß der Vater der zufriedenen Kindsmutter, Gustav Hoffmann, Kaufmann und Rentier in Insterburg.

Dieser männliche Nachkommen war wichtig, denn die Familie des Julius Prasse, der als jüngerer Sohn der Lüssener Prasse das Gut in Rauske, mit einem Erbteil erworben hatte, bestand vor allem aus Töchtern. Von den neun Kindern der zwei Ehefrauen, gab es sechs Mädchen und nur zwei Jungen, nachdem der Dritte als Kind in einer Dorfteich ertrunken war. Der ältere Bruder meines Vaters, Bruno Prasse auf Rauske, hatte wiederum nur einen Sohn – Karl –, der eines Tages der Erbe sein würde.

Sollte ihm etwas zustoßen, dann wäre nun an Just als Nachfolger zu denken.Karl Prasse überlebte den Krieg, aber

Rauske kam nicht mehr in seinen Besitz. Schlesien wurde nach dem verlorenen Krieg 1945 polnisch.

Wer mag heute den Besitzer von Rauske sein? Ja, wer weiß, wie das Dorf Rauske, das links der Oder lag, den Krieg überstanden hat, ob das Gutshaus noch existiert. Karls Vater, Papas Bruder, wurde in seiner eigenen Scheune aufgehängt, von polnischen Landarbeitern.

Er war mit einigen Bauern von ihrem Fluchtort in Sudetenland, nahe dem Obstgut der Schwester Heide Heymann bei Melnik, nach Rauske zurückgekehrt, um zu sehen, ob sie wieder heimkehren konnten, nachdem die Russen schon Ende März 1945 westlich von Breslau ins Innere Deutschland vorgestoßen waren, während sich Breslau als Festung bis zum 5. Mai hielt, der allgemeinen Kapitulation.

Schließlich war es seit Jahrhunderten in diesen Ostrnarken so Brauch gewesen, dass der Bruder auf seinem Land blieb, wie auch der zeitweilige Beherrscher geheißen haben mag, was die deutschen Landwirte im Kreis Deutsch Krone über vierhundert Jahre bewiesen haben.

Außerdem war Schlesien uraltes deutsches Land, wobei die österreichische Zeit, bis Friedrich II. es Preußen einverleibte, selbstverständlich auch als »deutsch« galt.

Wer konnte also auf den verwegen Gedanken kommen, dass Schlesien diesmal endgültig zur Beute des Eroberers werden sollte, und von nun an »Polen« heißen würde, ohne deutsche Bauern.

Aber die Geschichte der deutschen Ost-Provinzen sollte diesmal anders geschrieben werden.

Während die schlesischen Bauern sich vor den Kämpfen gerettet hatten, besetzten als Erstes die einstigen polnischen Landarbeiter die Höfe, die auch vor Hitlers Zwangsrekrutierung schon immer als Landarbeiter herübergekommen waren.

Dann sollten sehr bald Polen aus den östlichen Teilen Polens folgen, die ihrerseits vor den Russen geflohen waren, von Wilna-Grodno bis Lemberg, und dann ebenfalls endgültig aus ihrer Heimat verbannt wurden, denn die Russen beanspruchten diesen Grenzstreifen, den sie 1916 und nach den Polnisch-Russischen Kämpfen von 1921 an das neu gegründete Polen hatten abtreten müssen.

Die wieder nach Melnik zurückgelangten Rausker Bauern berichteten von dem brutalen Mord an Karl Prasse.

Keiner von ihnen sollte wieder »heimkehren«. Sie schlossen sich dem endlosen Flüchtlingszug an, der in Mittel-/Westdeutschland eine neue Bleibe suchte.

So wurde eine Familie, die Nachkommen der Brüder Prasse, die als Anhänger von Hus um 1420 aus Böhmen nach Schlesien geflohen waren, erneut vertrieben von Haus und Hof und musste wieder weiterziehen gen Westen.

Zurück in das friedliche Kreisstädtchen Deutsch Krone von 1931. So muss es zumindest für mich gewirkt haben. Die einzige Aufregung war der neue Bruder. Doch die Zeit, in die dieser Knabe geboren wurde, war nicht so friedlich.

Die gerade erst zwölf Jahre alte Republik war wieder einmal in eine äußerste Krise geraten. Als Glied einer Kette, die »Weltwirtschaftskrise«, in der für Deutschland der Keim gelegt wurde für das, was zwei Jahre später mit dem Sieg der Nationalsozialistischen Partei hereinbrechen würde, und zwölf Jahre später zu der Szene in Rauske führte.

Die deutsche Wirtschaft war in den Jahren 1926/27 zu einer scheinbaren Expansion gekommen, die aber im Wesentlichen mit amerikanischen Geldern finanziert worden war. Die internationale Kapitalverpflichtung der Jahre 1924–29 führte schließlich zu einer weltweiten Kreditkrise, die sich in eine Absatz- und damit Produktionskrise wandelte. Sie wurde gefolgt von einer Krise der Rohstoffmärkte und letztlich der Landwirtschaft.

Die als kurzfristige Darlehen gegebenen Gelder, die aber langfristig angelegt worden waren, wurden nun aus dem Ausland zurückgefordert, was besonders die deutsche Wirtschaft betraf, und daraus resultierend, die Landwirtschaft.

Ein Blick zurück:
Im Oktober 1929 war der deutsche Außenminister Gustav Stresemann gestorben und mit ihm der Glaube an eine sicher fundierte demokratische Regierung von gemäßigten Sozialisten und mittlerem Bürgertum, aus dem die Kommunisten und die radikalen Nationalisten ohne Gefahr ausgeschaltet werden konnten.

Stresemanns Locsarno-Politik von 1925 an, hatte endlich bewirkt, dass die französischen Besatzungstruppen schon 1930, »frühzeitig« das Rheinland verließen, also ein Jahr vor Justs Geburt. Sie hatten sich eigentlich darauf eingerichtet, bis 1935 zu bleiben, um die Reparationszahlungen aus dem Versailler Vertrag zu sichern. Stresemanns Tod war mit dem »Schwarzen Freitag«, dem Börsenkrach in New York zusammengefallen.

Die Rückwirkung auf Deutschland sollte sich unmittelbar zeigen. Zurückziehung der ausländischen Gelder, Schwierigkeiten auf dem Exportmarkt, Steigen der Arbeitslosigkeit und Absatzkrise der Landwirtschaft, durch die billigen Importe.

Das betraf auch den Kreis Deutsch Krone mit seiner vorwiegend landwirtschaftlichen Struktur.

In der »Bibliothek des deutschen Osten« in Heine fand ich einen Band der Monatshefte der Landwirtschaftskammer Schneidemühl »Der Grenzmärker«.

Der Jahrgang 1931 gibt einen Eindruck von der Situation im Kreis, als Just geboren wurde.

Mein Vater und auch der Patenonkel Rienecker, Tierzuchtdirektor an der Landwirtschaftskammer, schrieben für dieses Blatt, das von staatlicher Stelle eingerichtet, Abhandlungen zu allen Fragen, die für die Landwirtschaft der Provinz Grenzmark-Posen-Westpreußen Bedeutung haben. Informationen über neue Methoden in der Agrarwirtschaft.

Im Januar 1931 schreibt mein Vater den Artikel: »Über die Fütterung von unseren Haustieren« und kommt zu dem Schluss, dass in der Praxis der Fütterung nicht das Ererbte ewig weitergereicht werden kann, sondern auch hier erst die Beachtung der neuesten wissenschaftlichen Erkenntnisse Erfolg bringt, der letztlich aus der Misere der Landwirtschaft herausführen wird. »Wissen ist Macht«, sagt er, »in unserem Falle Selbsthilfe.«

Im selben Heft wird ein »Neues Kochbuch mit 2000 besten bürgerlichen Kochrezepten« annonciert.

Das »Stickstoff-Syndikat« teilt mit, dass sich durch die lange erkämpfte Frachtermäßigung der Reichsbahn für die Landwirtschaft der Preis für die Düngemittel Stickstoff und Nitrophoska um soundso viel Pfennige verbilligen wird.

Im März-Heft stellt Dr. Rienecker den Geschäftsbericht der Grenzmärkischen Herdbuch-Gesellschaft für 1929/30 vor.

Daraus kann man entnehmen, dass es mit der Qualität der Milch noch nicht zum Besten steht, und daher der von den Molkereien gezahlte Milchpreis so niedrig ausfällt, dass nicht einmal die Gestehungskosten gedeckt sind.

Beachtet werden sollten künftig:
der Fettgehalt
die Sauberkeit
der Säuregrad
die Gärprobe bei der Käserei

Die Auswahl der Tiere ist zu verbessern, um eine höhere Milchqualität zu erreichen, die der des Auslandes nicht nachstehen dürfte.

Außerdem ist der Anteil der tuberkulösen Rinder immer noch zu hoch, wie eine Reihenuntersuchung von 3399 Rindern im Kreis ergab, denn von ihnen waren 3,27% mit dieser Seuche befallen.

Der Artikel des Direktors der höheren Lehranstalt für praktische Landwirte in Landsberg an der Warthe (Brandenburg), M. Dietz, weist auf die Notlage der landwirtschaftlichen Beamten hin, die sich oft schon jahrelang um eine Stelle bemühen.

Durch die dauernde Verringerung der Zahl der landwirtschaftlichen Großbetriebe, großer Güter und Domänen sei es in den verlorenen Ostgebieten oder auch durch die Siedlungstätigkeit zu einer Abnahme Zahl der Beamtenstellen gekommen.

Der Leiter der Lehranstalt plädiert auch hier für die bessere wissenschaftliche Ausbildung der landwirtschaftlichen Beamten, die an den Fachschulen geboten wird.

Von seinem Institut in Landsberg kann er zuversichtlich sagen, dass von den vierhundert Absolventen nicht mehr als 2% arbeitslos sind. Schwieriger ist die Lage der Beamten in mittleren Jahren, bei denen damit zu rechnen ist, dass es noch sehr lange dauern wird, bis sich ihre Beschäftigungslage gebessert haben könnte.

Welch ein erstaunliches Zusammentreffen dieses Artikels zum Thema dieser Institution mit Justs Geburtsjahr, denn nur vier Jahre später wird unser Vater zum Direktor solch einer landwirtschaftlichen Lehranstalt in Potsdam berufen. Sie trug 1935 allerdings schon den urigen Namen: »Höhere Landbauschule«, der der »Blut-und-Boden«-Ideologie der neuen Regierung durch die NSDAP entsprach.

Die Hörer in Potsdam waren allerdings weniger auszubildende Beamte, sondern Gutsbesitzer, die ihre eigenen Güter nach den neuesten wissenschaftlichen Erkenntnissen bewirtschaften wollten, die teilweise noch riesige Latifundien waren, wie bei dem Grafen Reventlow in Schleswig-Holstein und dem Grafen Stollberg-Wernigerode, der seinen Besitz noch im »polnischen Korridor« hatte.

Der »Grenzmärker« vom April 1931 berichtet von der 15. Vollversammlung der Landwirtschaftskammer am 28. März (Muttis Geburtstag), die vor allem noch einmal die negative Situation der Landwirtschaft, insbesondere der Grenzmark, zusammenfasst. Die schlechte Getreideernte, die gesunkenen Preise für die wichtigsten landwirtschaftlichen Erzeugnisse ließen die Landwirte mit Sehnsucht auf die OSTHILFE warten, die aber dann zu einer großen Enttäuschung wurde. Denn gleichzeitig damit müsse die Landwirtschaft rentabel gemacht werden, wozu aber bisher nichts geschehen sei.

Das Osthilfegesetz war Ende 1930 verabschiedet worden. Die Kredite waren aber vorwiegend, so sagte man, an die großen ostpreußischen Güter gegangen, in oft zu großzügiger Weise, ohne die Rentabilität zu prüfen.

1930 war der pommersche Gutsbesitzer Schlange-Schöning zum Ostkommissar ernannt worden, der die Rentabilitätsprüfung für die Osthilfe nun als ein absolut integrer Mann leiten sollte.

Diesem Mann würde unser Vater nach sechzehn Jahren wieder begegnen, als er 1947 zu ihm stieß, damals in Hamburg, wo Schlange-Schöning noch einmal mit einem »Sanierungs-Projekt« beauftragt worden war, nämlich die Neuinstallierung einer landwirtschaftlichen Verwaltung für das besiegte und zerrissene Deutschland.

Mein Vater war daran beteiligt, zuerst unter englischer »Regierung«, dann über Stuttgart, Frankfurt bis nach Bonn, wo endlich eine deutsche Gesamtregierung installiert werden konnte.

Im Laufe des Jahres 1931 sollte durch das »Entschuldungsgesetz« erreicht werden, dass Güter, die nicht mehr zu retten waren, aufgesiedelt werden konnten.

Dr. von Caspari, der Oberpräsident der Grenzmark, steigerte das Problem bis in die Formulierung: »Der Osten sei nationalpolitisch nicht zu halten, wenn seine Landwirtschaft nicht rentabel gemacht werde.«

Draußen wehte eine raue Luft – eine »Überlebensluft«, in der unser Vater in seiner Funktion als Leiter der »landwirtschaftlichen Wirtschaftsberatungsstelle« täglich den Problemen dieser Region gegenüberstand, Problemen der großen, unrentabel gewordenen Güter, die eine Modernisierung im großen Stil nicht mehr nachholen konnten; Problemen der Bauern, die um den Verkauf ihrer Produkte besorgt waren, gegenüber der Getreide und Fleischimporte aus dem Ausland. Zusätzlich der tägliche Kleinkampf, den Bauern mit verbesserten agrarischen Methoden die Chancen des Überlebens plausibel zu machen, und die Einrichtungen neuer Siedlerstellen.

Doch innerhalb des durch ein Beamtengehalt gesicherten Haushaltes eines Direktors der landwirtschaftlichen Schule, wenn es im Zuge der Sparmaßnahmen auch gerade wieder gekürzt war, verlief der Tag in seinem gewohnten Gang

Zur Zeit, als die Weinrebenblätter schon die Terrassenmauer überzogen hatte, am 1. Pfingstfeiertag 1931 wurde Just in der evangelischen Kirche am Schlosssee getauft.

Das Foto von der Taufgesellschaft machte unser Vater im Garten. Da hängt etwas gequält ein wackliges kahles Köpfchen über dem weißen langen Kleidchen mit Spitzengirlanden benäht, und sieht angestrengt in die Kamera, von den Händen der Mutter geradezu in diese Richtung hineingeschraubt.

Die stolze Mutter mit dem Baby in der Mitte der Gartenbank, in einem strengen schwarzen Seidenkleid mit stehendem Kragen, geknöpft à la russe, langen schmalen Ärmeln und alles fein und hell gepaspelt. Um das wohlgeformte Oval des Gesichtes ist das Haar mit einem Mittelscheitel straff zurückgenommen wie bei einer Spanierin, und große dicke Ohrknöpfe unterstreichen diesen sehr attraktiven Eindruck. Sie lächelt mild auf den eher grotesken kahlen Babyschädel. Wie in einer biblischen Szene flankieren die beiden Taufpatinnen »Mutter und Kind«.

Die Fischen-Tante aus Danzig, Schwester des Molkereibesitzers in Deutsch Krone, Lehrerin und Muttis Freundin, wenn sie in den Ferien hierher kam, ist eine große elegante Erscheinung im hellen Seidenkleid mit abstrakten, modernen Blüten und Perlenkette. Sie atmet die internationale Souveränität, die man in Danzig schon immer trug, nun aber durch den außergewöhnlichen Status, den Danzig nach dem Versailler Vertrag erhielt, als »Freie Stadt« unter einem Kommissar des Völkerbundes, noch betonter darstellt. Danzig wurde von Schiffen und Kaufleuten aus aller Welt angelaufen, wie eh und je. Aber in seinem eleganten Seebad Zoppot traf sich jetzt das schicke Publikum aus Warschau und Berlin, überall daher, wo man von den »Golden Twenties« profitiert hatte, beim Roulette und Bakkarat.

Tante Heide, auf der anderen Seite des Täuflings, die Schwester meines Vaters, reiste aus dem schlesischen Neuhof an, wo ihr Ehemann Heimann Güterdirektor beim Grafen Dittersheim war, um die Ehre einer Patentante wahrzunehmen. Eine hohe Stirn über magerem Gesicht, mager das Dekolletee im schwarzen Spitzenkleid.

Sie liebte Mutti nicht, aus Eifersucht, denn ihren Bruder soll sie vergöttert haben. Und dann hatte sie auch nur eine Tochter geboren, was ja in ländlichen Kreisen immer noch als Makel galt – da muss man nicht bis nach China reisen.

Zwei Putten gleich umrahmen Resi und ich das friedliche Bild. Resi kuschelt sich grinsend in den Arm von Fischen-Tante, ich neben Tante Heide, mache eine Fratze, wohl als Antwort auf Papas ständig ermunternden Worte: »Nun guckt mal alle ganz freundlich! Trude, halte doch das Kind endlich still! Also jetzt geht's los! A-a-achtung!«

Just war der Prinz. Ein kleines, blondes, blauäugiges Kerlchen mit modisch weißem Mini-Trenchcoat, steht er da zwischen seinen beiden großen Schwestern, grinsend und zufrieden in dieser Rolle. Nun schon auf eigenen Füßen im Winter 1931/32.

Im Sommer 1932 begab er sich auf seine erste Reise, die ihn aus der absoluten Bewunderung seiner Umgebung in ein Neuland der Gefühle führen sollte.

In der dunkelblauen Opel-Limousine, die dem offenen AGA gefolgt war, fuhr unser Vater die ganze Familie nach

Kolberg an die Ostsee. Es war August/September, die Zeit unserer Schulferien, denn auch Resi war nun seit April ein ABC-Schütze. An unser Logis kann ich mich nicht mehr erinnern, aber sicher war es wieder eine kleine Ferienwohnung mit eigener Küche, wo das Dienstmädchen einen reduzierten Haushalt führen konnte.

Das war, nach neun Jahren, nun nicht mehr die »alte Anna«, die nachdem sie auch noch Muttis drittes Kind sozusagen mit auf die Welt zu bringen geholfen hatte, im Frühjahr endlich ihren Soldaten heiraten konnte.

Der Vater kehrte eilends nach Hause zurück. Erstens liebte er das Meer überhaupt nicht, aber vielmehr ging es um die Änderung der preußischen Politik, in diesem Sommer, die ihn als Beamten ja auch betraf.

Die preußische Regierung unter dem SPD Ministerpräsidenten Braun, zwölf Jahre zuvor aus einer Koalition der SPD mit Zentrum und DDP gebildet, war durch das Wahlergebnis vom April 1932 ins Wanken geraten. Die Partei der Rechtsradikalen NSDAP hatte auch in Preußen nun 162 Landtagssitze, einen weniger als die Parteien der Weimarer Koalition. Im Juli 1932 hatte Reichskanzler von Papen, der dem am 30. Mai entlassenen Zentrumsmann Brünning gefolgt war, die Rolle eines Reichskommissars über Preußen vom Reichspräsidenten Hindenburg übertragen bekommen. Alles war in Bewegung geraten.

Für meine Mutter wiederum war ein Sommer, ohne »sich in die Wellen des Meeres stürzen zu können« fast undenkbar. Selbst mit fünfundsiebzig Jahren kam sie in unseren Urlaubsort La Panne herauf gereist, und »stürzte sich jubelnd in die Wogen«.

Hier bei diesen Ostsee-Aufenthalten genoss sie es zusätzlich, sich mit feschen und fröhlichen Menschen zu umgeben. Die Kinder wurden ja am Nachmittag von Mädchens übernommen.

Wenn man aus den Fotos von Kolberg Schlüsse ziehen wollte, muss man annehmen, dass gerade hier der Knabe Just doch eine gewisse Skepsis anzumelden begann, an der so absolut wohl geordneten Welt, die ihn bisher warm umhüllt zu haben schien. Da gab es plötzlich und ganz offensichtlich die anderen Menschen, die der Mutter wichtig waren, die anderen Kinder, mit denen die Geschwister lieber spielten und herumtollten, und dann auch noch in diesem großen Wasser einfach entwichen. Schreckte ihn die uferlose Weite des Meeres, die ihm alle entzog, die Mutter, die Geschwister? Er liebte es gar nicht, sich in so viel Wasser auch noch pudelnass zu machen.

Die Bilder zeigen einen unzufrieden dreinschauenden Just. Geradezu missmutig blickt dieser kleine schlesische Rundkopf den Fotografen an, im Stehen erst gerade so groß wie seine mondän posierenden Schwestern im Sitzen, beide in schicken Luftanzügen, dunkelblauen Höschen und tief angesetzten weißen, paspelierten Hemdchen, ich sogar mit kess hochgeschlagenem Südwester.

Auf dem Foto betitelt »Unsere Lieblinge in Kolberg 1932« steht er sogar aus Protest heulend vor der brav arrangierten Kindergruppe.

Von Stund an, lehnte er das Meer, den See, geradewegs alles, worin man sich tauchen sollte, mit Vehemenz ab. Erstaunlicherweise hat er dann doch schwimmen gelernt, in Potsdam in der Badeanstalt, bei einem langmütigen oder erbarmungslosen Bademeister.

Als der nächste Winter herankam und Just nun bald zwei Jahre alt werden sollte, hatte die Mutter sein neuestes Wintermodell zu Ende gestrickt. Ein kompletter zweiteiliger Anzug, einem modernen Jogging-Anzug ähnlich. Ich glaube er war hellgrau, um die Ärmel ringelten sich breite bunte Streifen, bunt war auch der Taillenbund und eine geringelte Mütze. So verpackt, natürlich sind darunter noch etliche Schichten, schreitet Just die Haustreppe herunter – stabil und trutzig wie ein Champion.

Die Mutter hatte nach dem Essen, als der Vater wieder zurück ins Büro gehen wollte, schnell ihren Knipskasten geholt, die Sonne schien günstig, um die neue Kreation festzuhalten. »Fritz, stell dich mit Just zusammen, für ein Bild von Vater und Sohn.« Und Fritz greift die Hand seines kleinen Sohnes und fast wie ein Pendant, gerade mit leicht ausgestellten Füßen, leicht angewinkelten Armen, dem schlesischen Schädel, sehen sie aus wie die damals beliebten Witzfiguren aus der »Berliner Illustrierten« – eben – »Vater und Sohn«. Nur ist unser Vater anders gekleidet. Sozusagen die Inkarnation des Begriffes »Landwirtschaftsschuldirektor« oder »eleganter Gutsbesitzer in Breechesanzug mit Weste aus grobem Tweed, gestrickten Kniestrümpfen und stabilen, geschnürten Stiefeln. Dazu ein weißes Oberhemd mit dunkler Krawatte, die Manschetten schauen in der modischen Länge hervor. Ein stattliches »Männerbild«.

Die Ida wurde gerufen, um noch ein Familienbild zu knipsen. Da hockten sie wie auf einer Vogelstange auf dem Mäuerchen um den Vorrasen, Vater, Mutter – in selbst gestrickter modischer Jacke mit den selben breiten Ärmelstreifen wie bei Justs Anzug, ich ebenfalls im handgestrickten rosa Kleid (das Kleid der Puppe, das nach meinem kopiert wurde, existiert heute noch), Resi in rotem Bleylekleid, von dem ich ja das Double besaß, und am Ende hockt der kleine Just.

Meine Mutter hatte die »Strickeritzius«. Es gab sozusagen nichts, was sie nicht strickte.

Aber vor allem wurde nun Just das Ziel ihrer Künste, von den kurzen Höschen, über Pullover dann sogar ein hellblauer Mantel, mit dem er noch nach Potsdam umzog. Das Strickergebnis war schneller fertiggestellt, solange er noch klein war. Wir Mädchen steckten bei unserer Länge fortan in den unverwüstlichen Bleylekleidern. Selbst Just wurde in Bleyle gesteckt, als meine Mutter nicht um die modische Knabenbekleidung eines Matrosenanzugs herumkam. Dunkelblaue kurze Höschen und dunkelblaue Bluse mit dem großen Matrosen-Kragen. Auf einem köstlich unkonventionellen Gruppenbild »Kinder mit Vater« trägt Just einen Matrosenanzug aus gestreiftem Baumwollstoff.

Waren das nun die Mitbringsel von den Ostseereisen oder die unvermeidliche Folge neuester Flottenpolitik nach 1933, wieder einmal in Mode umgesetzt, die auch bei uns nicht Halt machte. Resi lümmelt sich grinsend zurück, in einem der vielen handgewebten, von einer Hausschneiderin genähten Kleidern; ich trage das wunderschöne rot gepunktete Seidenkleid mit Pellerine, das ich von Onkel Rienecker geschenkt bekommen habe. Trotz dieses seidenen Gewandes klebe ich in höchst uneleganter Weise – O-beinig – auf dem Gartenbank und unser Vater scheint gar zu schlafen, mit vorgestreckten Beinen, aber in einem eleganten breitgestreiften hellen Anzug.

Just blieb der Prinz, auch als er nun begann, an den Aktivitäten seiner Familie teilzunehmen Sobald er sich aus den Armen des jeweiligen Dienstmädchens befreien konnte, versuchte er auf seinen kurzen Beinchen aus ihrem Blickfeld zu entwischen und hinter seinen Geschwistern herzulaufen. Er nahm Richtung um die Garage herum, an der pompösen, aber sinnlosen Freitreppe des Haupthauses vorbei, noch mal links um die Ecke und schon war die Reise vorbei, denn hier erwischte ihn Frau Nickel. Er war in ihrem schützenden Reich. Auch Just hatte bald die gluckenhafte Wärme entdeckt, die diese Frau verströmte, trotz ihrer lauten Stimme und ihrem ewigen Geschimpfe.

Meistens traf er uns ja auch hier an, Resi und mich, Gertrud und natürlich Günther, den Enkelsohn. Just kam auf den Arm, wurde geknutscht und gedrückt, aber er brüllte, weil er zu uns auf den sandigen Weg wollte, wo wir höchst seltsame Spiele trieben.

Neben der Einfahrt zum Hof hatte der Architekt einen extra Fußgänger-Zugang mit kleinem Tor und Fußweg bauen lassen, der von der Auffahrt durch eine halbhohe Betonmauer getrennt war. Tatsächlich ging hier nie ein Mensch lang; jeder, der in den Hof wollte, nahm die Auffahrt. Aber vielleicht lag das auch an dem seltsamen, weichen gelben Kies, ganz fein, in den ein Erwachsener mit den Schuhen einsinken musste.

Für uns war das eine riesige Buddelkiste. Wir hockten uns auf alle viere und füllten unsere weißen Unterhosen mit dem feinen Sand und krochen dann mit wabbernden Bauch herum, muhend wie eine Kuh und spielten »Kuh« mit vollem Euter. Günther lachte sich die Hucke voll, und Just versuchte eifrig, auch seine Strickhöschen voller Sand zu stopfen.

Erste kindliche Sex-Empfindungen? – Verboten auf jeden Fall! Denn wenn das Gemuhe und Gegluckse der Frau Hausmeisterin nach einer Weile nicht mehr geheuer erschien, trat sie neugierig um die Hausecke – und – schnell die Situation erfasst – begann sie laut zu schreien und alle Verwünschungen der Hölle auf unser sündhaftes Treiben herabzudonnern. Solche Unmoral! Schließlich war sie katholisch! Am liebsten hätte sie uns mit dem Besen auseinandergescheucht.

Hatte Ida oder Olga den Verlust von Just endlich bemerkt

und war auf der Suche bei Frau Nickel gelandet, dann stürzten sich beide Frauen auf uns und heulten auf über das »schweinische Bälgerpack«. »Na, wartet, das wird ich Frau Drecker sagen!«

Das Mädchen packte Just unter den Arm, der ganz entgeistert, nicht begreifen konnte, warum das schöne Spiel so plötzlich zu Ende war.

Wir mochten unseren kleinen Bruder gern und fanden es auch ganz lustig, wenn er dabei stand, und voller Erstaunen und Bewunderung unseren Keilereien zusah, die nicht ernst gemeint, sondern als Freistilringen zu betrachten waren, dem fixen Ballspiel am Garagentor, ja, und zum Anfang auch unseren sportlichen Übungen auf seinem hölzernen Schaukelpferd. Zu Weihnachten hatte Just ein Schaukelpferd bekommen. So ein richtiges Pferd mit echtem Fell überzogen – bitte – vielleicht nur Kunstfell –, einer Mähne und langem Schwanz aus zottigem Hanf. Natürlich »alt« gekauft, eben, weil es so ein prächtiges Tier war. Es wurde Justs »Ein und Alles«. Im Sommer stand es auf der Terrasse, Just schaukelte versonnen hin und her. Da tauchte plötzlich die ganze Bagage auf, Resi, Gertrud und ich, sozusagen müde von den Kämpfen draußen in der Welt, gelangweilt nach neuen Taten Ausschau haltend. »Komm, lass mich mal auf dein Pferd, ich will dir etwas Tolles zeigen«. Erwartungsvoll stieg der kleine Bruder ab, denn wenn die großen Mädchen schon zu ihm kamen, würden sie sicher auch wieder etwas Besonderes anstellen. Ein Pferd kam uns gerade recht – denn wir hatten ja vor ein paar Tagen auf dem Rummel am Viehmarkt in einem kleinen Zirkuszel, verwegene Reiter-Nummern gesehen. Die kann man nachmachen! Man setzt sich vorwärts auf das Pferd und reitet so stürmisch, dass die Kufen wild in Schwung kommen, und der Reiter gleich abzustürzen droht, man setzt sich rückwärts drauf und reitet wie ein Kosak, hängt rechts herunter und links, reitet im Stehen. Dann nimmt man einen Vordermann mit drauf – Just beginnt zu protestieren. Und als Resi dann noch versuchen soll, auf meine Schulter zu klettern, damit wir wie die Bremer Stadtmusikanten durch die Lande ziehen können, da hat es mit Justs Respekt vor aller Tollheit ein Ende – er schreit und beginnt um das Leben seines Pferdes zu kämpfen. Das Mädchen stürzt aus der Küche herbei und bevor sie uns zu packen bekommt, sind wir die Freitreppe von der Terrasse hinuntergeflitzt – wohl alles gerade zur rechten Zeit, denn länger hätte der Gaul in seiner Holzkonstruktion nicht mehr mitgemacht, und ein zertrümmertes Schaukelpferd, nicht auszudenken! Dann hätte es selbst von seinem Vater etwas »gesetzt« gegeben – obwohl er die Züchtigungen der Kinder ansonsten ausschließlich seiner Frau überließ.

Viel gepiesackt haben wir unseren Bruder nicht – er war ja noch so klein. Am liebsten war er mit Resi zusammen. Wenn sie im Kinderzimmer mit ihren Puppen oder der Puppenstube spielte, saß er zu gern dabei und ließ sich das An- und Ausziehen, das Kommen und Gehen in den kleinen Zimmern wie ein Theaterspiel vorführen. Just besaß selbst eine Puppe. Sie hieß Hilde, weil er sie von dem befreundeten Rechtsanwaltsehepaar Hildebrand geschenkt bekommen hatte. Sie hatten keine Kinder und beneideten Mutti wohl sehr um diesen späten Sohn, denn sie wurde ja schon sechsunddreißig, als Just geboren wurde.

Früh übt sich, was ein Olivenbauer werden will. Es ergab sich von selbst, dass Just mit der Landwirtschaft und der Gärtnerei aufgewachsen ist, aber wer konnte ahnen, dass aus dem Spargelbau, um etwas möglichst Exotisches zu nennen, einmal Oliven werden würden.

Meine Eltern betrieben die Gärtnerei nicht nur als »Ernährungsbasis«, die für einen Beamtenhaushalt unerlässlich war, umso mehr, wenn man den »gewissen Lebensstandard« mit Maßschneiderei und Badereisen erhalten wollte, sondern auch als »Hobby«, wie man heute sagen würde. Aus Vergnügen an der Bearbeitung von Erde, am Säen und dem Beobachten des Wachsens, an einem wohlgeordneten, schönen und duftenden Blumengarten und saftigen Früchten. Sobald Just tapsen konnte, machte er da mit. Im Herbst schwang er seine kleine Hacke, um der Quecke zu Leibe zu rücken, und den Boden vorzubereiten. Er sammelte das Reisig der beschnittenen Obstbäume zusammen und bemühte sich, den erdigen Platz vor der Terrasse, genau in den geometrischen Linien zu harken, die das ästhetische Gefühl meiner Mutter vorschrieb.

Wir Kinder hatten jeder ein eigenes kleines Beet, in dem wir Radieschen- und Mohrrübensamen versenkten. Versenkten schon, aber haben wir auch geerntet? Ich war viel zu ungeduldig für die Gärtnerei. Da war es schon einfacher, ein paar Stiefmütterchen von Mutti einzupflanzen oder eine Staude Gänseblümchen aus der Wiese umzusetzen. Auf jeden Fall hat die agrarische Tätigkeit bei Just und insbesondere bei Resi »ihre Früchte getragen«. Für Just heißt heute die Erholung von der IBM: »Arbeit im Olivenhain« von Oppede in Südfrankreich und Resi hat sogar die Wissenschaft von der Landwirtschaft studiert.

Und wenn man so will, weist ein kleines Foto bereits auf seine berufliche Zukunft hin. Da transportiert er nämlich eine riesige Zeichenrolle, ausgesprochen professionell unter dem Arm im Garten. Dass er dabei in der anderen Hand seine Hose trägt, derer er sich entledigt hat, und nun nur noch halb bekleidet durch die Gegend zieht, hat mit dem hier gemeinten Thema nichts zu tun – und ist auch ohne Symbolkraft gemeint. Erstaunlich ist mir nur, dass wir in dem offensichtlichen Interesse an der Zeichenrolle, so etwas wie eine vorausgenommene Assoziation zum künftigen Bauern sehen können. Denn schließlich kann er in der Rolle ja nur Baupläne gehabt haben. Was für Pläne? Die Pläne für ein neues Siedlungsprojekt im Kreis Deutsch Krone? Zu dem fachlichen Mitarbeiterstamm der Landwirtschaftskammer in Schneidemühl gehörte auch ein Bauingenieur, der möglicherweise diese Pläne aufgestellt hatte, die unser Vater vielleicht für das Dorf Rose, wo in diesen Jahren neu gesiedelt wurde, begutachten sollte. Und wie wir ja wissen, baute die nächste Generation Prasse keine Zuckerrüben mehr an, und beriet auch nicht mehr bei Kartoffelanbau, sondern baute Häuser.

Bei all der Robustheit, die die Fotos vom kleinen Just zeigen, erinnere ich mich aber auch, dass er in diesen Deutsch Kroner ersten Lebensjahren alle möglichen Krankheiten gehabt hat, die ihn dann wohl auch so oft »brummig« machten und weit dramatischer verliefen als unsere üblichen Kinderkrankheiten.

Einmal war es eine Blinddarmentzündung, die dermaßen böse Formen annahm, dass der Blinddarm durch eine Operation entfernt werden musste, was bei einem so kleinen Kind, ziemlich ungewöhnlich ist. Dann kam eine Nasengeschichte mit Stirnhöhlenvereiterung. Ein anderes Mal waren die Eltern verreist, und wir drei Kinder wurden, neben dem Dienstmädchen, von einer Kinderschwester betreut. Ich fand sie scheußlich, mit ihrer neuen Hausordnung, mit der sie auch das Mädchen so verärgerte, bis diese drohte, sie werde das Haus sofort verlassen. Dann begann Just zu gnatschen und zu jammern. Er hatte Ohrenschmerzen. Die Eltern, die wohl auf einer DLG-Ausstellung in Berlin waren, telefonierten jeden Abend an, um sich nach dem Stand der Dinge zu erkundigen. Zuerst glaubte die Schwester wohl, Justs Missbehagen vertuschen zu können, aber dann bekam sie es selbst mit der Angst zu tun. Sie holte den Hausarzt Dr. Mesewinkel, und beim nächsten Anruf mussten die Eltern nach Hause gerufen werden. Just hatte eine schwere Mittelohrenentzündung mit allen ihren schmerzhaften Folgen. Die Schwester wurde in hohen Bogen rausgeschmissen – wir waren heilfroh und genossen ihren Auszug. Meine Mutter warf ihr mit Recht vor, dass sie nicht bei den ersten Anzeichen einer Krankheit davon Meldung gemacht hatte. Just wurde noch lange nachts auf dem Arm herumgetragen, wenn ihn die Schmerzen in seinem Ohr plagten. Wir beide, Resi und ich saßen in solchen Nächten bedrückt und unglücklich in unseren Betten und haben wohl erstmalig empfunden, wie es ist, wenn man einem geliebten Menschen nicht helfen kann.

Zu Justs Katastrophenfällen gehört auch noch die Geschichte mit der eisernen Haltestange vor dem großen Hoftor. Einer von uns saß auf einem der stabilen Flügel und ließ sich hin und her schwingen. Just begleitete das Unternehmen mit Freudengejuchze. Dann wollte jemand den anderen Flügel mit der Stange feststellen sie fiel ihm aus der Hand und Just auf den Kopf – das zum Haken umgekropfte Ende mitten auf sein blondes Haupt. Schreie, Blut und nochmals Blut, nach Muttis Worten »eine breiige Masse«. Just hat es überlebt. Aber an diese Schauergeschichte kann sich selbst Resi heute noch erinnern. Doch meine Mutter wusste, wie auch die glückvolleren und einmaligen Außergewöhnlichkeiten in Just herauszustellen waren. Er war also ganz sicher der jüngste

Schlittschuhläufer, der je in Deutsch Krone auf den gefrorenen Seen dahingeglitten ist, und das, sage und schreibe mit drei-dreiviertel Jahren!

Mutti war mit den drei Kindern durch die Stadt zum Schlosssee gegangen, die Schlittschuhe an einem Riemen über die Schulter, um in der Bucht an der evangelischen Kirche mit uns Schlittschuh zu laufen. In den Schlosssee ragte wie ein dicker Daumen, oder wie ein Phallus, die Landzunge mit dem ehemaligen Wus-terhof. Hier wird, vom Wasser umgeben, auch die frühere Burg der Burggrafen der brandenburgischen Askanier und der Markgrafen aus Wittelsbacher Geschlecht gestanden haben und später dann ein Schloss der polnischen Starosten, das dem See den Namen gab. In der östlichen Bucht, die ja von unserem Haus fast unmittelbar, nur gerade über die Südbahnhofstraße und die Schneidemühler Straße hinweg, für uns zu erreichen gewesen wäre, konnte man es nicht wagen, Schlittschuh zu laufen, denn hier gab es warme Quellen und Strudel, wodurch die Eisdecke darüber nicht fest zufror. Immer wieder hörte man, dass jemand im trügerischen Eis eingebrochen war und von beherzten Männern mit Stangen gerettet wurde, aber ich weiß auch von Erzählungen, dass jede Hilfe zu spät kam, und der Tote nun als hilfloses Opfer bei den Wassergeister festgehalten wurde. In der Bucht westlich der Landzunge bestand nicht diese Gefahr, so dass hier im Winter die Deutsch Kroner auch ihre Kreise auf Schlittschuhen zogen. Wenn der Wind den Schnee weggeblasen hatte, war immer etwas los. Eine stets gefegte Eisbahn unterhielt der Bademeister Topfmeister nur auf dem Stadtsee, unterhalb der Molkerei.

Aber heute war es Mutti zu weit mit uns dreien bis dahin. Mutti, Resi und ich schnallten unsere Schlittschuhe auf dem kleinen Steg, der ins Eis ragte, an – was ja in Wirklichkeit anschrauben heißen müsste, wobei dann die Kerben in den Stiefelabsätzen immer tiefer wurden. Eislaufstiefel mit festen Schlittschuhen bekam ich erst sehr viel später, in Berlin-Lichterfelde, als ich mit Elisabeth Winkler auf dem Tennisplatz von Lankwitz zu Lautsprechermusik Walzer tanzte und Gerd Meisel und Wimmel , beide damals auf dem Schiller-Gymnasium unweit unserer Schule, mit uns anzubandeln versuchten und wir dann schließlich in schönem altmodischen Stil paarweise im gemischten Doppel unsere Holländerbogen zogen.

Unter Muttis Anleitung übten wir Mädchen einen Holländerbogen nach rechts und einen nach links zu ziehen, während Just vergnügt auf seinen kleinen Stiefelsohlen auf dem Eis herumrutschte. Da muss meiner Mutter die Inspiration gekommen sein, dass hier ein Eistalent verloren ginge, wenn sie nicht sofort ein Paar Schlittschuhe für das Kind kaufen würde. Sie schnallte ihre Schlittschuhe ab, ließ uns nicht weiter auf den See hinauslaufen, packte Just und zog mit ihm im Eilesschritt die Königstraße herunter zum Eisenhändler Beckmann und ließ ihm die Schlittschuhe anpassen Tatsächlich führten sie auch so kleine Schlittschuhe. Es war eben ein gut sortiertes Geschäft, wo es neben Nägeln, Hämmern und Porzellan sogar Pflugschare gab, die im Hammerwerk der Familie Beckmann selbst hergestellt wurden. Mutter und Sohn kehrten aufs Eis zurück und Just begann seine Karriere als Schlittschuhläufer.

Er hat auch tatsächlich diesen vergnüglichen Sport lange weiter betrieben. In Potsdam tollten wir Kinder auf der gefrorenen Havel vor dem Park des Luisenhofs, in Lichterfelde fegten wir uns den Teich im Lilienthal-Park vom Schnee blank.

Irgendwann erbte er meine kostbaren Schlittschuhe, die die Russen erstaunlicherweise in der Waschmaschine »Turna Kraus« hatten liegen gelassen, nachdem sich beim Versuch, die Schlittschuhe abzuschrauben herausstellte, dass in den Sohlen mehrere Löcher übrig blieben. Später, in Westdeutschland, gab es keine kalten Winter mehr. Ob Just da noch einmal die Gelegenheit fand, auf einem gesprengten und gefrorenen Tennisplatz Schlittschuh zu laufen, weiß ich gar nicht.

Wenn wir nun schon bei den ersten Fortbewegungsmitteln unseres Bruders sind, so gehört hier ja vor allem sein Roller dazu. Den besaß er ganz alleine und er war nicht als Erbstück der Schwestern auf ihn gekommen. Es war ein kleiner hölzerner Roller mit kleinen Rädern, den er unentwegt vor sich herschob. Mit dem schnellen Dahinrollen war es nicht gut bestellt, denn um das Haus herum war nur festgewalzte Erde. Da musste Just schon mit dem Mädchen hinüber auf die Südbahnhofstraße schieben, wo es dann zum Kaufmann an der Ecke ging, zum Schuster im Hof neben Lolo Lange und bis zum Bäcker gegenüber von der Eckkneipe Zülsdorf. In dieser Kneipe, die auch Zimmer zu vermieten hatte, für die Vertreter, die mit allen möglichen Dingen die kleinen Grenzmärkischen Städtchen abklapperten, nahmen die Bauern ihren letzten Umtrunk, bevor sie die Stadt in Richtung Rosenfelde oder Wittkow verließen, sei es nach einem Markttag, an dem sie ihre Produkte auf dem Markt vor der katholischen Kirche ausgebreitet hatten, oder auf dem Viehmarkt am Stadtsee Hühner und Gänse oder ein Schwein verkaufen konnten, sei es, dass sie Saat und Düngemittel vom Bahnhof abgeholt hatten.

Einmal kamen Zigeuner mit einem Tanzbären, der hier an der Ecke, wo ein Baum auf dem spitzen Stück zwischen Südbahnhof – und Schneidemühler Straße stand, zum Klappern der Kastagnette seine Tanzschritte machte. Vielleicht hatten Just und das Mädchen die Nachricht mitgebracht, denn in

Windeseile hatten sich die Kinder der ganzen Gegend versammelt und natürlich auch wir, Resi und ich, Gertrud und Günther Nickel standen staunend um das eher beklagenswerte braune Riesentier.

Just rollte auf seinem Roller mit uns zum Ostbahnhof, um ein oder zwei Zigarren für Papa zu kaufen, die »Leichte Bönicke zu 15«, wenn seine Kiste leer war, die er sich aus Bremen schicken ließ. Im Schutz seines Gefährtes, an das er sich festklammern konnte, stand Just zu Füßen der Buchenhecke und sah eher etwas besorgt unseren Klettereien zu, die wir in den knorrigen Ästen trieben.

Mit seinem Roller hielt er sich in Bereitschaft, wenn wir auf unseren Rädern aus dem Hof fuhren, um hinter uns her an der Wettfahrt um den Birkenplatz mit zu »sausen«.

Mit seinem kleinen Roller war er sozusagen »gleichberechtigt«, denn alle drei hatten ihren fahrbaren Untersatz, wobei ich allerdings Muttis Fahrrad in Beschlag hielt, während Resis Rad noch eine kleine Ausgabe war.

Und wenn ich mich nicht irre, war dieses kleine Fahrrad sogar Justs Rad – entsprechend Muttis Projekt, Just nun auch zum jüngsten Radfahrer von Deutsch Krone zu machen. Aber anscheinend zog er seinen Roller noch vor.

Erinnerungen an Just in Deutsch Krone sind die an ein blondes blauäugiges Wuschel im hellblauen Strickmantel und hellblauer Pudelmütze, hinter uns her auf seinem kleinen Roller.

Kinderkrankenzimmer

Literatur als »Heilmittel«

Masern, Diphtherie, Windpocken kippten sich als Krankheiten auch über uns Kinder. Ich entsinne mich an eine Szene, sagen wir Masern. Ich lag allein in dem kleinen Kinderzimmer. Das Zimmer war abgedunkelt und ich war allein, es war schön schrecklich. Wenn die Dunkelheit nicht mehr vonnöten war, lag als Trostpreis für die tapfer durchstandenen Tage auf meinen Knien ein schweres Gewicht. Es war nicht etwa ein Bilderbuch, nein, es war die gebundene Zeitschrift meines Vaters aus den Bonner Jahren, der Simplizissimus. Wenn man das heute liest, überfällt einen gelindes Entsetzen, was für eine Therapie die Eltern ihren Kindern angedeihen ließen. Aber es ging hier ja nur um die großen, starkfarbigen Bilder. Das Papier war sehr dünn beim Blättern, und immer ermahnte mich Mutti, achtzugeben. Manchmal war es eine rot angemalte, zähnefletschende Dogge, die einen erschreckte. Aber es gab auch das lustige Bild, wo Menschen in Dirndlkleid und Lederhosen mit einem Propeller auf dem Rücken über runde Kirchtürme flogen. Ahnte man im Jahre 1930 schon die Verkehrsverhältnisse in München 2011? Von dem politischen Inhalt unterrichtete man mich natürlich nicht. Aber die Zeichnungen hinterließen schon gewisse künstlerische Eindrücke. Denn es waren berühmte Maler, die für den Simplizissimus gezeichnet hatten. Es gab zwei oder drei gebundene Sammelbände des Simplizissimus, die jahrzehntelang die Enkelkinder unterhielten. Am Ende erbte der Bruder Just diese drei Bände, und sie werden wahrscheinlich noch an weitere Generationen weitergereicht werden.

Man kann Länder kennenlernen durch die seltsamsten Ereignisse. Auch Kinder können sich auf Reisen begeben, weil ein großer Jammer sich im Kinderzimmer breitmachte. Das war der Keuchhusten. War es eine Ansteckung, die wir von der Schule mit nach Hause brachten? Jedenfalls trieften unsere Nasen, wir keuchten Schleim aus unseren Mündern. Nichts half. Der Kinderarzt Dr. Mesewinkel – ein schlanker, eleganter Junggeselle, der Mutti verehrte – verschrieb als neueste medizinische Erkenntnis: Klimaveränderung, salzhaltige Luft an der Ostsee, die Solebäder in Kolberg. Also fuhr der Vater die Familie im AGA mit Dienstmädchen und Mutti an die Ostsee. In Kolberg wurde eine Wohnung gemietet mit Kinderbetten in einem Kinderzimmer. Mutti blieb mit den Kindern und dem Mädchen allein in Kolberg. Sie wanderte mit uns zu den Badeanstalten, wo wir nach den Bädern unsere Gesundheit wieder erhalten sollten. Allem Anschein nach hat es nicht geklappt. Denn zurückgekehrt nach Deutsch Krone, wurde wieder eingepackt und eine neue Therapie verschrieben: die Gebirgsluft. Also wieder eine Familienkutsche zur Tante Adelheid in einem Dorf im Vorgebirge zum Riesengebirge. Herr Heimann, der Ehemann, war Gutsinspektor auf den riesigen Latifundien des Grafen. Sie hatten eine schöne, großzügige Dienstwohnung. Hier wurden wir in riesige Federbetten gestopft, nachdem wir Spaziergänge in den Gebirgswäldern gemacht hatten. In dem Garten von Tante Heide durchschnitten die Schreie der Pfauen den blauen Himmel. Sie konnten ein wunderschönes gefächertes Rad mit ihrem Schwanz schlagen, aber sie erschreckten uns mit ihren blitzenden Vogelaugen. Sie waren keine Vögel, die in die Luft stiegen, versperrten uns aber einen gut Teil des Gartens. Das Ende dieser Therapie war wiederum ohne Erfolg. Vielmehr hatten sich die beiden Damen aus Eifersucht entzweit, was jedoch nicht verhinderte, dass Tante Adelheid zur Taufpatin von Just wurde. Dem Keuchhusten war es vielleicht auch schon zu langweilig, diese unglücklichen Kinder zu traktieren, und er hörte einfach auf.

Dore im Krankenhaus mit Blutvergiftung

Eines Nachts rollte der AGA, sagen wir mal, im Schnee durch das dunkle Städtchen, das Ziel das Krankenhaus am Ende der Stadt (zwischen evangelischem und katholischem Kirchhof). Wer war der Kranke, der hier durch die Nacht transportiert wurde? Klein-Dore war das Opfer. Anna oder Ida hatten am Abend beim Baden entdeckt, dass am linken Oberschenkel innen eine große rote Fläche sich verbreitet hatte und es einen Mittelpunkt gab, der wohl ganz gefährlich aussah. Die Eltern wurden herbeigerufen. Wie alle Mütter war auch hier Gertrud die Schlaueste und diagnostizierte eine Blutvergiftung. Es war zu spät? Was tun? Dr. Mesewinkel, der Kinderarzt, war sicher schon zu Bett gegangen, und die ganze Chose sah bedrohlich aus. Also blieb nur das Krankenhaus. Die Villa des Chefarztes steht gegenüber vom Krankenhaus. Der diensthabende Arzt sprengte die Herrenrunde, die dort beim Wein saß, und so legte der Professor selbst das Messer an und schnitt die Ursache dieser Blutvergiftung auf. Allem Anschein nach war von den roten handgestrickten Strümpfen von Mutti die rote Farbe in eine Kratzwunde hineingekommen. Was für ein banaler Tod hätte mit bevorgestanden, wenn nicht das wache Auge des Dienstmädchens und das Messer des Chirurgen zusammengespielt hätten, um das Kind vor einem Blutvergiftungstod zu retten. Ich entsinne mich tatsächlich an irgendwelche Lichter, dass ich in einem sehr hellen Raum lag, Lampen auf mich gerichtet waren, ich auf einem Tisch lag und Personen um mich standen. Dann sehe ich mich noch in einem Garten liegen auf einem Gartenstuhl, neben mir eine junge Frau mit einem ganz aufgeblähten, dicken, kugelrunden Bauch, auf dem ein kleines Pflaster thronte. Steckte in dem Bauch nun ein Baby? Ich weiß es nicht. Bis heute im Jahre 2011 ist immer noch eine zwei Zentimeter lange, verschwommene Narbe zu erkennen. Das war meine erste Begegnung mit dem Krankenhaus, und jedes Mal, wenn ein Spaziergang am Krankenhaus vorbeiführte, war ich vor Stolz gebläht, weil ich sagen konnte: Hier hab ich mal gelegen.

Der Kurier des Zaren

Hier handelt es sich nur um einen Sturz, dessen Opfer ich wurde. Aber der Sturz hatte sich gelohnt, denn die Narbe oberhalb der Schläfe links hielt bis ins hohe Alter, man kann sagen, die Blessuren meiner Kindheit dekorierten mich jahrelang.

Hatte ich den Film »Der Kurier des Zaren« schon sehen dürfen? Auf jeden Fall boten sich unserer Theaterneigung spannende Szenen aus dem Film. Da war der Kurier des Zaren, ein fescher Soldat, der dem Zaren die Siegesbotschaft über Napoleon bringen musste. Ich war also das Pferd, Resi der Kurier mit dem Brief, und Günther Nickel sollte den Zaren geben. Das Ganze spielte vor dem Cour d'honneur, der mit köstlichen kleinen Kieseln belegt war. Ross und Reiter starteten vor der Haushaltungsschule. Der Ritt ging erfolgreich, bis man schon von Ferne das Biwak des Zaren sah. Da stolperte das Pferd über einen spitzen

Stein. Der Reiter rutschte nach hinten am Rücken des Pferdes ab, aber Dore als Pferd stürzte auf den spitzesten Kiesel, der auf dem Vorplatz vor der landwirtschaftlichen Schule lag. Es gab ein tiefes Loch. Das Blut spritzte nach allen Seiten. Dore lag am Boden. Das Begleitpersonal schrie. Die Kinder schrien so laut, dass Frau Nickel herbeieilte. Sie schrie noch mehr und rannte zum Direktorenhaus, sie stürmte die Wohnung, stürmte ins Damenzimmer, wo Mutti ihren Kaffeeklatsch hielt, schrie: Das Kind verblutet! Papa wurde sofort in seinem Büro alarmiert. Mutter und Tochter wurden ins Auto gepackt und zu Dr. Lauer gefahren. Der nahm anscheinend ein paar Sicherheitsnadeln und zurrte die Ränder der Wunde zusammen – so ging die Berichterstattung in die Annalen ein. Wahrscheinlich wurde es genäht, denn auch diese Narbe hielt bis ins hohe Alter. Ich hoffe, dass ich einen höchst dramatischen Kopfverband bekommen habe, um mich von den anderen Kindern bestaunen und bewundern zu lassen.

Hindenburgs Tod

Eines Tages brachte mir ein Bekannter nach einer Berlin-Reise eine DVD über das alte Regierungsviertel in der Wilhelmstraße in Berlin mit. Unter den vielen Palais, die damals zu Ministerien wurden, so zum Beispiel das Landwirtschaftsministerium, war auch das Palais des Reichspräsidenten. Hier war Otto von Hindenburg von 1932 bis 1934 der Hausherr in der schwierigsten Zeit, für die er dann als Steigbügelhalter Adolf Hitlers diffamiert wurde. Aber der Name Hindenburg hatte für meine Mutter einen ganz anderen Klang. Er war der Befreier Ostpreußens. Dazu eine kleine Skizze: Anno 1934 lag ich wieder einmal im Kinderzimmer, vielleicht mit Masern, plötzlich kam Mutti die Treppe herauf an mein Bett, weinend, und schluchzte: »Hindenburg ist gestorben.« Ob ich da schon wusste – ich war 11 Jahre alt –, dass Mutti durch besondere Empfindungen an Hindenburg gebunden war?

Im ersten Weltkrieg, schon 1914, waren die Russen über die Grenze nach Ostpreußen vorgestoßen. Die Familie Hoffmann lebte in Insterburg und wie die meisten Bürger der Stadt mussten sie auf die Flucht gehen vor der in die Stadt vorrückenden Soldateska. Es war der letzte Zug, der die Stadt verließ, und nach Muttis Angaben waren es auch die letzten Säcke mit Gold aus den Staatsbanken, die im selben Zug wie die Hoffmanns die Stadt verließen. Die Russen drangen in die Stadt. Es gibt Fotos, wo sie vor dem elterlichen Haus in der Generalstraße paradierten. Es gibt aber auch ein Foto von gefangenen russischen Soldaten. Dem General von Hindenburg war es gelungen, in der riesigen Schlacht bei Tannenberg die Russen so zu schlagen, dass sie fluchtartig Ostpreußen verließen. Seitdem ist Hindenburg für alle Ostpreußen der Retter aus der Not.

Mutti war betroffen und verzweifelt, als in der Zeitung die Bilder am 31. März 1933 erschienen: An diesem Tag wurde die Eröffnung des neu gewählten Reichstages gefeiert, und zwar ausgerechnet in der Garnisonskirche in Potsdam. Und Hitler hatte den greisen Generalfeldmarschall quasi gezwungen, mit ihm zusammen die Garnisonskirche zu betreten anlässlich eines Gedenktages für Friedrich den Großen. Die verworrenen politischen Umstände im Nachkriegsdeutschland 1934 hatten die irrwitzige Konstellation geschaffen, dass der greise Hindenburg für eine kurze Frist Reichskanzler werden musste als Alibi für die Rechtsparteien.

Also weinte ich mit Mutti zusammen über den Tod von Otto von Hindenburg,1934, in meinem Krankenbett.

Kinderspiele ums Haus herum

Wir, also die Freunde um den Birkenplatz, hatten natürlich einen großen Spielplatz, auf dem wir toben oder verstecken spielen konnten – alles, was Kindern von 3 bis bald 12 Jahren einfallen konnte: die Platzanlage vor dem breiten Schulensemble, seitlich am Bauern Fenske vorbei bis zur Bahnhofstraße, die Felder bis zum Bahnhof und an der anderen Seite bis zur Birkenstraße – Verbote aller Art natürlich als besonderen Kick miteingeschlossen.

Fangen wir mal mit dem Grünzeug an. Es gab viele Rhabarberstauden hinter dem Haus aufgereiht vor dem Gemüsegarten. Und da wir ja eine elegante Mutter hatten, die ihre Hüte von den Geschwistern Theus kaufte – direkt aus Berlin – steckten wir aus den großen Rhabarberblättern die tollsten Hüte, promenierten vor Frau Nickels Höfchen – die Ecke, die der Architekt extra entworfen hatte als Nische für die Hausmeistersleute – für Vorstellungen von uns.

Wir rannten die Treppen hinauf, auf dem, was der Architekt als wichtiges Element auf der Seite zum Bahnhof entworfen hatte, und wenn die Tür in den weiten Flur, wo die Klassenräume, das Sekretariat lagen, mal offen stand, weil Frau Nickel im Sommer hier putzte, machten wir auch eine Modenschau vor der Chefsekretärin Fräulein X und ihren Untertanen, bis die Schritte des heraufspazierenden Herrn Henkemeyer uns schleunigst wieder in den Hof zurückjagten.

Überall wuchsen in den Rasenflächen, die nicht englisch rasiert wurden, wunderbare Kräuter und Blumen, die wurden säuberlich abgeschnitten und zum Verkauf sortiert auf dem Sockel zum Eingang in die Villa. Das Erdgeschoss der Villa musste der Architekt ja höher legen, um einigermaßen Anschluss an das erste Geschoss im Schultrakt zu bekommen, und so ergaben sich extravagante Treppenlösungen in unserem Haus. Hier also im Hauseingang, hatten wir unseren Blumen- und Gemüseladen – alle spielten brav mit – auch Günther Nickel, dem es sowieso ein Gaudi war, den Mädchen bei so eigenartigen Spielen zu folgen.

Anscheinend gab es in diesen Jahren außergewöhnlich viele Maikäfer. Allerorten sammelte man sie, um sie dann zu verbrennen, so die Berichte von Frau Nickel. Also sammelten wir auch im Eimer Maikäfer, die zum Beispiel durch Schütteln schon erreichbar waren, an den beiden Bäumen, die die pompöse Treppenanlage im Hof flankierten. Eimer voll. Und was dann? Sollten wir die etwa verbrennen? Absolut unmöglich – die armen, hübschen Tierchen mit den braunen festen Lackledermäntelchen. Irgendwie verschwanden die Eimer dann aus unserem Gesichtsfeld. Herr Nickel wird das Seine getan haben. Er verwaltete ja die riesigen Heizungskeller. Woher hatten denn alle Hausbewohner auch im Sommer warmes Wasser?

Die Geschichten, die sich ergaben allein durch den Anblick der wunderbaren hellgrünen Maisfelder des Bauern Fenske, habe ich ja schon erzählt. So weit, wie die Felder sich hinter dem Haus bis zum Bahnhof erstreckten, waren auch die Ideen, sie für unser Vergnügen zu nutzen. Und wir übten unseren Mut. Zum Beispiel Springen, von den beiden Mauern mit Kiesel besät, die die breite Treppe flankierten, vom Rasenplatz zum Platz vor der Schule. Sie war aus unserer Kinderperspektive sehr hoch, und eigentlich war Gertrud die Unerschrockenste beim Springen herunter auf den Kiesweg. Behaupte ich einfach, ich hätte den Sprung gewagt, vielleicht Günther? Und dann gab es noch einen Mutprobe: auf der Eisenstange schaukeln. Mit dieser Stange wurde das Holztor, das die Zufahrt in den Hof des Gebäudes sperrte, sozusagen fest versperrt, so diagonal von dem einen Torflügel zur Wand.

Wir hatten entdeckt, dass wir auf die Stange klettern konnten, im geschlossenen Zustand des Tores, über ein Mäuerchen (überall Mäuerchen mit Kieseln gespickt), das einen Zugang zur Haushaltungsschule von der Einfahrt in den Hof trennt, klettern, hangeln bis zu der Stange, sie packen und daran schaukeln – eine ziemlich scheußliche Sache, und ich meine mich zu erinnern, dass Resi oder Just einmal die Stange auf den Kopf bekam – was ja wohl doch nicht sein konnte, dann hätte der Kopf ja ein Loch – aber irgendwie muss es wohl auch uns nicht so recht zugesagt haben Bis dann ja wohl auch Frau Nickel kam und uns dermaßen anbrüllte – verhauen durfte sie uns ja wohl schon damals nicht –, dass wir heilfroh waren, mit derber Stimme aus diesem Mutprobenspektakel erlöst zu werden. Sicher war Gertrud auch hier die Anführerin – sie war ja einige Jahre älter, also vielleicht ein oder zwei Jahre, was sie aber immer zum Chef solcher Unternehmen machte. Die Sache mit dem Einsammeln von den groteskesten Sachen ist wohl eine alte Überlebensweise unserer Vorfahren aus den Zeiten, als noch keine Nullen die Jahre angaben. Wir sammelten zum Beispiel, wenn Frau Nickel die Internatszimmer reinigte, im Frühjahr, wenn die Schüler wieder auf ihre elterlichen Bauernhöfe zurückgekehrt waren, aus den Nachttischfächern die abgebrannten Streichhölzer. Anscheinend war das Rauchen während der Studienzeit verboten. Die Pensionäre rauchten, wie so üblich, auch hier im Zimmer und ließen die Reste in den Nachttischen verschwinden. Also sammelten wir abgebrannte Streichhölzchen. Was taten wir damit? Vielleicht spielten wir wieder Kaufmann, und die Hölzchen stellten wer weiß was dar.

Wir streunten herum, so weit wir es wagten, immer mit dem Verbot im Rücken, Resi hinterher. Aber als ich dann in die Sexta kam, in die Höhere Mädchenschule, hörten diese Spiele wohl auf, begann ich zu lesen – auf den Stufen der Esszimmerterrasse sitzend. Immer wieder gab es ja einen Geburtstag zu feiern, einen Besuch zu machen, schwimmen zu gehen – jetzt schon allein – an der neuen Stadtsee-Badeanlage.

Die Kinder-Etage

Alles rund um die landwirtschaftliche Schule schien als Kinderspielplatz gemacht. Und wenn die Schlittenpartien die breite Treppe zum Birkenplatz herunter uns die verfrorenen Finger in den Strickhandschuhen gebracht hatten und die Stiefelchen total durchnässt waren, zogen wir vergnügt in unsere Kinderetage. Es gab hier die vielfältigsten Räume und Plätze. Da war das Zimmer, in dem das Dienstmädchen schlief, wo wir auch gern in ihrer bäuerlichen Wärme kuschelte. Daneben war das kleine Kinderzimmer, in dem Resi und Dore in den weißen Eisenbetten hintereinander schliefen. Und es gab auch einen kleinen Schreibtisch, wo ich meine Schularbeiten machte. Und dann kam das große Kinderzimmer mit den phantastischen Fenstergardinen, große Blumen oder Figuren oder Berge aus dickem Garn auf dünnerem Grund. Ich entsinne mich, dass ich auch irgendwann einmal im Kinderzimmer schlief und die phantastischsten Gebilde aus den Spitzengardinen herauszauberte. In diesem Kinderzimmer gab es alles. Zum Beispile eine weiße Truhe für die vielfältigsten Spielsachen. Auf der Truhe lag das von Mutti blau besticktes Kissen. Alles wurde in die Truhe hineingeworfen. Die bunten Bauklötze, die Stofftiere mit dem Knopf im Ohr, die Holzwürfelchen, die man zu Bildern zusammenlegen konnte: Städtebilder, Schafherden, Bauernhöfe – sechs Bilder konnten wir zusammenstellen. In der Truhe waren auch die Holzkegel, die wir im Korridor aufbauen konnten und mit einem Ball umzuwerfen versuchten. Bälle gab es in allen möglichen Größen und Farben. Um mit dem Ball zu spielen, mussten wir eine glatte Wand suchen, was bei uns gar nicht so einfach war. Das war ein Sommerspiel.

Es gab natürlich alle möglichen Arten von Puppen und Püppchen. Das Spiel mit den Püppchen ging sogar so weit, dass Mutti ein rosa Kleidchen für die Puppe AnnaOlga-Emma strickte, und wie das Bild zeigt, lebt dieses Kleidchen noch im Jahre 2011, das Püppchen aber nicht. Sicher gab es auch eine Puppenstube, aber ich weiß nicht, wo sie stand. Und ich bin auch nicht sicher, ob dieses minutiöse Hin- und Herrücken von Puppenmöbeln meinem damaligen Lebensstil entsprach. Lieber sammelten wir abgebrannte Streichhölzer aus den Schubfächern der Nachttische in den Internatsräumen der Schüler. Das Zimmer war sehr hell, denn der Architekt hatte ja die damals als schick und aktuell geltenden Übereckfenster für diesen Raum vorgesehen. Da saß dann die Anna und stopfte Strümpfe und fuhr auch schon mal bei einer Rauferei zwischen Dore und Resi dazwischen. Für Just stand dann im Kinderzimmer sein weißes Kinderbettchen neben der Tür zum Schlafzimmer der Eltern.

Im Schlafzimmer der Eltern trieben wir uns gerne herum. Natürlich war das strengstens verboten unter Androhung pädagogischer Maßnahmen. Wir kramten auch hier in den Nachttischen herum. Da lag auch ein seltsames Ding, ein brauner Gummiball mit einem langen, dicken Stängel. Was war das? Wenn ich dann Resi auf den Hocker vor dem Toilettentisch und ihr einen Schleier mit einem Kränzchen auf den Kopf gesetzt hatte, spielte sie feine Dame. Auf den Balkon kamen wir nicht, denn der Griff war immer sehr fest zu. Sobald wir glaubten, auf der Treppe Schritte zu hören, entwischten wir schnell ins Badezimmer nebenan. Möglicherweise suchte Anna uns, weil es plötzlich zu verdächtig ruhig gewesen war.

Eine tolle Sache war die Kleiderkammer und der Boden, die an einem kleinen Stichflur lagen. In der Kleiderkammer waren schwere Pelze, schwere Mäntel, Hüte, Schirme. Man konnte sich auch prima verstecken, weil die Kammer unter der Bodentreppe lag und es deshalb eine ganz enge Nische gab.

Weil wir ja hier oben sozusagen Freiraum hatten, waren auch Gertrud und Günther Nickel dabei, wenn wir Verkleiden spielten mit den großen Pelzen. Bei Papas Automantel drehten wir das Fell nach außen und hängten ihn Günther um. Mit lautem Gebrumm gab er dann einen Bären, und die Mädchen schrien entsetzt, wie es die Regie vorschrieb.

Als ich aus diesen kindischen Spielen ein bisschen herausgewachsen war, fing ich an zu lesen und hatte wohl in dem kleinen Zimmer mein erstes Bücherregal. Ich liebte inniglich die Geschichten von Trotzköpfchen. Das war ein blondgelocktes, eigenwilliges Mädchen aus Berlin, dessen Abenteuer mir wahnsinnig gefielen. Ich galt ja damals schon als künstlerisch sehr begabt. Und es ergab sich eine Konstellation, dass mein literarisches Interesse und meine Kunst sich paaren konnten, als Auerbachs Kinderkalender einen Wettbewerb ausschrieb. Es wurde gefragt: Zeichne ein Bild, auf dem du darstellst, was du gerne werden möchtest. Es muss in diesen Jahren ein aktuelles Gesprächsthema auch im Hause Prasse gewesen sein, Tibet zu entdecken. Anscheinend war ich damals schon an der Welt über die Bahnhofsstraße in Deutsch Krone hinaus interessiert. Tibet schien mich zu reizen. Da der Anmarschweg nach Tibet über Indien gehen musste, erfand ich eine eigenwillige Berufsvorstellung: Kinderärztin in Bombay. Die Idee gefiel den Redakteuren beim Verlag Auerbach anscheinend so gut, dass sie mir als Preis ein Paket mit tollen Abenteuerbüchern schenkten.

Die Begegnung mit den höheren Werten der Literatur – was ich damals aber nicht wusste – war das Buch, das Papa mir überreichte, als er nach einer Dienstreise seinen Koffer oben in der Kinderetage auspackte. Es war »Emil und die

Detektive« von Erich Kästner. Das Buch muss schon sehr toll gewesen sein, denn die Figuren, die er beschrieb, haben mich so fasziniert, dass ich meiner kleinen Kinderhorde die verschiedensten Rollen aus dem Buch übertrug und wir Räuber und Gendarm auf Birkenplatz spielten und nicht in Berlin. Ich wurde zu einer Leseratte, deren Lesestoff sich ergab aus Muttis Mahagonischrank, Papas dunklem Bücherschrank und meinem kleinen Regal.

Der alte AGA

Der größere Umfang der Arbeit, die dem Direktor der neuen landwirtschaftlichen Schule zufiel, als da waren die Besuche der landwirtschaftlichen Betriebe im Kreis, bedeutete sowohl für den Direktor der Schule Fritz Prasse wie auch für den ersten Lehrer Dr. Henkemeier, dass Dienstwagen angeschafft werden mussten. Die Garage für Prasse wurde an den Hauptbau angesetzt, und die Garage für Dr. Henkemeiers Auto stand als Solitär zwischen Ausfahrt und den Erbsen in Henkemeiers Garten. Der erste Kauf 1926 war ein hinreißend grüner, gebrauchter AGA, ein offenes Coupé, dessen Heck man aufklappen konnte. Die Fenster waren aus einem der ersten Kunststoffprodukte. Die Bremse war links außen, und damit das Ding lief, musste Fritz den Motor mit einer Kurbel anwerfen.

Der Typ AGA, den Prasse 1926 kaufte, stammte zwar aus der Serie von 1919, aber schon 1923 wurden der Kotflügel und der Spitzkühler in eine gefälligere Form abgerundet. Wir Kinder liebten es sehr, hinten alle Welt winkend zu begrüßen, und wenn die Eltern nach Schneidemühl ins Theater fuhren, wurden die Füße der Mutter in einem Pelzfußsack warmgehalten. Der Chauffeur trug einen riesigen langen Filzmantel, gefüttert mit zehn Zentimeter langen Ziegenhaaren. (Dieser Mantel diente auch bei den Weihnachtskrippenspielen den Hirten als Mantel.)

Nach vielen Pannen, die rund um die Landstraßen des Kreises immer wieder den Auftrag des Tages unterbrachen, musste ein neues, widerstandsfähiges Auto gekauft werden: Es wurde ein Opel 18N, der möglicherweise auch ein Gebrauchtwagen war. Irgendwie hatte Prasse jetzt Blut geleckt, sah die feschen kleinen Coupes in Schneidemühl kursieren, und die über Fritz' Schatten hinausgehende Entscheidung fiel, einen Adler Trumpf Junior, Baujahr ca. 1935, zu besitzen. Dazu gab es dann noch eine Anekdote. Fritz und Gertrud fuhren mit der Eisenbahn über Berlin nach Frankfurt am Main, um das Wunschstück selbst abzuholen. Die Adler-Fabrik lag im Gallusviertel. Wo Prasses logierten oder ob sie mittelalterliche Städtchen besichtigten, ist nirgends hinterlassen, aber die Geschichte mit dem Schwein …

Als stolzer Herrenfahrer fuhr Fritz selbstbewusst Richtung Kassel, am Frankfurter Hauptbahnhof vorbei. Irgendwie muss hinter den Messehallen ein Lastwagen mehr oder weniger in seinem Radius aufgetaucht sein. Es war ein Viehtransporter. Plötzlich gab es einen starken Ruck, und Fritz sieht ein Schwein auf seinem Kühler. Wie kam das Schwein auf den Kühler? Bei dem Viehtransporter musste sich die hintere Klappe geöffnet haben, und das Glücksbringerviech, das rosa Schwein, lag auf der Kühlerhaube. Wie die Geschichte dann verlief, ist nicht belegt. Irgendwie muss das neue Auto zurück in die Adler-Werkstatt zurücktransportiert worden sein, irgendwann wurde die Kühlerhaube ersetzt und irgendwann müssen Gertrud und Fritz wieder in Deutsch Krone gelandet sein, ohne von diesem kuriosen Malheur erzählt zu haben.

Mit diesem Auto fuhr Fritz auch noch in Potsdam im Luisenhof. Als Garage diente ein Teil der ehemaligen Kegelbahn des Brauereibesitzers, der ja den Luisenhof seinerzeit, ca. 1900, für seine kranke Frau gebaut hatte. Dieses Auto lief noch bis 1944 in Klein-Machnow, quasi als Sonntagsausflugsauto, denn nachdem Fritz im Landwirtschaftsministerium gelandet war, fuhr er ja nur noch mit Bus und Stadtbahn in die Friedrichstraße. 1944 war die Geschichte »Fritz und sein Auto« zu Ende. Es wurde verkauft. Ich sehe mich heute noch heulend aus dem Fenster blicken, als zwei junge Männer in das Auto stiegen und abfuhren. Später nach dem Umzug nach Lichterfelde 1945 sammelte ein Dienstauto die Kollegen aus der Wilhelmstraße ein und brachte sie in die Stadt. Das war die Story »Fritz und das Auto«.

Mutti geht Rudern

In einer Kreisstadt war es eine unausgesprochene gesellschaftliche Erwartung, dass der Bürger seinen Verein hatte: Da gab es den Gesangverein, die Schützengilde, den Hausfrauenverein, den Kegelverein und den akademischen Verein, den Kulturverein, die kirchlichen Vereine, aber auch in der modernen Zeit – wir schreiben schließlich das Jahr 1922 – die Sportvereine, als da sind der Tennisverein, der Seglerverein, der Turnverein und der Ruderverein.

Meine Mutter war ein Mensch, der die Bewegung brauchte. Schließlich war schon in ihrer Jugendzeit der Begriff der Jugendbewegung oder der Wandervögel auch bis Insterburg und Deutsch Krone gedrungen. Es lag also nahe, dass sie sich in Deutsch Krone mit gleichgesinnten jungen Frauen im Turnverein traf.

Auch der Dichter Ringelnatz erfasste diese neue Linie und schrieb: »Das Unbeschreibliche zieht uns hinan, der ewig weibliche Turnvater Jahn.«

Ich begleitete meine Mutter in die Turnhalle, die oberhalb des Schulsportplatzes stand, und sehe sie in dem schwarzen Turnanzug heftige Bewegungen machen und an den Ringen schaukeln. Auch ich musste in den Turnverein, der Jahn-Verein hieß (s.o.). Aber irgendwie fand ich das doof, denn ich musste durch die ganze Stadt wandern. Wenn schon im Winter die Turnhalle aufgesucht werden musste, so begleitete ich doch viel lieber meine Mutter zum Schlittschuhlaufen auf dem Stadtsee – das war ihr eigentlicher Wintersport.

Der Sommersport für die jungen Leute, die schon in Sold und Lohn standen, war das Rudern, und zwar im Ruderverein. In Deutsch Krone sagte man Regatta-Verein. Es gab ein Clubhaus jenseits des Viehmarktes an der Nordseite des Sees. Der Fußmarsch von unserem Haus zum Ruderverein war ziemlich weit. Oder war das nur in meiner Erinnerung? Oder fuhr Papa Mutti an die Nordseite der Bucht und lud zwischendurch noch andere Sportlerinnen ein? Aber das kann ich mir nicht recht vorstellen. Schleppte meine Mutter nun den Einer oder den Vierer mit ihren Freundinnen von der Halle bis an das abgeflachte Seeufer? Von einem schmalen Steg aus bestiegen die Sportlerinnen dann das Boot. Diese Erinnerungen sind alle nur sehr schwach.

Aber eine hochdramatische Schifffahrt ist in mein Gedächtnis geschrieben. Wahrscheinlich wurde sie durch eine Ohrfeige fixiert. An einem Sommertag beschloss meine Mutter, dass Papa mit Resi und Just mit dem Auto zum Buchwald fahren sollte, wo man sich traf bei Kaffee und Apfelkuchen. Und Mutti wollte allein im Einer mit mir als Steuermann die vier Kilometer lange Strecke auf dem Stadtsee folgen. Alles ging gut, Mutter am Ruder, fesch im Damenruderdress, und der Steuermann in Onkel Rieneckers Frotteekleid mit den blauen gestickten Blumen. Die ersten Ruderschläge vom Steg schienen in die richtige Richtung zu weisen. Man musste ja in der Mitte der Bucht nach Westen drehen in die sechs Kilometer lange Bahn. Das Ufer des Sees ging an dieser Stelle sehr gemächlich in den See über. Hier wuchsen Felder von Seerosen, wunderschöne weiße Blüten wie auf gelackten, grünen Tabletts. Warum dem Steuermann dann plötzlich das Ruder, die beiden Gurte, die die Richtung des Ruderblattes bestimmten, außer Kontrolle gerieten und er in dem grünen Blätterfeld landete, weiß man nicht – doch die Katastrophe war da, das Boot saß fest. Jedwede Erklärung hätte nichts genützt. Irgendwie glitt das Boot immer tiefer in das Blättermeer, je mehr Mutti sich bemühte, uns aus den Seerosen herauszuschaufeln. Wir waren Gefangene der meterlangen Stile der Seerosen, die bis auf den Grund reichten. Mutti tobte, ich heulte – keine Schifffahrt nach Stranz.

Unser Gejammer drang bis zur Militärbadeanstalt, die unweit unseres Unglücksortes in den See hineinragte. Ein paar junge Leute schauten zu uns herüber und erkannten die Situation. Mit kräftigem Ruderschlag ruderten sie einen stabilen Kahn und schufen sich durch die Seerosenstengel einen Weg zu den beiden Havarierten. Wir stiegen um, und die beiden jungen Soldaten brachten es tatsächlich fertig, das Ruderboot wieder flottzumachen. Meine Mutter war so böse mit mir. Ich nehme sicher an, dass sie mir ein paar Ohrfeigen verpasste. Uns blieb nichts anderes übrig, als den See entlang bis zur Anlegestelle des Motorbootes zu spazieren, wo Mutti dann immer noch zähneknirschend ob ihrer Niederlage das Motorboot bestieg, das uns zum Buchwald führte.

Ich denke, dass mein Vater da sehr froh war, dass wir von den Soldaten gerettet worden waren, denn das ganze tollkühne Einzelunternehmen seiner Ehefrau hatte ihn ohnehin nicht gerade erfreut. Unser Vater war nämlich total unsportlich. Er hat weder gerudert, noch hat er mit seiner Familie in der Badeanstalt geschwommen, er hat nicht Tennis gespielt, und bei den sommerliche Ostseereisen lud er nur seine Familie aus und fuhr strikt wieder nach Deutsch Krone zurück. Immerhin konnte ich aus den Fotoalben von Papa ersehen, dass er ein Reitersmann gewesen war. 1914, als er freiwillig zur »Rettung des Vaterlandes« Bonn verließ, wählte er die Trierschen Ulanen, eine berittene Einheit. Und er wanderte gern, wobei ihn hier auch seine Ehefrau begleitete.

Im Damenzimmer stand der Mahagonischrank

Uns Kindern war es eigentlich nicht freigegeben, im Damenzimmer oder im Herrenzimmer herumzuhüpfen, aber wenn Mutti im Damenzimmer ihren Tee trank, erlaubte sie mir, den Mahagonischrank zu öffnen. Er war voller bunter Bucheinbände. Wenn ich mich richtig erinnere, hatte Mutti die Vielzahl der Bücher aus Insterburg mitgebracht. Die Bücher, die Herr Burkowski an Mutti und Papa empfahl und meistens auch verkaufte, wanderten mehr in den großen Bücherschrank im Herrenzimmer. Der Schrank im Herrenzimmer gehörte eigentlich meinem Vater, aber das war nicht so streng gefasst. Immer wieder fallen mir Muttis Bücher dieser Tage in die Hand. Zum Beispiel war es hier ein broschiertes Büchlein aus dem Fischer-Verlag von dem dänischen Schriftsteller Laurdis Bruun, dessen Reiseromane aus der Südsee sich mit dem Liebesleben auf sentimentale Weise beschäftigte. Vorn im Büchlein stand, dass es ein Gastgeschenk von Grete Butzke war aus dem Jahr 1923 (in dem ich gerade geboren wurde). In jedem Buch aus diesem besonderen Bücherschränkchen meiner Mutter stand eine Widmung. Manchmal nahm ich heimlich ein Buch mit heraus ins Kinderzimmer, um darin zu lesen. So war »Der kleine Herr Friedemann« meine erste Begegnung mit Thomas Mann. Ich weiß genau, wie ich jedes Buch berührte, was für einen speziellen Duft es hatte. Diese Bücher, die von Insterburg nach Deutsch Krone gingen, die in Berlin 1945 die Russen mit Respekt erfüllten und nicht den räuberischen Händen zum Opfer fielen, die auf einem neues Bücherregal im Damenstift am Taunusrand versammelt wurden und nun in Falkenstein gelandet sind – dieser kleinen Bibliothek werde ich einen Extra-Platz reservieren und eines Tages meiner Tochter Dorli ans Herz legen.

Der große Bücherschrank im Herrenzimmer war schwarz, und schon durch seine Farbe tat er kund, dass es hier ernster zuging. Hier lagen die Bände des »Simplizissimus«, hier standen die landwirtschaftlichen Bücher aller Sparten. Besonders liebten wir, wenn der Papa daneben saß, die ziemlich großen und schweren Bücher in Leder gebunden mit Goldprägung, die sich mit der edlen Reiterei beschäftigten, und unten, etwas tiefer, so dass ich sie gut erreichen konnte, waren die »Blauen Bücher«. Ich saß auf dem Boden und blätterte zwischen Palmen, Booten auf dem Meer, Segelbooten, Negern – es waren sehr schwache Fotografien, im Format wie ein Schreibblock, die damals schon beim Langewiesche-Verlag hergestellt wurden. Die »Blauen Bücher« hatten auch Fotos von Plastiken moderner Bildhauer. Da unten lagen auch die Relikte aus Papas Studentenzeit in Bonn und Königsberg, die Kommersliederbücher, in Pappe oder Kunstleder gebunden, mit den Studentenliedern, die bei den Burschenschaftstreffen gesungen wurden. Wir alle, Resi, Gertrud, sangen dann lauthals zu den Texten unsere Lieder. Einige dieser Kommersbücher haben später noch verschiedene Wohnungsumzüge überlebt, aber heute habe ich keines mehr.

Meine Eltern lasen beide selbstverständlich die aktuelle, moderne Literatur. Anscheinend war damals die niederländische Literatur aktuell, denn es fanden sich etliche Romane, die in den Niederlanden spielten. Auch Ringelnatz wurde von uns Kindern entdeckt und lauthals vorgelesen. Dieses laute Vorlesen oder laute Singen hatte wohl etwas mit Theater zu tun, wussten wir doch, dass die Eltern bisweilen wohl verpackt mit dem AGA nach Schneidemühl ins Theater fuhren. Überraschenderweise war der Architekt dieses riesigen Baukomplexes Bonertz, der seinerzeit den Wettbewerb nach 1920 gewonnen hatte, derselbe Architekt, dessen hochberühmtes Bahnhofsprojekt in Stuttgart wieder in aller Munde ist.

Ganz sicherlich befanden sich in dem Bücherschrank von Fritz Prasse auch die Bücher, die sein Landsmann Gerhard Hauptmann geschrieben hatte, und einer dieser Theatertexte, zum Beispiel »Rose Bernd«. Wahrscheinlich wurde dieses Theaterstück durch eines der reisenden Tourneetheater aus dem Reich zu dem Zeitpunkt aufgeführt, als die Eltern nach Schneidemühl fuhren. Die in Halbleinen gebundenen Werke von Goethe und Schiller, die Mutti aus Insterburg mitgebracht haben wird, standen auf den oberen Brettern.

Die Leselust ging der Familie niemals verloren. Die geschwisterliche Liebe zwischen Just und mir ging beinahe in die Brüche, weil, nachdem Mutti ihr Leben gekündigt hatte, jeder die Hälfte der Bücher bekommen sollte, wobei Just die Bücher nächtens entführte, die das Signum aus der Deutsch Kroner Zeit führten. Als ich am nächsten Morgen vor dem halb leeren Bücherschrank stand, in dem nur noch Käthe-Haag- und Theo-Lingen-Biografien und die Geschichte der Hohenzollern-Verwandtschaft u. Ä. lagen, war ich ernsthaft mit Just wütend, denn ich hatte mit Mutti ausgemacht, dass ich die Deutsch Kroner Literatur erben sollte.

Überlandfahrt mit Papa

Für den Direktor der landwirtschaftlichen Schule war es selbstverständlich, dass die Gutsbesitzer auf den umliegenden Gütern seine dienstliche Gesprächspartner waren, aber daraus ergab sich, dass auch der gesellschaftliche Teil eine dominierende Rolle einnahm. So gingen Dienstliches und Privates oft Hand in Hand. Meine Eltern waren wohl jeden Sonntag auf einem der Güter eingeladen. Zum Mittagessen oder zum Kaffee. Manchmal durfte ich mitfahren, wenn noch Kinder von Angehörigen dabei waren.

Im offenen AGA ging's über die holprigen Landstraßen des Kreises. Mutti vorn neben Papa mit einer weißen Kappe und Brille, und ich hinten auf dem Rücksitz, genießend, wenn der frische Sommerwind durch meine Haare wehte.

Resi war damals für diese Ausflüge noch zu klein. Dann fuhren wir zu Reimann nach Elsenfelde. Ein Gutshaus rechts an der Straße mit einem Wintergarten an der Seite. Etwas zurück lag das große Tor, durch das die großen Pferdewagen mit Kartoffeln und Getreide nach Hause kamen. Der Hof war umstellt von Ställen und Scheunen in einem Rechteck. Vor allem gab es riesige Hunde, Kälber sagte mein Vater. Ich, aber auch Mutti hatten Mordsrespekt vor diesen hellen, schlanken Bestien. Hofhunde waren dazu da, um den immer offen stehenden Hof zu schützen. Die Gutsbesitzer hatten einen sehr einfachen Lebensstil, und meine Mutter zitierte oft: »Auf Elsenfelde wird der Kaffee in einer Blechkanne serviert.« Die dicke Frau Reimann mit ihren glänzend roten Backen und in riesiger Schürze, goss den Kaffee auch höchst eigenhändig aus dieser blauem Blechkanne der am Nachmittag zusammengekommenen Gesellschaft im sonnendurchstrahlten Wintergarten in die bunten Tassen ein. Es gab

Streuselkuchen, auch vielleicht Napfkuchen. Streuselkuchen gab es in allen Gutshäusern, genau wie bei Prasses.

Reimann-Elsenfelde ist für mich ein Wort geblieben, dass Sonne bedeutet. Das Lachen des großen Gutsherrn, der genau sich seinen großen Hunden anpasste, und der gutmütig freundliche Empfang der Gutsfrau. Wenn mir das Gespräch um den Kaffeetisch zu langweilig wurde und ich drängelte, schickte man eine der Töchter, die wohl schon groß, etwa 18 Jahre, waren, mit mir auf die gegenüberliegende Seite der Landstraße in das Heidekrautfeld. Mein Vater ging mit der Frau des Gutsherren in die Ställe. Meine Mutter machte ihr Schwätzchen mit Frau Reimann und besprach die Einladung für das große Erntedankfest für Oktober. Hier draußen, gab es außer dem Theater in Schneidemühl, wo im Sommer keine gastierende Truppe auftrat, keine große Unterhaltung. Dagegen spielten die Feste, die die Jahreszeiten mit sich brachten, eine wichtige Rolle.

Erntedankfest auf den Gütern war ein großes Fest. Ich bin wohl nie dabei gewesen, oder wenn dann am ehesten in Elsenfelde.

Fast jedes Dorf im Umkreis von Deutsch Krone, wohin mein Vater mich manchmal mitnahm, hatte einen Gutshof. Der Besitzer wurde immer zusammen mit seinem Hof benannt, Schröder, Senftleben-Arnsfelde – ein anderes Gut, wohin Mutti und ich mitfuhren, wenn Papa Gespräche mit den Besitzern führte.

Die meisten Namen habe ich vergessen, Quiram – Paulshof – Rosenfelde – Klavittersdorf, Vissulke – Freudenvier – Lüben – Klein Nackel ... das sind Begriffe, die fest in meine Kindheit gehören: Eine Autofahrt, liebevolles Getätschel der kleinen Dorli, freundliche Gespräche zwischen dem Gutsherrn und meinem Vater.

Es war eine besondere Auszeichnung, wenn ich alleine mit Papa mitfahren durfte. Eines Tages war meine Mutter mit Freunden, vielleicht dem Rechtsanwalts-Ehepaar Hildebrandt in deren Auto nach Schneidemühl gefahren. Es war wohl Herbst, das Verdeck der AGA war hochgezogen. Dieses Verdeck aus geöltem Stoff mit knatternden Fensterscheiben, aus pergamentartiger gelblichen Folie. Wir fuhren nach dem Mittag nach Schrotz. Zwölf Kilometer süd-östlich von Deutsch Krone. In Rose besuchte mein Vater als Wirtschaftsberater die Neusiedler. Diese Neusiedler waren die sogenannten »Zwölf-Ender« Soldaten, die zwölf Jahre gedient hatten, und denen man im Rahmen eines Sozialprogramms in den 20 bis 30 Jahren 50 Morgen große Bauernstellen gab, und ein kleines Häuschen, aus aufgesiedelten Gütern, die sich wirtschaftlich nicht halten konnten. 50 Morgen klingt für Westdeutsche Verhältnisse nach einem normalen Bauernhof, doch dieses Land bestand eigentlich nur aus Sandboden, der eigentlich nur mit Kartoffel bestellt werden konnte. Diese Ex-Soldaten hatten so gut wie keine Erfahrungen in der Landwirtschaft, und wurden umgeschult. Sie besuchten die landwirtschaftliche Schule in einem Extrakurs, der landwirtschaftlichen Herresfachschule. Dann wollte mein Vater zurück nach Deutsch Krone über die Schneidemühler Schossee fahren. Es begann schon dunkel zu werden. Die Wege waren bei Regen »echt östliche Wege« – schmale Feldwege, Schlamm und mit der Kraft eines alten Automotors war es dann irgendwann zu Ende. Im sinkenden Tageslicht saß der AGA fest, es ging nicht vorwärts, nicht rückwärts, sondern immer tiefer in den Schlamm. Wir beide in dicken Mänteln bis auf die Erde. Ich in dem langen Fell gefütterten grünen Wollmantel, den Mutti bei solchen Expeditionen trug, Papa in Lederzeug. Er stand draußen und drehte an der Kurbel, mit der man den Motor damals anwerfen musste. Ich sollte irgendwelche Befehle am Steuerrad ausführen. Die Batterie hatte bei den vielen Versuchen des Startens ihren Geist aufgegeben. Papa versuchte den Wagen herauszuschütteln. Ich versuchte mit meinen kindlichen Kräften, das Auto aus den immer tieferen Lagen herauszudrücken. Die Nacht hatte sich über uns gesenkt, um uns die Stille der weiten Feldern. Rechts die ferne Kulisse von sanften Hügeln und dem dunklen Saum der Wälder. Von ganz weiter Ferne, konnte man immer wieder ein vorbeihuschendes Licht erkennen. Da fährt vielleicht die Mutter im Auto von Hildebrands nach Schneidemühl zurück. Ich begann zu heulen. Mutti in dem gemütlichen Auto, und wir hier in der dunklen Einsamkeit. Ein Hund bellte von weit weg. Dann sagte Papa, nur ein Pferdegespann kann uns hier rausziehen. Komm, hör auf zu heulen. Also ziehen wir beide los, weiter geradeaus irgendwo ins Dunkel. Das Hundegebell kommt näher. Hinter einer dichter, schwarzen Baumgruppe scheint ein Licht – ein gepflasterter Hof, dunkel gebückte Häuser, dann löst sich aus dem Schatten ein großes Haus, dann eine breite hohe Treppe. Wir in unseren dreckigen Mäntel steigen langsam hinauf. Der Vater klopft, und ein erstaunt drein blickender Mann öffnet uns. Er ist der Diener in Livree, das lässt mich in meiner Angst in dieser unwirklichen Nacht noch tiefer versinken. Der Diener meldet uns seiner Herrschaft. Wir sind auf dem Gut Marinfelde gelandet (ein Freigut), dessen Besitzer Nast seit 1930 ein herrschaftliches Haus führte, und dazu gehörte auch ein Diener.

Wie man aus russischen Romanen weiß, muss ein solch östlicher Diener neben der Arbeit eines Kammerdieners, der dem Herrn die Stiefel auszieht und den Dreck einkratzt, auch den Einspänner kutschieren können, mit dem der Gutsbesitzer aufs Feld fährt, und der Hausfrau bei schwerer Arbeit zur Hand gehen – Handwerker sein und den Tee servieren.

Die Familien saßen im hohen Raum mit dunklen schweren Möbeln um den Kamin – wir standen dazwischen wie erfrorene Mitglieder einer verunglückten Nordpol-Expedition. Dann kam der Diener wieder und servierte uns heißen Tee und belegte Brote. Das war alles enorm imponierend für mich. Ich war überrascht, dass die Brote mit der ganz einfachen Teewurst bestrichen waren, wie ich sie zu Hause bekam. Also waren diese Schlossherren, die wie eine Fata Morgana aus der Dunkelheit aufgetaucht waren, doch auch nur ganz normale Menschen. Man schickte ein Vorwerk los, auf dem wir gleich mitfuhren, zurück in die Nacht. Als wir das Auto wiedergefunden hatten, spannten die Leute zwei Pferde an die Stoßstange – das macht zwei PS. Es war gar nicht so einfach, die Deichselriemen an die Stoßstange des AGAs zu binden, aber nach vielem Peitschen und Geschrei hatten die zwei Leute, die der Gutsherr mitgeschickt hatte, mit den zwei Pferden das Auto aus dem Schlamm gezogen. Unterdessen ging es auf Mitternacht zu. Langsam – langsam fuhr unser Vater uns erneut auf den verschlammten Weg zurück.

Es war sehr spät, als wir zu Hause ankamen. Mutti, ganz entsetzt, empfing uns, glücklich darüber, dass wir heil zurückgekommen waren.

Solche Abenteuer gehörten fast in das normale Repertoire der winterlichen Überlandfahrten in der Grenzmark.

Eine andere aufregende Nacht gab es für uns Kinder, als unser Vater sozusagen überfällig war nach einem landwirtschaftlichen Vortrag in einem Dorfgasthaus. Mein Vater war in dieser Nacht, in der plötzlich starker Schneefall eingesetzt hatte, immer noch nicht nach Hause gekommen. Meine verängstigte Mutter hatte die Polizei und die Schüler, die während des Wintersemesters im Internat der landwirtschaftlichen Schule wohnten und ein Auto besaßen, in Bewegung gesetzt, um den Verlorenen zu suchen. Denn zu dem Unwetter kamen auch noch die dunklen Geschichten von den Banditen, die Seile über die Chaussee spannten und die dann darin hängengebliebenen Auto ausraubten und mit dem gestohlenem Gefährt davonfuhren, und ihre Opfer sich selbst überließen. Aber zu guter Letzt tauchte mein Vater überrascht von dem Wirbel nun doch auf. Er hatte seine Heimfahrt bei dem schlechten Wetter in einer Dorfkneipe abgebrochen, und war erst, nachdem der Sturm sich gelegt hatte, weitergefahren.

Zu dieser Zeit 1926 bis 1934, waren noch längst nicht alle Straßen für den Autoverkehr eingerichtet. Wenn man sich heute eine Landkarte von 1931 ansieht, so erkennt man, dass die ausgebaute Reichsstraße von Deutsch Krone aus in vier Himmelsrichtungen gehen sollte, aber dazwischen waren die Verbindungswege nur bedingt für Lastwagen befahrbar – was bedeutet, dass sie für PKW wohl wahrlich nicht immer geeignet waren.

Ein Beet mit Lupinen, und ich sage hier bewusst ein Beet, bringt mir ein sonniges, buntes heiteres Bild vor Augen. Wieder solch eine Autofahrt, zu der mein Vater und Mutti mich mitgenommen hatten. Irgendwo vor einem Dorf, in dem mein Vater dann mehrere Siedlerstellen besuchte, lud er uns aus. Wir spazierten bummelnd über die Feldwege. An den gelben Getreidefeldern vorbei, die damals noch mit leuchtend blauen Kornblumen und rotem Mohn durchzogen waren. Heute sind diese Blumen durch die Unkrautvernichtung ausgerottet. Aber damals war die perfekt runde, blaue Kornblumenblüte für uns gleichbedeutend mit Sommer. Dann kamen wir an Bahngleisen vorbei – solch eine Schneise, die in einen Hügel geschnitten war – und die Hänge waren voller blauer

Lupinen. Ein süßer Duft ging durch die Luft. Ich hüpfte herum in diesem Schaum von weiß-gelb-lila Blütenkerzen. Wir sogen den süßen Saft ein. Dieser Bahndamm – in der Sonne eines Sommertages, ein sanftes Blütenmeer, ist für mich immer der Deutsch Kroner Sommer geblieben. Eine kleine Brücke führte über die Bahngleise. Ich knüpfte aus meinem Taschentuch einen Fallschirm (eine Schnur hatte ein 10-jähriges Kind immer in der Tasche) – und ließ ihn von der Brücke an die Bahngleise segeln – ein bisschen gefährlich, vielleicht. Sicherlich hat Mutti gemahnt, dass ein Zug anrauschen könnte, aber man hätte das Pfeifen der Lokomotive ja vorher gehört. Erinnerlich ist mir noch der Versuch, den Fallschirm ins Schweben zu bringen.

Noch einmal die Erinnerungskiste der Deutsch Kroner Ritter-Güter aufgemacht, da war zum Beispiel in einem Spaziergang das Gut Mariensee zu erreichen. Die Straße hinter dem Ostbahnhof heraus, da, wo die Telegraphenmasten standen, an die ich mein Ohr legte, um das Rauschen zu hören – und auch ob jemand telefonierte. Rauschen habe ich gehört, vielleicht war es mein Ohr – aber nie ein Gespräch verstanden. Im Mariensee lebten die Gutsherren Welschoff. Das Gutshaus lag mitten in einer Baumgruppe, wie das ja sehr häufig war – unweit eines kleinen Sees. Sie waren verwandt mit dem Bleyle-Geschäft Egtameyer. Eine Tochter hatte den Gutsbesitzer in Georgental geheiratet, und dadurch wurde auch der Besitzer des Bleyle-Geschäft »gesellschaftsfähig«. Sie waren wohl stockkatholisch, denn sie gehörten zu dem Freundeskreis von Dr. Henkemeyer, dem Landwirtschaftslehrer der landwirtschaftlichen Schule. Katholisch bedeutete in unser Kindermeinung: »Sie können so viel lügen wie sie wollen, denn in der Beichte werden alle Lügen weggewischt.« Für uns Evangelische gab es das leider nicht. Ich ging zum Beispiel rechts in das Schulgebäude und Gertrud Henkemeyer links in ihren katholischen Teil. Im Bereich der Erwachsenen existierte diese konfessionelle Trennung nicht so radikal. Mutti verkehrte auch mit katholischen Freundinnen, und mein Vater hatte es meistens mit katholischen Bauern zu tun. Zum Kaffee kam zum Beispiel Frau Beckmann-Elsenfelde, was im kleinen Kreis im Damenzimmer, mit hellgrün angestrichener Tapete – Muttis Salon – mit Biedermeier-Möbeln – stattfand.

Auf den Spazierwegen, die Mutti und ich machten, während der Vater mit dem Bauern sprach, zeigte sie mir immer etwas, was man essen konnte, zum Beispiel hier am Mariensee gab es Hecken mit Heckenrosen. Wenn die Früchte reif waren, stand der Busch voller roter Kugeln. Das waren die Hagebutten. Man löste die dünne Schale von dem pelzigen Kern, und dann konnte man sie essen. Ein leicht säuerlicher Geschmack, der zu einem ganz besonderen Genuss hochstilisiert wurde. Oder man konnte Sauerampfer im Chaussee Graben suchen. Der schmeckte auch leicht säuerlich, und wurde von meiner Mutter hoch gepriesen. Auch Haselnüsse, noch im grünen Kleid, gehörten zu solch einem Spaziergang. Walderdbeeren gab es auch, aber die gehörten genauso wie Blaubeeren zu meiner Erinnerung an die Ostsee, wo wir die Sommerferien verbrachten – nach Mistroy und Divenow, Kölpinsee und Bansin.

Das Gut von Schröder Stranz lag an unserem sechs Kilometer langen Stadtsee. Das Dorf Stranz hatte, wie ein Bericht schreibt, 171 Haushalte. Es hatte dem Templer und dem Johanniterorden gehört, die 1407 ihre Besitzungen aufgeben mussten.

Der eingesetzte Vasalle Tornow blieb in Stranz, bis das

Geschlecht der Vedes es kaufte und ein adliges Dorf daraus machte.

1720 verkauften die Vedes Teile ihrer Güter, so dass die Landgemeinde Stranz aus Bauerngütern entstand. Das Gut wurde im 18 Jahrhundert ein paarmal verkauft. Der Familie der letzten Rittergutsbesitzer gehörte eben auch das Haus Hans Schröder, der eigentlich ein Erfinder auf landwirtschaftlichem Gebiet war. Er richtete eine Maschinenhandlung und Reparaturwerkstatt ein. Ein eleganter, interessanter Herr, der meiner Mutter gut gefiel. Er baute auch zusammen mit meinem Vater die Kartoffelzucht so weit aus, dass die Kartoffel als Saatkartoffel nach Argentinien geschickt wurden.

I

Die Saatkartoffel war eines der wenigen Exportartikel, die die karge Landwirtschaft in Deutsch Krone hervorbrachte.

Diese Züchter waren intelligente und aufgeschlossene Leute, so tauchte der Name Lange-Flatou auf. Mein Vater hatte mit ihnen naturgemäß besonderen Kontakt. Sie waren wohl auch in seinem Alter, um die 40, hatten den ersten Weltkrieg mitgemacht und in der wirklich schlechte Nachkriegssituation begonnen, die Landwirtschaft in den übrig gebliebenen Teilen der Provinz Posen nun mehr in der Grenzmark zu intensivieren.

Diese Intensivierung der Landwirtschaft war ja auch der Grund für acht Landwirtschaftsschulen der Gebiet Grenzmark, Westposen.

Auf dem Sandboden waren Roggen, Saatkartoffel und Süßlupinen die überwiegenden Produkte.

Wenn ich mir jetzt ein Nachbarkind anschaue, das zehn Jahre alt ist, so sollte ich mich fragen, ob ein solches Kind so viele Erinnerungen seines Lebens gespeichert hat, um sie nach achzig Jahren wieder bildhaft in seinem Kopf zu haben. Wie ich mich an so manch eine Szene erinnere, bei einem Kleinbauern, wo Papa im Hof mit dem Bauern spricht und ich in der Stube von zwei oder drei Frauen umstellt bin, vollgestopft mit Kuchen und einem riesigen Topf frischer Kuhmilch. Wie sie mir dann noch ein Päckchen in Papier mitgaben als Wegzehrung, dicke Butter und viele, viele dicke Wurstscheiben.

»Im Oktober treten die schon Frostnächte auf, im November sind Schneefälle üblich. Bei anhaltendem Frost bleibt die Schneedecke längere Zeit liegen.«

Das war unser Deutsch Krone-»Wintergedicht.« Und wirklich, wir froren Stein und Bein und doch trieben wir uns mehr draußen auf dem Eis und im Schnee herum, als heute die Kinder hier im so viel milderen Westen in ihren dicken Steppjacken und Moonboots.

»Der Deutsch Kroner Kreis liegt auf der Südabdachung des baltischen Höhenrückens und lässt die ausgleichende Wirkung des schwachen Ostseeklimas nicht recht zur Wirkung kommen. Um so mehr ist der Kries dem Festlandklima aus Russland ausgesetzt.«

Und diese klare schneidende, fast russische Kälte, bei der die Sonne scheinen konnte, lockte uns hinaus aus dem warmen, damals schon zentral geheizten Haus. Aber wie waren wir gegen die Kälte verpackt? Kein Mensch würde es heute wagen, sein Kind in unserer mageren Bekleidung vor die Tür zu schicken. Da gab es nur den dünnen Mantel, im Rücken mit einem doppelten Futter, der aus dem Anzug des Vaters geschneidert war. Schwarz und bizarrerweise mit einer bunten Blumengirlande aus Wolle bestickt. Beide Mädchen hatten diese Mäntel, die immerhin in der Stadt ein Aufsehen erregten. Die Geschwister Theuss hatten das Muster für Mutti auf die Mäntel gezeichnet, so dass wir uns damit extra bei der Frau des Amtsgerichtsdirektors Borchardt-Ott, der »Kommandeuse«, wie Mutti sagte, vorstellen mussten. Dazu bekamen wir einen Shawl umgebunden, die rot und beigen »Teufelsmützen« von Bleyle, deren Spitzen man über die Ohren klappen konnte, auf den Kopf, selbst gestrickte Handschuhe, die schon nach kurzer Zeit vom Schnee nass waren. Dann mussten wir die kalten Finger herausziehen und zu einer Faust geballt, im unteren Teil des Handschuhs versuchen, sie wieder zu erwärmen.

Manchmal hängte man uns einen Muff aus Fell an einer dünnen Schnur um den Hals. Das war dann schon viel gemütlicher, aber damit konnte man ja nicht mit dem Schlitten losziehen. Also blieben eiskalte Finger das Erkennungszeichen, dass es wirklich »kalt« war. Unter den Blumenmänteln, später bekam ich dann einen beigen mit einer kleinen Pelzborte am Kragen, und Resi erbte meinen Blumenmantel, als ihrer zu klein geworden war, trugen wir unsere wollenen Bleylekleider und vielleicht noch eine extra Jacke.

Die Beine, nach heutigen Vorstellungen fast nackt: nur die wollenen langen Strümpfe, oben mit einem gelochten Gummiband am Laibchen befestigt, und als gehasste »Winterzugabe« die wollenen roten Bleylehosen, die aber immerhin nur so lang waren, dass sie aus dem kurzen Mäntelchen nicht herausragten, aber die blanke Haut, zwischen Baumwollunterhöschen und Strumpf noch bedeckten. Und dann das Schuhwerk! Dünne Stiefelchen, jahrelang aus dem Schuhlager von Opas aufgegebenen Schuhgeschäft nach Deutsch Krone geschickt. So wie sie seinerzeit von den Stadtkindern in Insterburg getragen worden waren, wobei diese bedauernswerten »Dämchen« vielleicht noch mehr gefroren haben, denn immerhin liegt Insterburg noch einige hundert Kilometer weiter nach Osten. Wie oft haben wir gejammert, wenn unsere Zehen zu erfrieren schienen und wir aus der Schule rannten, damit sie warm würden.

Allem Anschein nach müssen wir wohl sehr abgehärtet gewesen sein, denn schließlich waren auch die anderen

Kinder so bekleidet. Zum Beispiel trug niemand lange Hosen, selbst die Jungen nicht. Alle tobten wir im tiefsten Schnee in unseren angeknöpften Strümpfen und wie oft kam das blanke Fleisch mit dem weißen Nass in Berührung.

Die breite Auffahrt vor dem Haus fiel mit einer Böschung einige Meter bis zu der Rasenplatz ab. Das war unsere private Rodelbahn. Unentwegt zogen wir den Schlitten die Böschung hinauf und rodelten die kurze Strecke wieder hinunter. Was blieb uns anderes übrig, als auch da wieder allerhand Kunststücke einzubauen. Wir versuchten rückwärts zu fahren, zwei Kinder, drei Kinder aufeinander, übereinander, die Schlitten hintereinander gebunden, die große Freitreppe hinunter. Es gab immer neue Varianten, von oben nach unten zu kommen, bis wir am Ende nur noch auf der blanken Erde herumrutschten. Das war dann der Zeitpunkt, an dem Frau Nickel wieder in Aktion trat, mit ihrem Geschrei: »Das werde ich gleich dem Herrn Drekta sagen!« Resi war schon längst vor Kälte schlotternd ins Haus zurückgekehrt, Gertrud und ich blieben. Wir ließen uns von dem viel kleineren Günther, schließlich war er ja ein Junge, über die verschneite Rasenfläche ziehen, bauten einen Schneemann, bis das Mädchen rief: »Dore, komm endlich rein, du bist ja ganz durchnässt. Schnell! Ich hab dir ein Glas Milch mit Honig gemacht.«

Die heiße Milch lockte zwar nicht, aber der große Löffel mit Pfeilsdorfschem Honig. Dann trollten wir uns. Heute Nacht würde es wieder schneien, und morgen konnten wir unsere Rodelei von Neuem beginnen.

Irgendwann hatten die Stadtväter erkannt, dass man den Bürgern diese Rodelei sozusagen »sportgerecht« anbieten sollte, und sie bauten oberhalb des Wasserturms zum Ufer des Stadtsees hinunter eine Rodelbahn – breit, mit einem künstlichen Huckel im oberen Teil und dann noch einem in der Mitte.

Bewundernd hatte ich bei den üblichen Sonntagsausflügen mit den Eltern unten am Fuße der Bahn gestanden, wo die rasenden Rodler die Promenade durchsausten und die Spaziergänger ihres Lebens nicht mehr sicher waren. Hauptsächlich waren es ja Buben und jüngere Männer, die sich tollkühn, bäuchlings auf einem kleinen Schlitten liegend den Berg hinunterstürzten.

Aber eines Tages ziehe ich meinen Schlitten von einem Ende der Stadt zum anderen Ende hinter mir her, die Königstraße entlang, zur Molkerei am See herunter und dann den weiten Weg immer gegen Westen – auf der Uferpromenade entlang, bis zu dieser Rodelbahn. Je näher ich der Bahn kam, desto unsicherer wurde mir zu Mute, vielleicht war ich auch müde nach dem langen Marsch und immer nur Jungen und erwachsene Leute überholten mich. Endlich angekommen, musste ich zunächst einmal die erste Klippe überwinden, den Berg heraufklettern links von der Bahn, geschubst von denen, die sich hier ganz zu Hause fühlten, gerade neben mir zum See hinuntergesaust waren, und nun prustend vor Lachen schnell wieder hinaufstiefelten. Dabei durfte ich nicht zu dicht an die Abfahrenden geraten, denn gleich schimpften die Leute mit mir. Die, die hinuntersausten, grölten laut und wenn ein Huckel kam, flog der Schlitten in die Luft und die Freundin vor ihnen kreischte in hohen Tönen. Aber dann stand ich auch oben und sah, wie die Väter ihre kleinen Kinder vor sich packten, sich mit den Füßen abstießen und dann hinunterglitten, wobei sie aufpassen mussten, die Fahrt richtig mit den Stiefelhacken zu steuern. Die Jungen legten sich sorgfältig platt auf ihrem Schlitten zurecht, peilten den ersten Huckel an, um ihn kunstgerecht zu nehmen, nicht umzustürzen und unten möglichst weit zwischen dem gefrorenen Schilf auf dem See zu gleiten.

Ich stellte also auch meinen Schlitten in die angeguckte Position, mein Herz schlug heftig. Ein bisschen erstaunt lachen die Dahinterstehenden, mit diesem gutmütigen Spott, mit dem man einen naseweisen Eindringling betrachtet, der nicht ganz hierher passt, und sich so mutig gibt.

Erstaunlich genug, war es ja, dass Mutti mir diesen Ausflug erlaubt hatte. Aber vielleicht hatte ich so lange gequengelt, bis sie kurz entschlossen sagte: »Nun, dann zieh los, und versuche mal, wie es dir ergehen wird.« Na, denen würde ich es schon zeigen, ihr sollt sehen! Vielleicht war das die Geburtsstunde, eben immer gerade das zu tun, was man von mir – einem Mädchen – nicht erwartete, einfach mal zu probieren. Was dabei herauskommen würde, das war in dem Moment unwichtig. Ich schob also meinen Schlitten möglichst in die Mitte, dass hatte ich schon gesehen, damit man nicht zu schnell aus der Bahn rechts oder links zwischen die Leute ins Feld getrieben wurde, setzte mich, stellte die Füße vor und ergriff die Schnur.

Unerwartet spürte ich einen Schubs von hinten, die Fahrt begann also schneller, als ich denken konnte. Ich musste ja meine Stiefelhacken in das Eis pressen, um die Fahrt etwas zu verringern, da kam schon der Huckel. Meine dünnen Beide waren viel zu schwach, um den Schlitten zu steuern, er trieb plötzlich nach rechts herüber, anstatt in der Mitte zu bleiben. Hinter mir schrie man: »Weg aus der Bahn«, denn ich war denen, die mich überholten, in die Quere gekommen. Mein Schlitten hatte sich selbstständig gemacht. Und noch ehe ich den gefürchteten Huckel erreicht hatte, stand ich quer zur Bahn, purzelte unter dem Gejohle des Publikums vom Schlitten, rutschte noch ein wenig hinterher – rappelte mich hoch, nun schon wieder in neuer Lebensgefahr, von den nachfolgenden Rodlern überfahren zu werden – und humpelte aus der Bahn, während ungeduldige Hände meinen

Schlitten von der Piste zogen, denn es hätte ja auch noch eine Karambolage geben können.

»Warum lässt man auch dieses Kind allein auf die Rodelbahn« – schimpften die Leute um mich. Da stand ich also, den Faden meines Schlittens wieder in der nassen Hand, Schmerzen habe ich überhaupt nicht gespürt, aber ich schämte mich. Schämte mich entsetzlich vor all den Jungen und großen Mädchen – die nun verächtlich auf mich runter sahen.

Ich hatte meine Lehre bekommen. Mit gesenktem Kopf trottete ich von dannen – den schrägen Weg unterhalb des Tennisplatzes wieder auf die Uferpromenade. Da erst fing ich an zu humpeln, denn ich hatte mir wehgetan, als ich in den Schlitten verkeilt abgerutscht war. Leise begann ich zu weinen. Was für eine scheußliche Sache.

Will sehen, was ich weiß
vom Büblein auf dem Eis
Gefroren hat es heuer,
noch gar kein festes Eis.
Das Büblein steht am Weiher
und spricht so zu sich leis:
»Ich will es einmal wagen,
das Eis, es muss doch tragen.«
Wer weiß?
Das Büblein stampft und hacket
mit seinem Stiefelein.
Das Eis auf einmal knacket,
und krach! schon bricht es ein.
Das Büblein platscht und krabbelt
als wie ein Krebs und zappelt
mit Arm und Bein.
»O helft, ich muss versinken
in lauter Eis und Schnee,

o helft, ich muss ertrinken
im tiefen, tiefen See!«
Wär' nicht ein Mann gekommen,
der sich ein Herz genommen,
o weh!
Der packt es bei dem Schopfe
und zieht es dann heraus
vom Fuße bis zum Kopfe
wie eine Wassermaus.
Das Büblein hat getropfet, d
er Vater hat geklopfet es aus zu Haus.
(Friedrich Güll, 1812–1879)

Diese Rodelbahn habe ich nie mehr versucht. Ich blieb auf unserer kleinen Böschung.

Auch später in Potsdam, wo die Kinder im Wald von Caputh die Wege hinunterrodelten, habe ich das gar nicht geschätzt und stieg damals schon bald auf Skier um. Mit einem »Schneepflug« konnte man das Tempo sofort steuern, denn schließlich war das das Erste, was man lernte. Auf den Skiern wurde ich eine ziemlich gute Läuferin – und lief noch mit 60 Jahren in der Klasse II. der Skischule. Bis ich mir eben mit solch einer Skischule das Knie abbrach; – bei einem Stemmbogen, zugegebenermaßen im Nebel, wo ich genauso wenig hingehörte, wie damals auf die zu groß geratene Rodelbahn.

Laut Statistik sollte die mittlere Zahl der Tage, an denen es bei uns geschneit hatte, 32,6 Tage betragen. Das wären vom November bis Ende Februar, also acht Tage im Monat.

Die mittleren Frosttage über 0 Grad sollten 108,6 Tage betragen haben. Das wäre dann immerhin Frost an nahezu jedem Tag und bedeutete, dass wir fast den ganzen Winter hindurch auf den Seen Schlittschuhlaufen konnten.

Natürlich lief die ganze Familie Schlittschuh, so wie fast jeder Deutsch Kroner. Nur unser Vater machte die Ausnahme. Er lehnte alles, was mit Wasser zusammenhing ab. In so großen Mengen – sei es ein See oder das Meer, schien es ihm unbehaglich zu sein, schließlich kam er aus Schlesien, und Rauske, sein Heimatort, lag vor Hirschberg, dem Ausgangsort zu Wanderungen ins Riesengebirge, nur rund fünfzig Kilometer Eisenbahnfahrt entfernt.

Wir hatten die Auswahl zwischen der Bucht des Schlosssees an der evangelischen Kirche, zwischen einigen kleinen Seen östlich der Stadt, aber absolut bevorzugt wurde von allen der Stadtsee.

Da, wo der kleine Steg für die sommerlichen Motorbootfahrten in den See ragte, unterhalb der Meierei, fegte der Bademeister Topfmeier jeden Morgen einen großen Kreis auf dem gefrorenen See schön blank und häufelte den Schnee zu einem Wall rund herum. Er hatte sein Grammofon mitgebracht, stellte es auf einen Tisch neben die langen Bänke, wo man sich die Schlittschuhe anschnallen konnte, und wenn am Nachmittag die Damen und Herren kamen, die Kinder, ertönte krächzend – aber schön – Walzermusik aus dem geschweiften Lautsprecher. Natürlich mussten wir einen kleinen Eintritt für die gepflegte Eisbahn bezahlen, aber der war so gering, dass selbst wir Beamtenkinder die ja bekanntlich »arm« sind, uns dieses immerhin kontrollierte Vergnügen leisten konnten. Wir trafen uns mit unseren Schulfreundinnen und rannten zum Missfallen der Erwachsenen rundherum, denn sie übten fleißig Rückwärts-Übersetzen, Vorwärts-Übersetzen, und die Herren zogen mit rückwärts verschränkten Armen in flüssigem Stil ihre Kreise um die Bahn. Rückwärts- und Vorwärts-Übersetzen konnte ich natürlich auch schon – jetzt probierte ich mit staksigen Beinen eine Pirouette und ich sehe noch heute vor mir, wie meine Schwester Resi eine »Waage« macht – ein Bein nach hinten gestreckt, die Arme rechts und links zur Seite ausgebreitet, – wie ein Storch, der mit seinen Flügeln auf dem Eis die Balance sucht – aber wir fanden es toll.

Meistens ging natürlich unsere Mutter mit.

Sie war eine geübte Schlittschuhläuferin, denn in ihrer Heimat Insterburg gehörte das Paarlaufen auf der gefrorenen Angerapp oder dem Schlossteich zum gesellschaftlichen Ereignis des Winters. Mit verschränkten Armen glitten die Gymnasiasten mit den Schülerinnen des Lyzeums in langen Röcken über das Eis, der Herr Offizier mit der Handschuhverkäuferin und die eleganten Ehepaare grüßten einander zu, wenn sich ihre Spur kreuzte.

Hier in Deutsch Krone war Herr Direktor Rohwerder, vom Gymnasium, Mutters Eislaufpartner. Beide waren schon wirkliche Eiskunsttänzer, und jeder schaute zu, wenn sie in eleganten Holländerschritt daher zogen, einen halben Bogen nach links und einen halben Bogen nach rechts. Aber besonders schön war das anzusehen, wenn es in diesem schwingenden Gleiten über den ganzen See ging.

An einem besonders schönen kalten Wintertag treffen sich die Damen der Gesellschaft – worunter hier in der kleinen Stadt, die Damen vom akademischen Verein Alter Herren gemeint sind, zu einer Schlittschuhpartie nach Stranz. Stranz ist das Gutsdorf genau am Ende des Sees, der sich sechs Kilometer lang durch den Buchwald, den Klotzow-Wald zieht, als Rinnensee, aufgereiht auf eine der Seenketten, die so typisch für unseren Kreis sind. Bei der Stadt war er noch ein dicker runder Tropfen, dann schmal wie ein Fluss, über den die Klotzow-Brücke führt und am Ende umgriff er eine weit in den See gestreckte Halbinsel. Am Ufer der südlichen Bucht liegt die Pension Sonnenheim ein Landhaus, das der Rittergutsbesitzer Schröder einst als Altenteil für die Alten Herrschaften baute, dann zu einem Heim für taubstumme Mädchen machte, weil seine Schwester taubstumm war, aber schließlich verpachtete er es an das Ehepaar Loose, die hier eine sehr beliebte Gaststätte eröffneten, die den Ruderern im Sommer Apfelkuchen servierte und den Schlittschuhläufern im Winter die berühmten heißen Waffeln.

Ich durfte an solchen Ausflügen auch mitlaufen. Meine Mutter sah es gern, wenn ihre Kinder das Schlittschuhlaufen auch so selbstverständlich beherrschten wie das Schwimmen im Sommer.

Der einzige Herr war wieder Herr Dr. Rohwerder, der mit Mutti elegant davonschwebte. Mutti in hellem Pelzjäckchen, einem ziemlich langen glockig geschnittenen dunklen Rock und fescher dunkler Baskenmütze. Ihr Partner in Breecheshosen und Pullover, aus dem der weiße Hemdkragen elegant herausschaute. Übrigens holte Dr. Rohwerder seinen winterlichen sportlichen Ruhm nicht nur beim Schlittschuhlaufen, sondern geradezu berühmt war er weit und breit, weil er sich eben hier neben der Eisbahn von Herrn Topfmeier ein Loch ins Eis schlagen ließ, um nur mit einem schwarzen Badeanzug bekleidet, in dem eisigen Wasser ein Bad zu nehmen. Wollte er seinen Gymnasiasten in Sachen Abhärtung selbst ein Beispiel sein? Ich konnte mich dabei nur schütteln vor Kälte und fand es viel schöner, wenn meine Mutter mit ihm in beneidenswerter Form über den See zog. Wie ich ja die Eleganz meiner Mutter überhaupt bewunderte, und mir träumte, dass ich eines Tages so schön sein wollte wie sie.

Die Partie startete an der Meierei.

Zuerst glitten wir aus der Bucht, die noch von den Häusern der Stadt umgeben war, heraus. Wir mussten aufpassen, dass wir nicht unversehens in einem Loch landeten, das die Fischer aufgeschlagen hatten, um ihre Netze zu versenken.

Denn man angelte hier auch unter dem Eis Hechte, Schleien, Zander und Barsche. Das Ufer rechts von uns blieb flach, hinter dem breiten Schilfgürtel, der jetzt abgeknickt und von Schnee bedeckt nur zu erahnen war, lagen Felder. Aber links erstreckten sich die Felder schon hinter der steilen Uferböschung. Dann begannen auf beiden Seiten die Buchenwälder, die dicht an den See heranrückten und ihn schmal wie einen Fluss werden ließen. Das rote Laub der Buchen hatten wir im Oktober, bei den Spaziergängen zum Buchwaldrestaurant mit unseren Füßen laut raschelnd durchschlurft und vor uns hochgeworfen.

Nun standen die hohen schwarzen Stämme wie Hunderte von aufgespießten Bleistifte auf den Hängen zum See herunter und die bizarren Linien der Äste schienen in weißen Kristallzucker getaucht zu sein.

Jetzt kam die Klotzow-Brücke, eine weiße Holzbrücke, die nur für die Spaziergänger über den See gespannt war. In der Mitte hatte die Holzkonstruktion eine erhöhte Durchfahrt für die Fischer und die Ruderer und für das Motorboot, das im Sommer mehrmals die Tour bis zum Buchwaldrestaurant machte, und eben auch für die Schlittschuhläufer.

Wir glitten unter der weißen Klotzow-Brücke hindurch, vorbei am Buchwaldrestaurant, wo man auch hätte Halt machen können, aber unser Vater erwartete uns ja mit dem Auto in Sonnenheim. Weiter ging es nun parallel zur Autostraße nach Stranz und ich meinte schon Papas Auto sehen zu können, oben auf dem steilen Hang, wo die Reichsstraße weiter nach Berlin führte.

Prustend vor Kälte und Mattigkeit nach diesem langen Lauf kletterten wir endlich am Ufer von Sonnenheim ans Land.

Unser Vater war tatsächlich schon da, und hatte die Waffeln, Kaffee und für mich einen Topf Kakao bestellt. Mit dem Ehepaar Loose, Verwandte unseres Nachbarn Pfeilsdorf, hatte er geplaudert, ich meine mich zu erinnern, dass sie es waren, die nach dem Krieg ihr Glück in Argentinien als Farmer versucht hatten, aber dann – erfolglos geblieben – doch wieder nach Hause zurückkehrten. An Tagen, an denen die Eislaufgesellschaft größer war, versammelten sich gleich mehrere Autos mit den Ehemännern vor dem Sonnenheim, die ihre sportlichen Damen beim Dämmerlicht des verschwindenden Tages in fröhlicher Stimmung nach Deutsch Krone zurückbrachten.

Das war einer der schönen Tage, den keiner, der je mit Schlittschuhen über den See nach Stranz gelaufen war, vergessen würde, ein Tag, der nur hier in Deutsch Krone so gewesen sein konnte.

Natürlich gehört hier auch die Geschichte von Justs ersten Schlittschuhen hin, die er mit – sage und schreibe – dreidreiviertel Jahren – ganz spontan von Mutti an die Füße geschnallt bekam, an dem Tag, als sie mit uns dreien zur Bucht des Schlosssees unterhalb der evangelischen Kirche marschiert war, um dort Schlittschuh zu laufen. Aber das habe ich an anderer Stelle schon erzählt.

Im Winter hatten die Bauern ihre ruhige Zeit.

Auf den Feldern war außer Mist und Jauche ausfahren, Rüben und Kartoffeln aus dem Mieten zu holen, nichts zu tun.

Das Vieh machte jetzt mehr Arbeit, wenn es nicht auf die Weide getrieben werden konnte. Es konnte zu Problemen kommen mit dem Futter, Runkelrüben, Heu, Stroh und Häcksel, und wenn nicht genügend Kraftfutter angebaut worden war, zum Beispiel Mais, das als Maissilage verfüttert wurde, musste billiges Getreideschrot dazugekauft werden, aber Geld war in diesen Jahren bei den Bauern knapp.

Gebäude und Arbeitsgeräte wurden repariert, aber es waren auch die Monate, in denen die Mauern mehr Zeit hatten, ihre vielen Fachzeitschriften zu studieren, und den »Grenzmärker« zu lesen, das Amtsblatt der Landwirtschaftskammer Schneidemühl für die Grenzmark, Posen, Westpreußen, für die mein Vater Informationsartikel zu allen möglichen Themen der landwirtschaftlichen Praxis schrieb, ebenso der Patenonkel Rinecker, dessen Gebiet die Viehzucht war.

Es war auch die Zeit, in der mein Vater zu seinen Vortragsfahrten in die Städte und Dörfer des Kreises startete, um in den verschiedensten landwirtschaftlichen Vereinen vor den Landwirten zu sprechen.

Es gab eine Vielfalt von Zusammenschlüssen zu speziellen Grundthemen wie: Herdbuchverein, Bullenhaushaltsverein, Fischereiverein, landwirtschaftlicher Kreisverein und die vielen Vereine, die sich als Lobby der Landwirte verstanden: Bauernverein, Landbund, Deutsche Landwirtschaftsgesellschaft mit Landarbeiter Ring, Raiffeisenverein etc.

Gerade in diesen kritischen Jahren, als die deutsche Landwirtschaft sich in ihrer schlimmsten Notzeit befand, mussten nicht nur praktische Ratschläge für die landwirtschaftliche Arbeit gegeben werden, sondern Informationen zur Umschuldung, zu neuen Siedlungsvorhaben, zu dem großen Komplex des Osthilfegesetzes, bei dem die bäuerlichen Betriebe sich verraten fühlten. Es musste Mut gemacht werden, wie weitergearbeitet werden sollte.

Zu all diesen Fragen hatte der Direktor der landwirtschaftlichen Schule und Leiter der Wirtschaftsberatungsstelle zu sprechen, wobei es ihm letzten Endes immer wieder der wesentlichste Punkt war, darauf hinzuweisen, dass eine rentable Landwirtschaft nur bei Beachtung der modernsten wissenschaftlichen Erkenntnisse möglich sein kann. Beim Ackerbau beginnend mit der Vorbereitung des Bodens bis zur Auswahl des Saatgutes, bei der Viehzucht vor allem die Fütterung.

Da die Vorträge erst nach dem letzten Füttern gehalten werden konnten, damit auch möglichst viele Leute erschienen, kam es oft vor, dass unser Vater wegen Schneetreibens, verwehter Straßen, an manchem Abend schon überfällig war, und sich erst spät in der Nacht aus seinem riesigen Fahrpelz schälen konnte.

Am nächsten Morgen musste er dann seinen Unterricht vor den landwirtschaftlichen Schülern, in zwei Klassen halten.

Diese Schulart nannte sich ja »Winterschule« und war so eingerichtet, dass die Söhne der Landwirte in den Wintermonaten die Schule besuchen konnten, in denen sie auf dem Hof entbehrlich waren, und zwar während zwei Winterhalbjahren.

Dasselbe galt für die landwirtschaftliche Haushaltungsschule für die Töchter der Landwirte.

Für uns Kinder bot sich also gerade im Winter auch im Haus viel Unterhaltung, denn selbstredend hatten die Schüler und Schülerinnen immer ihren Spaß mit uns vieren. Gertrud, Resi, Günther und ich waren immer da, und wenn es Just schaffte, dem Mädchen zu entwischen, auch er als fünftes Rad am Wagen.

Es war natürlich strengstens verboten, sich im Schulgebäude herumzutreiben. Was sich auch von selbst erledigte, als wir in die Schule kamen. Aber wie wollte die Hausmeisterin Nickel es steuern, wenn wir »gerade« aus der Wohnung von Gertrud herunterkamen, denn die Treppe zu deren Wohnung war aus einer missverstandenen Funktion heraus ja gleichzeitig das allgemeine Treppenhaus. Wir verirrten uns dann »zufällig« ins Lesezimmer, wo die Internatsschüler sich am Nachmittag einfanden, und wo wir uns zu gern herumdrückten, uns ein Stück Schokolade zuschieben ließen, und mit ihnen herumalberten. Es war den Schülern untersagt, auf dem Kiesplatz vor der Schule Fußball zu spielen. Natürlich spielten sie, und wir mengten mit. Aber schon schoss aus einem der gotisierenden Arkadenbögen Frau Nickel, in ihrem grauen langen Rock und der dünnen Zwiebel auf dem Kopf hervor, und das Spiel war zu Ende – bis sie wieder verschwand.

Oder wir lungerten verstohlen so lange im Flur der Haushaltungsschule herum, der ja nur durch eine Schwingtür vom großen Schulflur getrennt war, bis uns eines der Mädchen entdeckt hatte und uns in die Küche rief. Dort durften wir dann einen großen Topf vom Kuchenteig auslecken, so mit dem flachen gestreckten Zeigefinger – das habe ich tatsächlich da gelernt – oder bekamen einen kleinen Pudding vorgestellt oder einen Keks. Besonderer Liebling hier bei den Mädchen war übrigens Resi. Gertrud und ich waren wohl schon schlechter zu verstecken, wenn sich eine Lehrerin näherte, vor allem die Direktorin, Fräulein Berger, und später gar Fräulein Penner, die solche Späße in den Unterrichtsräumen gar nicht schätzte.

Sehr beliebt war auch ein Besuch in der Plättstube, im Erdgeschoss neben der Eingangstür zur Haushaltungsschule. Dies war für uns am besten zu erreichen vom Hofeingang zu Frau Nickels Wohnung, wenn wir Glück hatten, und sie gerade mal unterwegs war.

Meist war die Verbindungstür zwischen den beiden Fluren geschlossen, aber manchmal auch nicht. In der Plättstube war es warm, die Mädchen sangen beim Spannen der Lacken und Tischtücher – an einer Mangel konnten wir die Kurbel drehen.

Es war sehr gemütlich hier, wenn draußen der Ostwind fegte, und wir es vorzogen, die Wärme und möglichst die Nähe der vielen jungen vergnügten Menschen zu suchen. Das waren bis zu sechzig junge Männer und dreißig Mädchen, die plötzlich mit dem Winter das Haus bevölkerten und im Frühjahr mit den Eichhörnchen wieder den Bau verließen.

Kinoleidenschaft im Nickelodeon und Palast-Kino

Meine Kinoleidenschaft fand erst dann ihr Ende, als E.H. in mein Leben trat, bepackt mit einem Fernsehapparat. Bis dahin zieht sie sich wie ein roter Faden zurück in die kleine Kreisstadt in der Grenzmark Posen-Westpreußen, tiefste Kinoprovinz, als ich meine Nase platt drückte an dem Kasten mit den Kinofotos, die Herr Schmidt, Herrscher dieses Wunderpalastes, neben den Eingang seines Nickel-Odeons gehängt hatte. Wenn meine Mutter mich einlud, sie in die Stadt zu begleiten, ein ziemlich weiter Weg, die Königstraße hinauf bis zum Kaiser's Kaffee-Laden, wo sie Tee, Kakao und Kaffee kaufte, machten wir noch einen Rundgang um das Kleidergeschäft, ein großes Konfektionshaus mit drei Schaufenstern, herum, an der Ecke des Marktplatzes. Ganz selbstverständlich war es an dieser Stelle, dass Mutti sagte: »Wollen wir noch die Kinobilder ansehen?« Das war der eigentliche Grund, warum ich mitgegangen war. Wir gingen also einfach weiter die Königsstraße entlang, an der katholischen Kirche vorne, die hier den Marktplatz nach Süden abschloss. Und zwei Häuser dahinter, schon in der Berliner Straße, die eigentlich von Nord-Ost-Königsberg gegen Westen, also Berlin führte – daher der hoffnungsvolle Name –, war dann das Kino.

Das war ein niedriges eingeschossiges Ackerbürgerhaus in der Altstadt, vielleicht mit fünf Achsen, der Traufe zur Straße, wie es in den alte Straßendörfern – sprich Kleinstädten – üblich war, und dazu zwei stehende Dachgauben. Nach dem Umbau so um 1931/ 32, als auch unser Kleinstadtkino die Entwicklung zum Tonfilm mitmachen musste, zog sich über die Traufe ein Gesims mit dem pompösen Namen »Palast-Kino«.

Aber vorerst bestaunte ich noch die in Augenhöhe hängenden großen Fotos. Damen und Herren in elegantesten Kleidern, Prinzen und Prinzessinnen, die sich in komischen Verrenkungen darstellten.

Meine Mutter studierte ebenfalls die Fotos, um zu sehen, was der nächste Kinoabend bringen würde. Sie und mein Vater waren seit Eröffnung dieses Etablissements eifrige Kinobesucher geworden.

Eines Tages war auch für mich die Stunde gekommen, dass ich diesen geheimnisvollen Ort betreten durfte. Um endlich das zu sehen, wovon die Plakate und die Fotos draußen rätselhaft sprachen.

Da muss ich vielleicht sechs oder sieben Jahre alt gewesen sein, also 1929 oder 1930. Es war noch das alte Kino, man könnte sagen, die alte Scheune, nur mit immer ein wenig höher gestellten Bänken oder ein Laden mit weiter in den Hof führenden Nebenräumen – vielleicht für die Mehlsäcke und die Erbsen.

Eine simple Ladentür führte in das Halbdunkel. Links saß die Frau Kassiererin und verkaufte drei Eintrittskarten, so wie heute auch noch, und dann stiegen wir einen schmalen Gang zwischen rechts und links aufsteigenden Stuhlreihen und den Plätzen ganz oben links herauf. Der Zuschauerraum war eben nicht größer als ein Laden. Vorne hing eine große weiße Leinwand.

Dann wurde es dunkel – und über unseren Köpfen fiel aus einem kleinen Loch in der hinteren Wand ein weißer harter Lichtstrahl auf die Leinwand, und dann – welch ein unbegreifliches Wunder – wurde aus diesem Lichtstrahl ein Bild, Bilder, viele Bilder, von Menschen, die sich schnell bewegten und schneller und schneller. In Erinnerung geblieben sind mir von diesen ersten Filmerlebnissen eigentlich nur die matten schwarz-weißen Bilder, auf denen blonde Feen in flatternden Gewändern wild hin und her hüpften – Kobolde sprangen durch herabhängende Baumfarne und Flechten, rollten mit den Augen. Dann schwankte ein bleiches Fräulein mit entsetztem verdrehtem Blick durchs Bild – ihre Gespielinnen zuckten herbei und warfen die Arme gen Himmel.

Was war geschehen? Wer war der Unhold, der die holde Schar erschreckt hatte? Vor Entsetzen verkroch ich mich immer tiefer in meinen harten Stuhl. Das muss eine dieser surrealistischen Geschichten gewesen sein, für Schüler und Dienstmädchen zubereitet, wie sie nach dem »Cabinett des Dr. Caligari« von 1920 Mode geworden waren.

Natürlich ging all dies freudige Gekreische der Zuschauer mit Stöhnen begleitet stumm vor sich. Nur das heftige Gestikulieren der Schauspieler verriet, was da vorne auf der Leinwand geschah. Mit meinen sechs Jahren hätte ich gar nicht so schnell die Zwischentexte lesen können. Diese Schriftsätze zwischen den Bildern erklärten dem Publikum immerhin, was da eigentlich vor sich ging. Ob die bleiche Dame um Hilfe rief und warum sie so wild daherfegte, das stand dann auch mit einem kurzen Satz auf der weißen Leinwand.

Das war also der wunderbare Ort, den man KINO nannte. Ich glaube heute, nach 60 Jahren, dass das Nickel-Odeon in New York und Boston in den jungen Jahren des Kinos – das lag in den USA – genauso ausgesehen hatte. Denn der mutige Unternehmer, der sich daran wagte, einen Filmbetrieb aufzumachen, mietete wohl immer erst einen ausgedienten Laden, wie das Herr Schmidt in weit vom Weltbetrieb liegenden Kreisstädtchen in der Grenzmark Posen-Westpreußen gewagt hatte.

Wann hat Herr Schmidt sein Film-Theater eröffnet? Was hat er vorgehabt, wie kam er auf die Idee? Ein Film, der 1903 zum ersten Mal in Amerika einem Publikum vorgeführt wurde, das war damals der Streifen: »Der große Eisenbahnraub« von Porter. Odersogar schon ein Jahr früher in Frankreich »Die Reise zum Mond« von Melises; 1902 hatten die Filmunternehmer noch als leichtes Gepäck eine Spule mit Zelloloidstreifen auf der Schulter durch die zivilisierte Welt tragen müssen, bis sie an ein weiß gespanntes Betttuch als Projektionsleinwand stießen.

Doch wie wir in dem Kreisstädtchen sehen, blieben die Filmrollen nicht auf die großen Städte beschränkt – x-fach kopiert konnten sie schnell transportiert werden, und selbst Filme aus Amerika trafen in Königsberg und Liegnitz genau so prompt ein wie eben auch in Deutsch Krone. Es bedurfte eben nur eines beherzten Mannes, der eines Tages einen Laden anmietete, Stühle und Bänke aufstellte, eine Leinwand aufhängte, einen Projektor und das Zubehör vom Fachhandel in Berlin oder gar Schneidemühl besorgte. Dann lud er das geehrte Publikum mit Handzetteln ein, in seiner Kinomathek die spannendsten und dramatischsten Spektakel den Herren Beamten und den Soldaten mit ihrem Schatz vorzuführen. Es wurden Filme für jeden Geschmack geboten. Gedreht meistens in Babelsberg bei Potsdam.

Das Risiko des Filmtheater-Unternehmers war eben nur, die richtigen Filme so zusammenzustellen, dass sowohl die Stadthonoratioren als auch die Schreiberlinge aus den Amtsstuben ihr großes Erlebnis hatten. Wie zum Beispiel der Herr Landwirtschaftsschuldirektor.

Meine Eltern waren 1921 nach Deutsch Krone gekommen.

Die Reparationszahlungen als Kriegsschuld, Demontagen und Arbeitslosigkeit hatten die Entwertung des deutschen Geldes, die Inflation, in die Höhe getrieben. Ab 1924 begann für den kleinen Mann auf der Straße sein Verdienst wieder einen festen Wert zu bekommen. Damit – als Folge – hatte auch in Deutschland das Kino seine Chance. Es wurde tatsächlich zu der Volksbelustigung schlechthin. Ich nehme an, dass in diesen Jahren um 1925 auch dieses Kino in der Berliner Straße eröffnet wurde. Für nur wenige Pfennige – eben Nickel, wie sie in den USA gesagt hatten – konnte man die Filme sehen, die Lubitsch schon 1921 für die UFA in Babelsberg gedreht hatte. Wie zum Beispiel: »Kohlhiesels Töchter« oder »Madame Dubary«, »Die Austernprinzessin« und die expressionistischen Filme aus diesen Jahren der Inflation, die man heute noch zu den besten Filmen Deutschlands zählt. Durch sie wurde der Film zu einer eigenen Kunstgattung. Wahrscheinlich haben meine Eltern auch Fritz Langs Filme »Dr. Mabuse« 1922, »Die Nibelungen« 1923, »Metropolis« 1926 gesehen. Das einmalig Neue dieser Kinomatografen-Kunst war, dass derselbe Film sozusagen zu gleicher Zeit in einem fabelhaften Kinopalast mit allen technischen Eigenschaften der Sprachwiedergabe in einer der Großstädte gezeigt wurde, in einem supermodernen Festaal, wie in dem umgebauten Tanzsaal oder Vereinsraum in Kronberg, wo ich die Vergangenheit dieses Raumes noch heute spüre. Der Tonfilm setzte sich international ab 1930 im Allgemeinen durch. Auch in Deutschland wurden nur noch Filme mit Ton gedreht, was heißt, dass die Schauspieler nun auch Sprechen lernen mussten. Auch Herr Schmidt, unser Deutsch Kroner Kinobesitzer in der Königstraße musste modernisieren, umbauen – Kasse mit Vorraum und Schriftzug »PALAST-KINO« über die ganze Wandfläche. Zu einem »Palast« war das alte Handwerkerhaus immer noch nicht geworden, obwohl noch so viel Platz im Hof gewesen war, dass er sozusagen »nach hinten« erweitern konnte. In meiner Erinnerung war der dunkle Kinoraum ein »schmales Handtuch«. Aber ob dieser oder jener Kinoraum, für mich stellte der Film die zauberhafte Märchenwelt her. Nur setzten unsere Eltern als sehr sparsame Leute dafür immer nur eine ganz besondere Belohnung für eine besondere Leistung voraus.

Mein eindruckvollstes Kinoerlebnis fand noch in dem Kino-Laden statt. »Der Kurier des Zaren« – ein grandioses Schauspiel – dieser wilde Galopp des Kuriers, der dem Zaren eine Meldung zu bringen hatte, eine Hiobsbotschaft oder eine Siegesmeldung, durch die verschneiten Weiten Russlands, tief gebückt in den Sattel. Was da nun eigentlich geschah, weiß ich nicht mehr, und auch in dem Film-Buch von Gregor Patalas wird der Film nicht als erwähnenswert verzeichnet. Aber ich erlebte das Phänomen »Bewegung« so intensiv, dass ich meinen Schauspielfreunden, den Geschwistern, Günther Nickel und Gertrud Henkemeyer, dann zu Hause diese Szenen vorspielte, nämlich den »wilden Ritt« – ich als Pferd und Resi als Kurier auf meinem Rücken. (Das Pferd stürzte auf den Kieselboden und eine prächtige genähte Naht von Dr. Lauer erinnerte noch lange an den tollen Film.)

Theateraufführungen

Wir hatten für unsere besonderen Theateraufführungen die verschiedensten Freilichtbühnen rund um die landwirtschaftliche Schule parat:

Die Gartenterrasse mit der Freitreppe vor dem Esszimmer der Direktorvilla, die große Freitreppe vor dem Birkenplatz, oder wenn es sozusagen nur im kleinen Rahmen gespielt wurde, gab es noch die beiden Treppen im Treppenhaus der Schule, was mit den beiden gleichen Abgängen sehr effektiv eingesetzt werde konnte. Aber wenn es ganz groß werden sollte, mit großem Bewegungsablauf, voilà, dann hatten wir den Cour d'honneur vor dem Haupthaus. Die Zuschauer versammelten sich unter dem Arkadengang, mit Blick auf den Birkenplatz.

Diese Bühne benutzten wir, das heißt ich, um den staunenden Kindern, wie schon angedeutet, den »Kurier des Zaren« vorzuspielen.

Ich war also das schweißbedeckte Pferd, das durch die Tundra preschte, Resi war der Kurier, der unbedingt noch bis Mitternacht zum Zaren eine Botschaft bringen musste. Er ritt durch die verschneite Tundra, startete an der Haushaltungsschule und sollte entlang den von eisigem Wind sich schüttelnden Birken bis zu unserem Haus gehen. Im gestreckten Galopp sausten Resi und ich dahin. Das treue Pferd, der vor Kälte fast erstarrte Reiter, wusste er doch, dass Leben oder Tod von seiner Nachricht abhing. Da – plötzlich – stolperte das völlig erschöpfte Ross, der Reiter rutschte aus dem Sattel, das Pferd stürzte auf den steinigen Boden (ganz entgegen dem Flmscript!!!!) aus Kieseln. Das Publikum schrie entsetzt auf – das Blut rann unter den Kopf des Pferdes (sprich Dore). Ich hörte die Schreie – und war fasziniert von meinem

Erfolg. Ich blieb ganz stumm, etwas erstaunt, dass ich da lag. Hatte mein Sturz solche Beachtung gefunden? Das war mehr, als ich mit meiner Darbietung erwarten durfte. Als ich mich hochgerappelt hatte, begriff ich immer noch nicht, dass mir das Blut von der Stirne rann. Das »Pferd« war auf einen spitzen Kiesel gestürzt. Unterdessen hatte Günther seine Großmutter alarmiert, und da stürzte sie auch schon mit erhobenen Armen herbei. »Ach Gott, ach Gott« – eine große dunkle Figur mit den ewigen langen Röcken, aus der Mitte der Szene – im umgekehrten Sinne – also aus der Mitte des Zuschauerraumes – unter den Arkaden heraus – auf mich zu. Der heulende Chor um sie herum. Ihre Arme umschlingen mich und sie schleppen mich in die Baumeister-Wohnung. Das Tupfen mit einem Tuch half nichts, es gab wohl zu viel Blut. Sie musste sich entschließen, zu meiner Mutter zu gehen. Die hatte gerade im grünen Damenzimmer einen ihrer Damenkaffees. Das Mädchen überbrachte nach artigem Klopfen die Hiobsbotschaft. »Entschuldigen Sie, Frau Direktor, die Nickeln ist da – und die Dore blutet so doll.« Die Damen fuhren auf, Mutti blieb kühl wie immer, Papa wurde im Büro benachrichtigt und fuhr sofort mit mir zu Dr. Lauer, dem bewährten Helfer, bei all unseren kindlichen Unfällen. Die Wunde an der linken Stirnecke war ziemlich lang. Er schnitt sorgfältig drum herum die Haare ab, gab mit eine örtliche Betäubung und nähte die Wunde zusammen.

Bis jetzt hatte ich noch gar nicht geweint – so beeindruckt genoss ich meine Beachtung. Immerhin hatte ich erreicht, dass ich die geheiligte Damengesellschaft gesprengt hatte. Vor allem hatte ich zustande gebracht, dass mein Vater sich so viel Sorgen um mich gemacht hatte, dass er sogar seine Arbeit liegen ließ, bei der man ihn sonst nie stören durfte.

Hier erst nach der ärztlichen Prozedur bei Dr. Lauer fing ich an zu heulen. Aber als ich nach Hause kam, und alle

Kinder voll Respekt für den heimkehrenden Krieger ein Spalier bildeten- hatte ich nun die Filmrollen verändert – ich war der Star des Film geworden – so vergaß ich meine Tränen ganz schnell – und genoss meine neue Rolle. Im Damenzimmer war der Kaffee weitergegangen, nun wieder einmal angereichert durch die Erzählungen von wilden Kinderspielen. Mir blieb lange das große Pflaster erhalten, der Respekt meiner Klassenkameradinnen und auch die Narbe, die sich erst in den letzten Jahren restlos verwachsen hat.

Der Film »Königin Luise« hatte keine solche dramatischen Folgen in der Nachinszenierung. Ganz sicher haben wir auch dessen beeindruckendsten Szenen nachgespielt. Das war die, wo die junge und wunderschöne Königin auf einer Schaukel hin und her schwang. Die Schaukel war in den Bäumen befestigt, ihr weißes langes Voile-Kleid zeichnete sich hell gegen das Dunkel des Laubes ab – sie lachte so herzlich und fröhlich, ihre Gespielinnen lachten auch – dann trat ein schöner Prinz dazu – und alles kam mir vor wie das, was man Glück nennt. Wir hatten keine Schaukel.

Zu der Königin Luise hatten wir Deutsch Kroner ja ein besonderes Verhältnis. Jedes Schulkind wusste, dass die damals gar nicht mehr glückliche Königin auf der Flucht aus Berlin mit ihrem Gemahl Friedrich Wilhelm III. nach Ostpreußen am 28. Oktober 1806, im Gebäude des Gymnasiums übernachtet hatte.

Das katholische Gymnasium war erst 1799 in den Neuanbau auf dem Bürgermeisterberg gezogen. In November folgten die französischen Truppen in die Stadt. Das königliche Paar benutzte die Reichsstraße von Berlin nach Königsberg. Alle Dörfer entlang der Straße, in denen die königliche Kutsche hielt, haben sich diese Erinnerungen über eineinhalb Jahrhundert behalten. Ich erinnere mich, dass der Fischerei-Meister in der Fischzuchtanstalt Schönthal, wo Papa dienstlich zu tun hatte und wo er mich und Mutti wie so oft mitgenommen hatte, uns von der Königin Luise erzählte.

Dieser kleine Weiher lag an der Küddow, einem Fluss, der schon von Schneidemühl gegen Norden hier heraufkam, und eine Reihe von Seen wie ein Kette aufgereicht hatte. Zwischen dem langen Kramsken-See und Trebeske-See schlängelte sich die Küddow durch, ein zauberhaftes Tal an den abfallenden Hängen, Buchen und Eichenwäldern des großen Waldgebietes, das sich östlich von Deutsch Krone in nordsüdliche Richtung erstreckte. Hier überquerte die Reichsstraße die Küddow, wo auch schon um 1806 eine Försterei gelegen war und die Bauern die Forellen noch per Hand aus dem Fluss holten. Hier hielt der Wagen des Königspaares – wohl der erste Halt am Morgen des 29. Oktober, nachdem sie Deutsch Krone verlassen hatten, das jetzt hinter ihnen lag. Die Königin soll so entzückt gewesen sein von dem Rot der Eichenblätter im Farbspiel mit dem Grün und Braun der Buchen, dass sie ausrief: »Welch ein schönes Tal!« Zur Erinnerung an diesen Ausruf der Freude auf der traurigen Reise habe man das Dorf dann Schönthal genannt. Ob die Geschichte nun stimmt oder nicht – sie zeigt aber die Verehrung, die die Bevölkerung Preußens ihrer jungen Königin entgegenbrachte. Sie hatte als Siebzehnjährige 1793 den preußischen Kronprinzen Friedrich Wilhelm geheiratet, der mit 43 Jahren seinem Vater Friedrich-Wilhelm II. 1797 auf den Thron gefolgt war. 1804 hatte sich der französische I. Konsul zum Kaiser der Franzosen krönen lassen und veränderte in seinen Siegeszügen Europa. 1804 muss Kaiser Franz II. die Kaiserkrone des Heiligen Römischen Reiches Deutscher Nation niederlegen. Die westlichen Länder des Deutschen Reiches schlossen sich 1806 im Rheinbund zusammen – im Bündnis mit Frankreich gegen Wien – wohl auch in Bewunderung für Napoleons politischen und sozialen Fortschrittsgedanken. Preußen hielt sich zusammen mit Österreich, Braunschweig und Kurhessen da raus. Im Vertrauen auf das Bündnis mit Russland forderte er 1806 die Zurückziehung der französischen Truppen aus Süddeutschland. In der Doppelschlacht bei Jena und Auerstedt erklärte er Frankreich den Krieg – aber schon am 14. Oktober 1806 werden die Preußen vollständig besiegt. Am 28. Oktober hat das preußische Königspaar bereits Deutsch Krone auf seiner Flucht erreicht – während am 30. Oktober in dem Präliminarfrieden in Charlottenburg alle preußischen Gebiete westlich der Elbe (außer Magdeburg und der Altmark) abzutreten sind, und das Gebiet bis zur Weichsel von den Truppen zu räumen plus 100 Millionen Franc Kriegsschuld. Trotz dieser glücklosen Jahre, in die Preußen nun in der neunjährigen Regierungszeit von Friedrich Wilhelm III. vertrieben worden war, richtete die einfache Bevölkerung alle ihre Liebe auf die 30-jährige Königin, die dort in ihrem Kutschwagen in den letzten Zipfel Preußens flüchtete, wo sie drei Jahre bleiben würde.

Das Unglück sollte für diese östlichen Provinzen, die Friedrich II. 1722 für Preußen zurückgewonnen hatte, noch größer werden, nachdem auch Deutsch Krone seit 1368 zur polnischen Krone gehörte, als die hindurchziehenden Truppen einem armen Bauernland schon bringen könnten. Im Frieden zu Tilsit 1807 wurden nicht nur die Gebietsverluste westlich der Elbe bestätigt, sondern auch um die Weichsel sollte das Land in den alten Gebietszustand vor 1772 zurückfallen. Südpreußen um Posen, der Netzedistrikt mit Schneidemühl und das Kulmer Land wurden von Napoleon als Lohn für seine Teilnahme am Rheinbund an den König von Sachsen, August, gegeben als neu zusammengefügtes Herzogtum Warscheid, zusammen mit Südpreußen um Warschau (aus der II. polnischen Teilung). Erst nach dem erneuten Kampf gegen Napoleon 1813 – als dieser geschlagen aus Russland kam, das preußische Hilfkorps unter York sich den Russen anschloss und der Befreiungskrieg erfolgreich endete, kamen diese Landesteile dann im Kongress von Wien wieder an Preußen zurück (außer dem Südpreußen um Warschau) und wurden als Provinz Posen – nach sechs Jahren Polenwirtschaft – neu organisiert. Königin Luise war zu dieser Zeit schon gestorben. Sie hatte nur noch ein Jahr nach ihrer Rückkehr 1809 aus Ostpreußen in Berlin leben können – und hatte auch den siegreichen Befreiungskrieg nicht mehr erlebt. In den sechs Jahren von 1806–1814, als der Kreis Deutsch Krone zum Grenzland gegen polnisch regiertes Gebiet wurde, nahm er die Rolle vorweg, die er 100 Jahre später 1919 bis zur totalen Eliminierung Preußens noch einmal wiederholen sollte.

Der Film »Luise, Königin von Preußen« war 1931 gedreht worden. Also musste ich ihn ein zwei Jahre später, 1933, in Deutsch Krone gesehen haben. Was ja auch ganz in die neue Linie der Ufa gehörte, denn wie aus der Filmliteratur zu entnehmen ist, hatte sich Hugenberg, der neue Besitzer der Ufa, schon früh der Nazi-Film-Ideologie verschrieben. Das Programm lautete: unpolitische Unterhaltung und Propaganda in historischen Geschehnissen. Königin Luise als Engel des besiegten Volkes, aber auch als Mitkämpferin für soziale Reformen, die in den Jahren von 1806–1814 in Preußen vorangetrieben wurden (Bauernbefreiung, Städte- und Provinzialordnung, Gewerbefreiheit). Ich sah damals nur die schöne Königin in dem zarten Kleid, die sich in einer Schaukel schwang.

Unterdessen war der Umzug in den vergrößerten Kinoraum erfolgt. Meine Eltern waren leidenschaftliche Kinogänger und haben wahrscheinlich jeden neuen Film gesehen, den Herr Schmidt nach Deutsch Krone holte. Da blieb es nicht aus, dass ich bettelte und bat, auch ins Kino gehen zu dürfen, sobald ein Film »jugendfrei« war. Erstaunlicherweise erlaubten sie mir das auch, diese Filmbesuche schienen auch ihr Erziehungsprinzip nicht zu beeinträchtigen. Surrealistische Filme, sozialkritische Filme oder besonders aufregende Filme gab es nach 1933 ja nicht mehr. Alle waren entweder harmlos unterhaltend oder eben mit aufbauend nationalem Inhalt in historisches Gewand verpackt. Zum Beispiel sah ich »Das Flötenkonzert von Sans Souci« 1930 von Gustav Ucicky gedreht, mit Otto Gebühr. Das war die Reihe der Filme um Friedrich den Großen, zu der auch »Fredericus Rex« aus demselben Jahr gehörte. Natürlich war ein Kind von zehn Jahren, das hier in der Grenzmark selbstverständlich schon wusste, dass es eine Preußin war, und in der Schule vom Schandvertrag in Ver-saille gehört hatte, der unser Land verstümmelt hatte, von diesen Filmen begeistert. Von Einsamkeit, Rechtschaffenheit, vom Gehorsam dem Vaterland gegenüber und Treue bis in den Tod.

Von da aus war es kein großer Schritt mehr bis zu dem Film »Hitlerjunge Quex« von 1933, der sogar schon ein Jahr später bei uns lief (von Hans Steinhoff). Vor allem ging das Lied ins Ohr – »... ziehn wir in die neue Zeit ... denn die Fahne, die Fahne ist mehr als der Tod«. Das war ein mitreißender Marschrhythmus, ein Lied, das die Hitlerjungen laut, strahlend blond hinaussangen – und das wir Kinder dann auch schmetterten. Dagegen konnten meine Eltern auch nichts machen.

Der Hitlerjunge war doch so ein schöner blonder Junge – und am Ende wurde er von den bösen Kommunisten erschossen. Ich habe bitter geweint.

Hans Quest, der heute in München am Staatstheater Schauspieler ist, spielte auch einen Hitlerjungen. Nun sah ich nicht alle Tage solch heroische Filme. Aber wenn ich heute darüber nachdenke, waren sie tatsächlich alle mit einem Touch von Nationalismus. Selbst wenn es um den polnischen Nationalismus ging. 1934 gab es eine Tendenz der neuen deutschen Regierung, sich mit den Polen gegen die Russen und den Bolschewismus zu verbünden. Denn woher sollte sonst die Idee gekommen sein, einen Film über Chopin zu drehen? Chopin als in Paris verbannter Nationalheld. Der Film hieß »Der letzte Walzer.« Chopin war schrecklich schön, mit einer schwarzen Mähne, traurigen Augen – und auch er starb. Im Programmheft waren die Noten einer einfachen Grundmelodie. In meiner Begeisterung ließ ich mir auf dem Klavier von Frau Zerbe, der Frau des Schlachthof-Direktors, einer von Muttis Freundinnen, die ein Klavier hatte, die Tasten zeigen. Ich lernte sogar die Tonleiter zu spielen, und spielte diese einfache Melodie des Chopin-Walzers nach und behielt sie jahrelang im Kopf. Heute habe ich sie vergessen.

Alle diese wunderbaren Personen in den Filmen wurden von Schauspielern gespielt – das hatten wir ja auch bald begriffen.

Von der Zigaretten-Firma Juno gab es in jeder Schachtel ihres Glimmstengels ein kleines Foto dieser Schauspieler, dieser Kinostars. Wir waren eifrig beschäftigt, an diese Bilder heranzukommen und an jeden, der Zigaretten rauchte, es musste aber Juno sein, um die Bildchen anzugehen. Hatte man von einem Schauspieler zufällig zwei, dann tauschte man. Eines Tages wünschte ich mir zum Geburtstag ein Sammelalbum und begann die Seiten mit den Bildchen zu füllen. Dabei entstanden natürlich Lieblinge, von denen heute sogar noch einige leben. Ich weiß nicht mehr, ob es nur um deutsche Schauspieler ging – oder auch Amerikaner? Aber der bevorzugte Liebling aller – nicht nur Kinder, aber sie plapperten sowieso nach, was die Großen meinten – waren Lilian Harvey und Willi Fritsch. Als ich dann ihren Film »Der Kongress tanzt« von Eric Charell 1931 sah, dieser süßen, verzuckerten Geschichte des einfachen Wiener Mädels, das mit dem Zaren poussiert, war ich völlig verzaubert und lachte mich tot über den komischen Onkel Hans Moser.

Ich erinnere mich noch an einen anderen Film mit Lilian Harvey, in dem der damals sehr junge Schauspieler Rolf Möbis ihr Partner war. »Fanny Elßler«, die Tänzerin am Hofe in Wien, die sich in den Sohn Napoleons I. verliebt. Das war wieder eine herrlich traurige Geschichte, denn der König von Rom darf ja nicht eine Tänzerin lieben. Die Kleider waren so schön, die Lilian Harvey trug, als Dame des Empires.

Nach 1934 kamen mehrere Abteilungen Militär in die Stadt. Mehr Menschen, die der Unterhaltung durch das Kino bedurften. Noch im letzten Jahr, in dem wir in Deutsch Krone waren, also 1934 oder Frühjahr 1935, wurde am anderen Ende der Stadt – gegen die Jastrower Vorstadt, unweit der Pieta – ein neues Kino eröffnet. Ich kann mich nicht entsinnen, dass ich noch einen Film in diesem Kino, anscheinend einer umgebauten Scheune an der Schneidemühler Straße, also in unserer Richtung, gesehen hätte. Ich glaube es nicht.

Unsere Kinoleidenschaft nahmen wir auf allen Umzügen, durch Versetzung des Vaters mit. Selbst als ich 1951 in Frankfurt am Main landete, konnte ich mir Filme noch bis zu drei Mal ansehen – wie »Die Roten Schuhe«. Erst ab 1964 wurde die Liebe zum Kino ein Opfer des Fernsehens und der Bequemlichkeit.

Wintersaison mit Festen und Bällen

Ist es nicht schon vergessen, dass die »Wintersaison« mit den großen Festen und Bällen in Berlin, München und Paris den Ursprung ihrer Datierung in der Zeitrechnung der Menschen auf dem Lande hatte, die ja nur im Winter Muße fanden, ihre Feste zu feiern.

Erst wenn der Acker gefroren war, das Vieh sich im warmen Stall drängte und nur aufs Füttern und Melken wartete, konnten die Bauersleute zusammenkommen und den Nachbarn besuchen. An den kalten und frühen Winterabenden versammelten sie sich, das Spinnrad der Frauen summte, sie sangen, tranken und tanzten und vertrieben sich die Angst vor der Dunkelheit.

Die Martinsgans wurde im festliche Gelage verspeist, und das Osterlamm am Ende der »Wintersaison«.

Die Bürger in den Städten übernahmen diesen Rhythmus und so ergab es sich, dass immer noch die großen Festessen und Bälle im Winter stattfanden.

Und natürlich auch in Deutsch Krone. In kleinen Städten der Grenzmark, damals vor fünfzig Jahren, spielte diese »Wintersaison« mit Festen und Geselligkeiten eine noch wesentlichere Rolle, denn sie waren fern von großen Kino-Palästen und Theater, hart am Rande europäischer Kultur.

Die Vereine, vom Schützenverein bis zum Ruderverein, Gesellschaften aller Couleurs, inszenierten die kleinstädtische Wintersaison und zogen auf die Tanzböden der zwei Hotels am Platze, in die Säle der Gaststätten, die Turnhalle, in das hölzerne Schützenhaus am Buchwald, um ihr Fest zu veranstalten.

In den Häusern der Bürger rüstete man für »das« große Diner des Jahres.

Woran erinnere ich mich, was hat ein elfjähriges Kind davon mitbekommen?

Ganz genau habe ich das Bild vor Augen, als meine Mutter sich über das Bett beugte, um sich von mir zu verabschieden. Meine Hände glitten über ihre seidenen Arme, sie duftete köstlich und ich flüsterte: »Mutti, du bist so schön – so schön möchte ich auch einmal sein.«

Dann entschwand sie aus dem dunklen Zimmer, ihre Silhouette tauchte noch einmal im Licht des Badezimmers auf – die Tür schloss sich und ich blieb mit meinen seligen Träumen von schönen Kleidern und festlichen Lichtern zurück.

Sie trug ein hellblau fließendes Seidenkleid mit einem leicht ausgestellten Glockenrock, vorn hochgeschlossen, mit einem tiefen Rückenausschnitt, aber das Wunderbarste waren die langen engen Ärmel, deren Spitze über dem Handrücken ausliefen.

Ihr Haar war glatt mit einem Mittelscheitel über den Kopf gezogen, vielleicht hinten etwas gewellt, wo die beiden Kämmchen das Haar festhielten.

In diesem Kleid hat sie sich oft über mich gebeugt, um mir einen Abschiedskuss zu geben, mal schien es dunkelrot zu sein, mal glänzend blau – es war für mich das Symbol eines Festkleides schlechthin.

Mein Vater war ein eleganter Mann, der sehr auf sich hielt, und die Anzüge stets beim Schneider »bauen« ließ.

Er fuhr dafür nach Schneidemühl, wo der Schneider am Markt sein Atelier hatte.

Aber für ein Kind gab das nicht viel her, so ein dunkler Anzug, nur sah der Vater darin ungeheuer feierlich aus.

Heute gingen sie zu einem Abendessen. Bei Rechtsanwalt Hildebrandt, bei Baugewerbsdirektor Krieger, beim Bürgermeister Sperling oder beim Landrat Dr. Knabe?

Oder fuhren sie zu Reymanns auf Gut Elsenfelde, von wo man sie – falls ein Schneesturm ausbrechen sollte – immer noch mit dem Schlitten hätte nach Hause bringen können, denn es lag nur sechs Kilometer von der Stadt entfernt. Der Besuch einer Abendgesellschaft auf einem der entfernter liegenden Güter musste gut disponiert sein, denn möglicherweise konnten die Straßen plötzlich voll mit meterhohem Schnee liegen, wenn die Gäste, in Pelze gehüllt, in ihre Autos zur Rückfahrt steigen wollten. Schlimmstenfalls blieben sie dann über Nacht. Gästezimmer standen in allen Häusern immer bereit.

Das war auch zu bedenken, wenn meine Eltern die achtundzwanzig Kilometer nach Schneidemühl ins Theater fuhren, das ja auch nur in der Wintersaison spielte. Fuhren sie im »AGA«, bis 1931, verkroch Mutti sich in den großen Fahrpelz, denn das luftige Cabriolet mit übergezogenem Verdeck bot wohl noch weniger Schutz vor dem Wetter als seinerzeit die geschlossenen Kutschwagen. Da die Gesellschaft sich sowieso nach der Vorstellung im Hotel zum »Goldenen Löwen« traf, blieb im Notfall die Möglichkeit, hier zu übernachten.

Vielleicht sind die Eltern an diesem Abend auch zu einem der festlichen Essen des »Akademischen Vereins Alter Herren« gefahren, die immer in Brieses Hotel stattfanden. Der Akademische Verein spielte neben dem gesellschaftlichen Verkehr auf den Gütern die wesentliche Rolle im Gesellschaftsleben der Stadt, der Akademiker, die ja schon immer das Gerüst einer Stadtkonstruktion im agrarischen Westpreußen und Posen dargestellt haben, seit Friedrich das polnische Land nach preußischem Muster neu gestaltet hatte.

Daneben gab es noch das Offiziers Corps, das aber zu unserer Zeit noch sehr klein war.

In der Sexta gab es zum Beispiel, neben Inge Genee, deren Vater ja schon bei der »Schwarzen Reichswehr« gewesen war, nur ein Offizierskind. Die Familie war damals gerade in das schöne, große Eckhaus zwischen Schneidemühler- und Bahnhofstraße gezogen, das vorher dem jüdischen Getreidehändlers Borchert gehört hatte.

Ich erinnere mich, wie meine Eltern sich zu einem Maskenball im Akademischen Verein umzogen, Mutti als Spreewälderin mit leicht spanischem Touch, der Vater als Oberschweizer im echten Melkerhemd, rot-weiß gestreift, und mit einer runden Lederkappe hinten auf dem Kopf. Aber der Clou war der umgebundene Melkschemel. Wir Kinder amüsierten uns königlich als wir die Eltern so verwandelt sahen, als Papa uns vormachte, wie er spaßig eine Kuh melken wollte, der schönen Spreewälderin mit galant geschwungenem Melkschemel seine Aufwartung machte. Spaßig war mein Vater sonst nie, er schaute zwar lächelnd zu, wenn wir etwas Komisches anstellten; vielleicht stupste er uns »zärtlich«. Meine Mutter konnte wohl herzlich mit uns lachen, aber wir hatten keine lustigen Eltern, die mit den Kindern herumkasperten.

Ich glaube, Fritz Prasse bekam den 1. Preis für das originellste Kostüm; aber mit auf das Foto des Festes kam er nicht, weil wie Mutti erzählte, er partout seinen angeschnallten Schemel dabei tragen wollte, und das waren den Damen zu gefährlich, hatte so ein Melkschemel am Ende doch eine Stahlspitze, um beim Melken in die Schicht Kuhmist eingerammt zu werden.

Jedes Jahr wurden diese Kostümfeste vom Akademischen Verein veranstaltet, und jedes Jahr erfanden die Damen mit ihrem Schneiderinnen eine neue Verkleidung. Muttis Schneiderin wohnte hinter der katholischen Kirche.

Auf einem Geburtstag von Irmchen Lauer, der auch in den Winter fiel, steckte ich in einem ungarischen Gewand, das meine Mutter kurz vorher bei eben solch einem Kostümfest getragen hatte. Für mich war es dann gerade nur mit ein Paar Stichen enger genäht worden, und hing nicht gerade wie an einer Csardasfürstin an mir herunter. Frau Lauer muss wohl ein Goldkäferchen-Kleid bei dem Fest angehabt haben, denn nun hatte man Irmchen damit geschmückt. Sicherlich wurden die phantasievollen Kreationen im Bekanntenkreis immer weiter verliehen, so dass die Töchter vom Fischereipächter Rosengarten beim Fest des Fischervereins in Muttis Kostümen auftraten, und so ging es rund von Fest zu Fest.

Langes Abendkleid war gewünscht für das große Fest der Landwirte im Kreis, der »Ehemaligen« der Landwirtschafts-Schule, dem Winterball im Hotel »Deutsches Haus«.

Es gab den »Verein ehemaliger Landwirtschaftsschüler«, wahrscheinlich seit 1926, in Deutsch Krone, und gleichzeitig führte mein Vater dann diesen jährlichen Ball ein. Er wurde sofort beliebt.

Wenn alle 600 Jungbauern und 300 Jungbäuerinnen, die allein bis 1930 die Schule besucht hatten, mit ihren Angehörigen, Vater und Mutter und den Ehepartnern, tatsächlich zum Winterball gekommen wären, dann hätte der große Saal vom »Deutschen Haus« sie gar nicht alle fassen können.

Jeder Stuhl war besetzt.

Und jeder hatte sich so fein gemacht, wie es nur möglich war. Die Väter hatten ihre schwarzen Anzüge gebürstet, bis der alte Samtkragen glänzte, die Jungen ihre Haare mit Pomade bestrichen, dass sie fest am kantigen Schädel klebten.

Und die Frauen trugen ihr langes Abendkleid.

Zu einem richtigen Ball gehörte natürlich ein langes Abendkleid, auch in der Kreisstadt im finsteren Osten. Nun, die Zeit war ja noch nicht lange her, dass man sowieso ein »langes Kleid« trug. Erst ab 1920–1922, wurden die Kleider immer kürzer, bis sie um 1928 dann wirklich »kurz« waren, über dem Knie. Aber schon 1930 rutschte der Saum wieder bis zur Wadenmitte zurück. Also fand sich in einem Landwirtshaushalt noch immer ein langes Kleid, das man mit geschickten Schneiderkünsten zum langen Abendkleid umdekorieren konnte. Für die jungen Haushaltungsschülerinnen stand das Nähern eines festlichen Kleides sowieso an der obersten Stelle, denn wie gesagt, Feste wurden gefeiert, trotz der miesen Wirtschaftslage, die permanent im agrarischen Osten herrschte.

Getanzt wurde auf dem Winterball bis fünf Uhr früh – wie meine Mutter mir noch heute spontan erzählte. Denn wer nach dem Vorführungsprogramm nicht gleich in der Nähe nach Hause fuhr, dem blieb gar nichts anderes übrig, als zu tanzen, bis er mit dem Kutschwagen im ersten Frühlicht wieder heimkehren konnte, oder bis der erste Bus oder Zug ging.

So ein Winterball war auch mein Debüt in der abendlichen Gesellschaft.

Gemeinsam mit der »alten Anna« hatten meine Eltern mich mitgenommen, damit wir uns die Vorführungen ansahen. Da saß ich nun in der ersten Reihe auf dem Ehrenplatz neben den wichtigen Gästen und schaute fasziniert zu, was da oben auf der Bühne geschah.

Just war noch nicht geboren, denn Mutti hatte noch aktiv bei den Einstudierungen des Theaterstückes, das die Schüler aufführten, mitgemacht.

Es war ein Schwank nach Hans Sachs – ich kann mich nicht genau erinnern, aber plötzlich entdeckte ich meine Mutter auf der Bühne, sie trat auch als Schauspielerin auf, und schrie laut in den Saal: »Da ist meine Mutti!«

Diese unglaubliche Überraschung, wenn die Mutter, die sonst im Garten buddelt, nun plötzlich etwas ganz anderes ist, oben auf dem Theater und von allen Leuten beklatscht wird.

Dann folgten die Tanz- und Gesangsvorführungen der Haushaltsschülerinnen unter der Regie von Fräulein Berger. Ein zierlicher Reigen, die Mädchen in Rokoko-Kostümen, Blütengirlanden in den Händen. Ein Singspiel, an das die Worte des Liedchens erinnern: »... ihren Schäfer zu erwarten, saß Mariechen in dem Garten ...«

Und die weiße Bank auf der Mariechen in der Laube saß, stammte aus unserem Garten.

Genauso wie einige duftige Sommergewänder aus Muttis Kleiderschrank entliehen waren.

Wie strahlten da die Bauersleute, als sie ihre Kinder so artig tanzen sahen, Gedichte vortragen und Theater spielen. Und wie viele erinnerten sich, auch schon da oben gestanden zu haben, denn die Aufführungen wurden ja von den Schülern des laufenden Semesters produziert.

Wenn dieser Teil des Abends vorbei war, begann der Tanz.

Eigentlich hätte Anna mich jetzt ja nach Hause bringen sollen, aber ich bettelte so lange, bis ich den ersten Tanz miterlebte, als Mutti mit dem Fischereimeister Rosengarten den Ball eröffnete, und Papa mit Fräulein Berger, der Leiterin der Haushaltungsschule die Reihe seiner Pflichttänze als Direktor der landwirtschaftlichen Schule des größtem Kreises der Grenzmark begann.

Ich war hingerissen vor Stolz auf meine schöne Mutter und den eleganten Vater.

Dann hatte Anna mir schon den Mantel übergezogen und immer noch versuchte ich einen Blick in den festlichen Saal mit all den vergnügten Menschen zu werfen. Sie zog mich förmlich die wenigen Stufen vom Hotel herunter und marschierte mit mir schnellen Schrittes durch die Februarkälte zum Birkenplatz zurück.

Zwei weitere große Feste veranstaltete die landwirtschaftliche Schule in ihren eigenen Räumen. Aber nur für die Schüler und Schülerinnen des Schulhalbjahres.

Einmal ein Weihnachtsfest und dann ein Abschiedsessen.

Kurz vor Weihnachten, bevor die Schüler und Lehrer nach Hause fuhren, wurde die Falttür aus Filz aufgeschoben, die die beiden Klassenräume, welche zusammen mit dem Physiksaal die ganze Hausbreite einnahmen, vorne an der Platzseite trennte, so dass ein großer Saal entstand. Lange, weiß gedeckte und weihnachtlich geschmückte Kaffeetafeln wurden in zwei Reihen aufgestellt und mit Bergen von Kuchen, Stollen, Keksen und Pfefferkuchen bestellt, die die Schülerinnen seit Wochen vorbereitet hatten.

Geschrubbert, mit hochroten Ohren und fein gemacht, schoben sich die Schüler dann herein, während die gastgebenden Schülerinnen in dem halben Jahr nicht nur gelernt hatten, eine tüchtige Hausfrau zu sein, sondern auch eine gewandte und freundliche Gastgeberin.

Aber vor den Tafelfreuden kam das Krippenspiel. Für uns Kinder die Hauptsache, denn wir durften mitspielen.

Resi war ein weiß behemdeter Engel mit goldenen Flügeln, die jedes Jahr sorgfältig verpackt, in der Plättstube aufgehoben wurden, wo wir sie bei unseren heimlichen Besuchen schon manchmal aufstöberten und enttäuscht waren, dass sie so gar nichts »Heiliges« hatten.

Ich spielte einen Hirten im umgedrehten Fahrpelz, so

dass das Fellfutter nach Außen kam. Dieser Pelz hat übrigens noch in so manchem anderem Theaterspiel mitgewirkt. Die Jungfrau Maria, eine Rolle, die von allen Schülerinnen heiß begehrt wurde und um die man die Siegerin, die vor allem lange Haare haben musste, dann auch glühend beneidete, auf dem Land gab es noch sehr viele Katholische, trug ein wunderschönes großes, leuchtend blaues Tuch über den offenen Haaren und die Schulter. Diesem Blau haftete für mich fast etwas Heiliges von der »wirklichen« Maria an, wogegen die Puppe aus Zelluloid, das Jesulein, sehr irdisch war, und auch nur in einer Schachtel in der Plättkammer lag.

Die Krippengeschichte nahm ihren jahrtausendealten Lauf, auch hier in den Klassenräumen der landwirtschaftlichen Schule.

Die großen Engel der Verkündigung traten auf, gezähmte Bauernbuben in langen Hemden, die Drei Könige kamen vom Korridor herein und zwängten sich hinter den Rücken der dort sitzenden Gäste vorbei bis vorn zur Krippe, wo wir Kinder schon anbetend knieten. Es wurde viel gesungen und alle waren glücklich, dass das Spiel genauso verlaufen war wie im vergangenen Jahr, und wahrscheinlich noch viele Jahre weiter, von den Kindern dieser jungen Bauern gespielt und so fort. Es gäbe wieder die wunderbare Kaffeetafel mit köstlichem Gebäck und am Ende für jeden ein Säckchen mit Pfefferkuchen für »nach Hause«.

Nach dem Weihnachtsfest würde man wieder in die Schule zurückkehren, und so lange studieren, bis es Zeit war, mit der Arbeit auf dem elterlichen Hof zu beginnen, sobald der Schnee endgültig verschwunden war, wahrscheinlich bis zum März.

Aber davor lockte noch ein festlicher Tag, der Tag mit dem Abschiedsessen.

Bevor die jungen Leute endgültig auseinandergingen, um die Theorie in die Praxis umzusetzen, bevor sie die Zeugnisse erhielten, mussten die Haushaltungsschülerinnen noch einmal ihre ganze gelernte Kochkunst, Servierkunst vorführen. Die vorbildlich gemangelte Tischwäsche, ein adrettes Auftreten, gehörte zum Bild einer jungen Landfrau, die die Haushaltungsschule verließ.

Dazu dasselbe Szenarium – die beiden Klassenräume, die gesamten Schüler, Lehrpersonal, wichtige Personen der Landwirtschaftskammer, und last but not least, die Frau Direktor und ihre beiden Töchter auf dem Ehrenplatz, in der Mitte der Tafel, die parallel zum Korridor gestellt ist, unser Vater an der gegenüberliegenden Tafel, entlang der Fensterfront.

Es gab als Hauptgang Fisch. Einen Fisch, der lange Gräten hatte.

Plötzlich springt meine Mutter auf, stürzt aus der nächstliegenden Tür, die ja gleich hinter ihr ist – alles noch möglichst unauffällig – ein Mädchen hinter ihr her – ich stutze und wie ein Hündchen, auch ich hinterdrein. Mutti ist schon an der Tür zu unserer Wohnung, sie würgt und keucht – das Mädchen erfasst sofort: Eine Gräte steckt quer im Hals!

Was tun? Eine Gräte? Sofort weiches Brot kauen.

Jedem fällt ein anderes Hausmittel ein. Nun hat man sie ins Damenzimmer geleitet – wo sie zwischen Würgen und Kauen zusammengekrümmt kauerte. Man stopft Kartoffelbrei in sie hinein, Mayonnaise hinterher, damit sie sich übergeben soll. Aber nichts nützt.

Ich stand in die Ecke gedrängt, und begann zu weinen. Was war mit meiner Mutti los?

Das ganze Fest war gesprengt.

Als meine Mutter nach einer Weile nicht zurückkam, und Frau Nickel von dem »großen Unglück der Frau Direktor« dem Herrn Direktor lauf Bescheid gab, musste auch er die Festtafel verlassen. Die Katastrophe sehend, packte er sie sofort ein und brachte Mutti ins Krankenhaus, denn sie drohte zu ersticken. Dort musste sofort ein operativer Eingriff gemacht werden, die Gräte wurde durchgeschnitten, um sie überhaupt herausziehen zu können.

Beim Anblick eines großen Fisches wurde fortan prompt die Geschichte von Muttis schrecklichem Erlebnis beim Abschiedsessen der Schüler damals in Deutsch Krone erzählt.

Und sicher gab es danach keinen großen Fisch mehr bei den Abendgesellschaften, die meine Eltern in der Wintersaison ihren Freunden und Bekannten und den Honoratioren der Stadt gaben.

Schon die Vorbereitungen waren für uns Kinder eine aufregende Sache.

Da wurde das Silber geputzt, die großen Damastdecken für den ausgezogenen Esstisch und die Servietten geplättet, das weiße Aussteuergeschirr mit dem erhabenen Rand gezählt (einige Stücke besitze ich heute noch), geputzt und geklopft (einen Staubsauger gab es bei uns zu dieser Zeit noch nicht), mein Vater stellte im Keller den Wein zurecht – alles edle Rheinweine von den Staatsgütern, die er während seiner Studienjahre in Bonn genügend »studiert« hatte.

Eine Kochfrau wurde bestellt, mit der meine Mutter die besondere Speisefolge sehr sorgfältig zusammenstellte, denn diese Kochfrau bediente die wichtigsten »Herrschaften« der Stadt, und Wiederholungen durften ja nicht vorkommen.

Am Tage des Festes begann die Arbeit in der Küche schon früh. Alles, was nicht dazu gehörte, wurde von der Herrscherin für einen Tag mit rigoroser Stimme von diesem dampfenden und brodelnden Ort verbannt und zum Mittagessen eine Suppe im Kinderzimmer serviert.

Eine fabelhafte Atmosphäre voller Spannung und Abenteuer: Würde das Festmahl gelingen, die Gäste zufrieden sein, die Stimmung gut? Das übertrug sich auch auf uns, die wir ausgesperrt, nun oben auf dem Korridor zwischen den Holzstäben des Geländers hockten und hören konnten, wie unten die Türen auf- und zugingen, in den Keller gelaufen wurde, Frau Nickel etwas brachte und selbst die Ruhe unserer Ida langsam ins Wanken geriet, und sie für unsere Fragereien, wenn sie herauf gerannt kam, kein Ohr mehr hatte und uns unbarmherzig, womöglich früher als üblich, gegen sieben Uhr, in die Betten schickte.

Natürlich haben wir das »Umziehen« der Eltern mitgemacht.

Im Nachthemd hüpften wir um sie herum, durch die ganze erleuchtete obere Etage.

Zwei kleine Mädchen standen im Badezimmer vor dem Vater, der schon in den eleganten schwarzen Hosen steckte, und guckten und lachten, wie er sich die steif geschlagene Schlagsahne erst aufs Gesicht pinselte und dann mit einem schmalen Messer sich selbst zu Leibe rückte, um die weiße plustrige Maske wieder wegzuputzen.

Komisch, Mutti machte das doch nie, und auch Ida nicht.

Muttis Garderobe dauerte daher auch nicht so lange. Ein schwarzes Kleid, seidene Strümpfe, schmale Pumps, Puder, einen kräftigen Strich auf die Augenbrauen, Lippenstift, (den ihr Fritz aus Berlin mitgebracht hatte) die Haare schmal zurückgekämmt und dazu große Ohrgehänge, die vor allem ihre Augen betonten.

Mit einem Abschiedskuss ging es nach unten, wo sie nun heiter und entspannt, zufrieden mit sich und der Welt die Gäste erwarten konnten.

Auch Ida hatte »Garderobe gemacht«. Sie trug ein schwarzes Satinkleid, weißes Spitzenschürzchen und Häubchen und wartete auf das erste Klingelzeichen, um zur Tür zu schreiten – nicht rennen – die Türen weit zu öffnen, und die Gäste in den Korridor herein zu bitten.

Von da an konnten wir das Schauspiel von unserem Logenplatz, hinter dem Geländer, gut verfolgen:

Das Ritual der Begrüßung durch den Vater, die Enthüllung der schönen langen Kleider, wenn Ida die Mäntel abgenommen hatte, Muttis Auftritt: »Guten Abend, guten Abend, nein, wie entzückend! Was für ein Wetter! Charmant, charmant, küss die Hand.«

Dann schloss sich die Tür des Herrenzimmers.

War das nicht wie ein köstliches Theater für uns da oben! Und dieses Schauspiel wiederholte sich mindestens eine halbe Stunde lang, bis alle Gäste versammelt waren, denn – wie gesagt – das Wetter musste immer mit einkalkuliert werden.

Ein paarmal hatte uns Ida schon heraufgedroht, dass wir sofort in die Betten verschwinden sollten, wenn wir zu auffällig kicherten.

Aus dem Esszimmer klangen Stimmen und Gelächter.

Wir konnten hören, wie die Kochfrau und Ida von der Küche ins Esszimmer raus und rein wechselten – sie servierten das Festmahl.

Dann wurden Stühle gerückt – und die Stimmen klangen aus dem Herrenzimmer und Damenzimmer. Ida servierte den Kaffee – und ich kroch glücklich zurück in mein Bett.

Welch ein schöner Abend!

Den Rest des Festes – am nächsten Morgen – leckten wir aus – nämlich die Neigen aus den Likörgläsern, wenn wir hinter Ida her, die schon die Fenster aufgemacht hatte, um den Rauch der Zigarren zu lüften, in die »Beletage« schlichen.

Die Eltern waren heute nicht früh zu erwarten. So halfen wir der armen Ida ein bisschen, denn schließlich stand sie dem ganzen Chaos allein gegenüber, aber meist waren wir wohl nur im Weg.

Glücklicherweise waren wir bei dem gestrigen Abend um ein schreckliches Exercitium herumgekommen. Denn wäre dieser Besuch etwas früher am Tage gekommen, dann hätte Mutti uns sicher herunterholen lassen, damit wir die Damen begrüßten. Aber nicht nur mit einem zierlichen Knickschen, wobei der eine Fuß leicht nach hinten gestellt wird und wir lächelnd den Damen unsere Hand reichen, nein wir sollten den Damen auch noch dabei einen gehauchten Handkuss geben.

Das war einfach furchtbar.

Ich habe mich wie eine Holzpuppe angestellt, und ich glaube nicht, dass es jemals zu einer perfekten Darbietung unserer Wohlerzogenheit gekommen ist. Meine Mutter war auf jeden Fall sehr enttäuscht von ihrer Tochter. Resi war noch zu klein, so blieb ihr dieser erste wirklich ernsthafte Protest erspart.

War also eine Teegesellschaft in Sicht, versuchte ich mich so oft als möglich außer Reichweite zu verdrücken, am besten bei Frau Nickel.

Akademischer Verein

Eine grüne Wiese bis zum flachen Ufer des Sees. Rechts läuft der Uferstreifen weiter, bis er vom Sprungturm des Militärbadeanstalt unterbrochen wird. Dann scheint der beschilfte Saum fast gerade hinüberzuziehen, als ob er in der Ferne den langgezogenen Tropfen, den der See hier zu bilden scheint, abschließen will. Aber wenn man die weißen Segel eines Bootes verfolgt, sieht man, dass es durch die scheinbare Enge weiter hindurch zieht und vor den grünen Buchenwäldern in einer leichten Rechtskurve verschwindet. Wendet man den Blick nach links, umsäumen Bäume das weit ausholende Rund des Seeufers. Die Häuser der Stadt, auf dem Brückenstreifen zwischen Schlosssee und Stadtsee ragen herüber, dann ein Wasserturm, der aus dem Grün lugt, und fast genau gegenüber von uns, wieder ein Sprungturm in hellem, von der Sonne ausgebleichtem Holz – die städtische Badeanstalt.

Diese Wiese, die hier ans Ufer stößt, ist der Garten des Deutsch Kroner Rudervereins. Gerade ziehen vier braungebrannte junge Männer ihr Boot die Schienen vom Wasser zum Bootshaus hinauf, das am Ende des Gartens stand. Aber die fröhliche Gesellschaft in bunten Sommerkleidern, Erwachsene und Kinder, ist diesmal nicht die Rudergemeinde, sondern es sind die Mitglieder des Akademischen Vereins, die hier ihr Sommerfest feiern, wie jedes Jahr – mal hier – mal im Buchwald.

Wir schreiben das Jahr 1933, vielleicht August oder September, und noch denkt keiner der hier Feiernden, dass es das letzte gemeinsame Fest sein wird. Ein Jahr später wird diese »reaktionäre städtische Vereinigung« von akademischen Beamten, Rechtsanwälten, Ärzten von den neuen Machthabern der Regierung, den Nazis zur »Gleichschaltung« oder zur Auflösung gezwungen werden.

Heute, an diesem Sommertag, hofft wohl jeder, dass die Regierungszeit von Adolf Hitler und seiner Partei der NSDAP nur kurz dauern würde. Unter dem Druck der Verhältnisse, die NSDAP hatte bei den Wahlen 51% erhalten, musste der geliebte greise Reichspräsident Hindenburg am 30. Januar 1933 Adolf Hitler zum Reichskanzler zu ernennen.

Es gab natürlich auch schon den oder jenen unter den hier Feiernden, der sich der Geburt der Stunde sofort angepasst hatte. So sagte man, dass der kleine Sohn des Direktors der Baugewerkschule sein Gedicht zur Eröffnung des Festes in der Uniform eines HJ-Pimpfes vortrug. Möglicherweise hat es unter den Erwachsenen eine kleine Irritation gebracht. Aber der Anblick der acht Puppenmütterchen, im Schmuck von Blütenkränzchen im Haar, die da auf der Wiese stehen – ich überragte damals immer noch alle gleichaltrigen Kinder –, sieht noch sehr zivilistisch aus.

Der Ruderverein hatte seinen Garten und seine Clubräume mit kleinem Ausschank an den Akademischen Verein vermietet – die Damen hatten Kuchen gebacken. Man saß an langen Tafeln auf der Wiese am Ufer des Sees, die Herren rauchten ihre Zigarren, und man wartete nun auf die Hauptsache des Festes, auf die Vorführung der Sprösslinge. Die Regie des Nachmittags hatte Frau Eichhorn übernommen, die Frau des Baurats Eichhorn von der Baugewerkschule. Ihre 16-jährige Tochter Hertha spielte auf dem Klavier. Wir führten ein kleines Singspiel mit den Puppen vor. Ein ausgestopfter Bär muss der Störenfried gewesen sein. Denn auf dem Foto liegt er achtlos vor uns auf der Erde, während wir acht Akteurinnen strahlend unser Püppchen präsentieren.

Wer sind wir, die Töchter dieser Akademiker? Mit einem

süßen Lächeln steht da Dorle Sand und die noch süßere gelockte Christel Sand, für die ich damals richtig geschwärmt hatte – Kinder des Kreissparkassendirektors, also Bankbeamter, womöglich ein studierter Wirtschaftler oder Jurist.

Irmchen Lauer, meine Schulfreundin, deren Vater der populärste Arzt der Stadt ist, Margrit Dorn, ein blondes bezopftes dünnes Mädchen im Blumenkleid, Tochter eines Studienrats an der Aufbauschule. Dann Elisabeth Schleier, Inge Grönke, Marietti Jahn, alles Kinder von Diplom Ingenieuren, die als Bauräte an der Baugewerkschule lehrten. Und wenn man mich als Landwirtschaftsratstochter auch gleich zu den Schulmeisterkindern rechnete, dann waren unter acht Kindern allein sechs Beamtenkinder. Ein Bankbeamter noch dazu, dann blieb einzig Irmchen Lauer als Tochter eines Freiberuflers.

Aus dieser Zusammensetzung war ja auch die Entstehung eines Akademischen Vereins in einer kleinen Stadt, und insbesondere hier in der neuen Ostprovinz zu verstehen. Alle diese Leute kamen von außerhalb – waren neu in dieses Grenzland gekommen und würden auf dem Weg ihrer Kariere nicht ewig bleiben, wenn sie wieder »versetzt« würden.

Während des Studiums bedeutete ihnen die Universität ihre Heimat. In einer größeren Stadt würde ihre Akademische Verbindung den gesellschaftlichen Zusammenhalt bieten; in einer kleinen Stadt fern von den Studienkollegen boten die Akademischen Vereine den ersten gesellschaftlichen Konnex, über den engen Kollegenkreis hinaus. Wann der Akademische Verein gegründet wurde und von wem, weiß man nicht. Aber ich bin groß geworden mit dem Satz: Wir gehen zum »Akademischen Verein« zu einem Treffen in »Brieses Hotel« – zu einem Ball im Deutschen Haus, zu einem Faschingsfest. Von solch einem Kostümfest stammte auch das ungarische Kostüm von Mutti, das auf dem Kostümfest von Irmchen Lauer um mich schlottert, wie man auf dem Foto sehen kann. Eine rote Seidenweste mit weiten, weißen Ärmeln war mit weißen Krümmerrand eingefasst und hatte Husaren-Schlingen. Dazu kam ein weiter Rock mit vielen bunten Bändern, genau wie an den Ärmeln, dazu dann noch ein rotes Kopftuch, das bei mir verrutscht ist. Mutti hatte sich nicht viel Mühe gemacht, es für mich passend nähen zu lassen, denn vielleicht schon beim übernächsten Kostümfest würde sie es wieder tragen. Auch Irmchens Kleid scheint von ihrer Mutter zu stammen, eben von diesen Festen des Akademischen Vereins.

Als dieses letzte Sommerfest im Sommer 1933 gefeiert wurde, war Herr Baurat Eichhorn erster Vorsitzende. Vielleicht seit zwei bis drei Jahren.

Er war mit seiner Familie 1929 von Essen nach Deutsch Krone »versetzt« worden. Nicht so ganz spontan, wie mir Frau Philippi, deren Tochter, später erzählte. Aber auf dem Weg zu einer »Karriere« im Reich gehörte es, dass ein junger Beamter sich zunächst einige Jahre im Osten bewährt haben musste. Das war nicht erst die Folge des unseligen Versailler Diktates, wonach Ostpreußen jenseits des »Polnischen Korridors« lag und die westlichen Kreise der Provinz Westpreußen und Posen mit ihren rein deutschen Bevölkerung sich schon eher an Brandenburg und Schlesien orientierten, nun plötzlich zu östlichen Grenzkreisen in der neuen Provinz Grenzmark, Posen und Westpreußen geworden waren. Als Eichhorns von ihrer Versetzung nach Deutsch Krone hörten, suchten sie ziemlich erschrocken, zunächst einmal im Atlas, in welcher Gegend der »russischen Grenze« dieser Ort lag, wie sie lachend erzählte, um dann erleichtert zu sehen, dass ihre neue Dienststelle gar nicht so weit östlich der Oder lag.

Als sie dann im berüchtigten harten Winter 1928/29 in »Brieses Hotel« ihre ersten Wochen verbrachten, bis ihre Dienstwohnung in der Friedrichstraße hergerichtet wurde, waren sie wohl schon einigermaßen irritiert. Nachdem der Neuankömmling seinen Besuch bei den Honoratioren des Städtchen gemacht hatte, die Visitenkarte auf das silberne Tablett gelegt hatte, die ihnen das knicksende Dienstmädchen entgegenhielt (man bedenke, wie lange das eingeübt werden musste), war er sozusagen angekommen. Man lud den Ankömmling in den Akademischen Verein ein, wo er die anderen Beamten antraf, die ihr Weg nach Deutsch Krone verschlagen hatte. Mit diesem Entree standen ihm die Häuser der Gesellschaft offen. Eichhorn wurde 1937 wieder versetzt; er machte Karriere. Wobei natürlich die Rückkehr ins »Reich« das Ziel war. Herr Eichhorn wurde Direktor einer Baugewerksschule in Trier. (Mein Vater wurde 1935 versetzt.) Wer Kariere als Beamter machen wollte, musste sich von vornherein zu dem diesem Karussell des »Versetztwerdens« bereit erklären).

Die offene Stelle eines Direktor der höheren technischen Lehranstalt für praktische Landwirte in Potsdam wurde ausgeschrieben. Der vorherige Leiter war nach Ankara berufen worden. Mein Vater bewarb sich 1934 gemeinsam mit mehreren Interessenten um den Posten. Nachdem verschiedene Auswahlkriterien erfolgreich bestanden waren, wurden Vortragstexte eingereicht, um dann in einer engeren Auswahl Probevorlesungen vor den in Potsdam Studierenden zu halten. Aber erst nach einer mehrmonatigen Probezeit wurde die Bestallung als Direktor bestätigt. Die »Versetzung« mit Mann und Maus, mit Weib und Kind und Dienstmädchen hatte stattgefunden. Diesen Prozess durchlief mein Vater noch viermal, bis er dann 1954 in Bonn im Landwirtschaftsministerium den Prozess abschloss.

Der Direktor der Baugewerksschule Höppner wurde versetzt und der Diplomingenieur Kräger kam an seine Stelle. So drehte sich das Karussell der jüngeren ehrgeizigen Beamten in den Verwaltungsstellen, dem Gericht, in der Bank und in den Schulen immer weiter. Auch die Familie des Herrn Bankdirektors Schulz wurde versetzt. Dabei hatte ich mich doch gerade auf einem der Sommerfeste des Akademischen Vereins das erste Mal verliebt. Und zwar in einen der beiden Söhne des Herrn Bankdirektors. Die Kinder tanzten einen einstudierten Ringelreihen. Die kleinen Mädchen und die kleinen Jungen. Das war für mich sozusagen die erste offizielle Begegnung mit dem anderem Geschlecht. Bisher beschränkte sich meine Begegnung mit Jungen nur auf Günther Nickel. Erstens war er zwei Jahre jünger als wir, doof und albern und eben ein ständiger Kumpel, seitdem wir am Birkenplatz wohnten. Nach den Fotos zu urteilen hatte ich allerdings schon in der Hindenburgstraße einen ständigen, sogar älteren Begleiter.

Hieß er Egon? Er war der Enkelsohn des Schuhmachers, der im Hof des Nachbarhauses seine Werkstatt hatte. Hier nun aber, bei den Proben zu unseren Ringeltanz, und bei den Theaterproben entbrannte erstmalig mein Herz. Das waren die Brüder Dieter und Klaus Schulz (oder vielleicht auch Karl-Heinz). Sie mögen ein oder zwei Jahre älter gewesen sein als ich. Der jüngere, Klaus, war blond und fröhlich und etwas größer als sein älterer Bruder Dieter. Ein dunkelhaariger schweigsamer Bursche. Und weil er wohl schwieriger zu erobern war, verknallte ich mich in Dieter. Ich war verwirrt, beklommen, wenn ich beim Tanzen mit ihm zusammenkam. Vor allem aber hatte er die tragende, heldenhafte Rolle in dem Theaterstück, das von den Kindern aufgeführt wurde. Er spielte den Förster, der im ersten Weltkrieg, als die Russen in Ostpreußen eingefallen waren, von diesen gezwungen wurde, sie durch das Moor zu führen. Dem Förster blieb nichts anderes übrig, weil sie drohten, seine Frau zu erschießen, also verabschiedete er sich von Weib und Kind mit ärmstem, tieftraurigem Blick. Er war bereit, ein Opfer für das Vaterland zu bringen, und führte die Russen mitten in das Moor hinein, wo er mit ihnen zusammen versank. Das ergriff mein Herz zutiefst – nicht nur war ich betroffen von dem heldischen Förster, sondern auch von dem Schauspieler Dieter.

Diese Theaterszene und ähnliche spiegelten die im Osten bevorzugten Themen des Laientheaters, spiegelten die Situation wider, in der sich die Bewohner dieses zu Grenzland gewordenen Staates Preußen sahen.

Wenn ich heute irgendeine geschichtspolitische Betrachtung der Nachkriegsjahre des ersten Weltkriegs lese, fällt kein Wort über die Verluste der Provinzen Westpreußen und Posen. Ich lese über die Rheinland-Besetzung, vielleicht über den Verlust Oberschlesiens, aber die endgültigen Verluste der zwei Provinzen im Osten, scheint die Deutsche Nation nicht sehr geschmerzt zu haben. Jenseits der Oder war eben alles schon fast Russland. Oder es waren ja die »Preußen«, die die Zeche des Krieges zu zahlen hatten – mit 56.000 Quadrat-Kilometern und 4,6 Millionen Einwohnern.

Dieses Sommerfest fand nicht lange vor der Versetzung der Familie Schulz statt, denn ich habe noch die kleine Abschiedsszene vor Augen, als meine Mutter und ich Frau Schulz mit den beiden Söhnen vor dem Laden des Fleischers Wilke trafen. Ich hörte von der »Versetzung« und der Abreise und war zutiefst unglücklich getroffen, aber das konnte ich ja nicht zeigen, denn nach dem Sommerfest hatte ich meine heimliche Liebe nicht mehr getroffen. Also hockte ich mich ganz unbeteiligt vor das Kellerschaufenster des kleinen Kramladens, neben Wilke und betrachtete scheinbar interessiert, die blechernen Hakenkreuze auf samtbezogenen Karton aufgepikt, versuchte aber Dieter förmlich zu hypnotisieren, mich zur Kenntnis zu nehmen, jedoch vergebens.

Die Preußen

Friedrich II. begann 1772 auf friedliche Weise im Verein mit seiner Freundin Katharina II. von Russland, die als treibende Kraft wirkte, und den Österreichern das polnische Königreich unter August dem Starken, das durch Erbfolgestreitigkeiten desolat daniederlag, zu fleddern und verleibte das alte deutsche Ordensland dem Preußischen Staat ein. Unter seiner Regierung wurde die berühmte preußische Verwaltung aufgebaut. Die Vermessungsbeamten waren die ersten Beamten, die einrückten, um die neuen Grenzen festzulegen. In Marienwerder wurde die Kriegs- und Domänenkammer installiert. Bald waren alle notwendigen Verwaltungsstellen besetzt, die sich um den Neubau von Dörfern, Städten, Kanalbau und Melioration kümmerten, Fabriken und Festungsbau in die Wege leiteten, um so schnell wie möglich die Rentabilität der neuen Provinz zu bewirken.

Vier landrätliche Kreise wurden eingerichtet und 18 Domänenkammern. Lehrer kamen aus Halle in den Netzekreis. Poststationen verbanden Berlin mit Königsberg. Dank dieses funktionierenden Apparates wollte Friedrich, wie er schon 1772 an Voltaire schrieb, »ein Land, das einen Kopernikus hervorgebracht hatte, nicht länger in einer Barberei jeglicher Art versumpfen lassen, in welches die Tyrannei der Gewalthaber es versenkt hatten«. Friedrich der Große setzte auf »die Unbestechlichkeit« der preußischen Beamten und den Ehrbegriff der Offiziere, wie es die Gräfin Dönhoff in ihrem Buch »Namen, die keiner mehr nennt«, später 1964 formulieren wird. Das waren die Säulen, auf denen damals der preußische Staat ruhte und nach jener Vorstellung auch ruhen sollte. Dem preußischen Staat lag zugrunde eine ständische Auffassung von Staat und Gesellschaft als Ordnungsprinzip. Noch Friedrich II. bestand darauf, »dass der Besitz des Adels erhalten blieb, da ihre Söhne es sind, die das Land definieren«.

Im höheren Beamtentum war das bürgerliche Element immer weiter vorgedrungen, »um die Staatsbürgerliche Rechtsgleichheit zu demonstrieren« (Schoeps) – und schon 1820 betrug der Anteil der bürgerlichen Beamten zum Beispiel in Ostpreußen 89 % und bei den Landräten 34 %. Diese Maxime, die gute Verwaltung eines Staates sei durch einen standesbewusste höhere Beamtenapparat gewährleistet, entspricht auch der Einstellung meines Vaters, als er in Erfüllung seines Beamteneides nicht nur während der wechselnden Regierungen der Weimarer Republik der besten Möglichkeit diente und später während der Regierung der NSDAP in seinem Bereich des Landwirtschaftsministeriums den Weg ging, der den Interessen der Bürger dieses Staates diente und aus dieser inneren Einstellung heraus dann auch wieder in der Regierung der Deutschen Bundesrepublik sein persönliches Engagement mit den Interessen des Staates im Einklang bringen konnte und dies wäre nicht möglich, bei einer Bindung an eine Partei.

Die preußische Beamtenschaft ist sich ihrer führenden Rolle stets bewusst gewesen und versuchte, ihren Apparat homogen zu erhalten, wozu strenge Auslese und Qualitätsmaßstäbe angelegt wurden.

In den Jahren, in denen wir in diesem Westpreußen lebten, der Adel schon seit 1807 gemäß dem Edikt nicht mehr der alleinige Besitzer von Rittergütern war und im Laufe des späteren 19. Jahrhunderts durch die Folgen von wissenschaftlicher und technischer Entwicklung in der Agrarwirtschaft, durch veränderte Absatzmöglichkeiten von landwirtschaftlichen Erzeugnissen und der immer größer werdenden Spanne zwischen einsatzfähigem Kapital und Produktion, wurden viele große Güter von Bürgerlichen aus dem Reich gekauft. Diese neuen Gutsbesitzer gingen mit wirtschaftlichen Kalkulationen an den Produktionszweig Landwirtschaft. Aber trotzdem bestand weiterhin im Kreis der immer noch vorhandenen ständischen Gruppierungen von Gutsbesitzern, Beamten, Millitär selbst in dieser Zeit die Trennung der Stände.

Und so wiederholte der Akademische Verein wieder das ständische Bewusstsein: Akademiker unter Akademikern.

Bekannte und Freunde

Für die Neuankömmlinge in einer Stadt damals, anno 1926, wurde letzten Endes gesorgt, wenn ihnen von vornherein vorausging, dass sie in die intellektuelle Hierarchie einer kleinen Stadt gehören würden. Sie mussten dann nur ihren »Antrittsbesuch« machen bei den Honoratioren des Städtchens. Und so mussten auch Fritz und Gertrud ihre Visitenkarte bei den Honoratioren der Stadt abgeben, um dann eine Einladung zu einem Antrittsbesuch zu erhalten. »Geputzt«, mit »gewaschenem Hals« zogen sie am Sonntag zwischen zwölf und ein Uhr von Haus zu Haus.

Ein Dienstmädchen im schwarzen Satinkleid mit weißem Häubchen öffnete die Tür, und Fritz Prasse legte die Visitenkarte auf ein kleines, silbernes Tablettchen, das dann dem Hausherrn vorgelegt wurde, und im besten Falle waren die Herrschaften zu Hause, und das Mädchen öffnete die Tür zum Herrenzimmer. Fritz küsste der gnädigen Frau die Hand, und auch der Hausherr begrüßte Gertrud entsprechend den gesellschaftlichen Vorschriften. Man wurde aufgefordert, Platz zu nehmen, ein kleiner Sherry wurde serviert, und neugierig wurde das neue junge Ehepaar Prasse beäugt, und die Fragerei begann: »Wie kommen Sie denn nach Deutsch Krone?« Hatten die Neuankömmlinge einen guten Eindruck gemacht, wurde der Besuch weitergereicht, und so entstanden die Kontakte, die Bekanntschaften und im besten Fall Freundschaften. Ich weiß den Namen von Fischchen-Tante, der Schwester des Molkereibesitzers, die ab und zu aus Berlin angereist kam. Der Molkereibesitzer wohnte im Haus, und wenn die Fischchen-Tante mal wieder in Deutsch Krone war, gab es einen regen Besuchsverkehr.

Ich entsinne mich vor allem an einen Besuch, bei dem ich entdeckte, dass da oben, wo die Fischchen-Tante ihre Räume hatte, ein großer Holzbottich stand, in dem Wasser war, und wie man mir sagte, schwammen darin Fischchen. Daher stammte der Name Fischchen-Tante. Aber es ist anzunehmen, dass das eine Art Ausgleichsgefäß für die Molkereimaschinen war, die man auch hier oben rattern hörte.

Der andere Name, an den ich mich entsinne, war die Frau Dr. Zerbe, die Frau des Tierarztes, der Direktor des Schlachthofes war. Sie wohnten in einer Etagenwohnung an einem kleinen Plätzchen gegenüber dem Haus, in dem der Schulmeister Löns gewohnt hatte. Frau Zerbe hatte ein Klavier. Ich glaube, ich hatte damals den Kinofilm über Chopin gesehen (vielleicht war er kinderfrei gewesen). Darin gab es eine tolle Musikpassage, die mir einen großen Eindruck machte. In dem Kinoheftchen, das man zusammen mit der Kinokarte bekam, waren die Noten zu dieser Passage abgedruckt. Frau Zerbe spielte uns mit einem Finger die Melodie vor, und voller Begeisterung konnte ich diese Noten nun nachspielen und kam mir ganz toll als Pianistin eines Chopin-Stückes vor.

Ein großer Sportsfreund von Mutti war Dr. Rohwerder, der Direktor des Gymnasiums (auf dem nur Jungen waren). Rohwerder ließ sich nicht nur bei Eis ein Loch in den Stadtsee schlagen und nahm ein »Eisbad«, bei dem die Deutsch Kroner zitternd um ihn herumstanden und »Bravo!« riefen, sondern sie beide zusammen bildeten zusammen ein elegantes Paar, das im Holländerstil über den Stadtsee flog. Rohwerder war ein eleganter und wahrscheinlich der gebildetste Direktor des Gymnasiums. Dann gab es noch ein paar Rechtsanwälte und Ärzte und den Bankdirektor Schulz, den Bürgermeister Sperling und quasi das Exquisiteste in der Hierarchie einer Kleinstadt, den Landrat Dr. Sperling und seinen Nachfolger Dr. Knabe (1933). Mit der Frau Landrätin Sperling verband mich eine höchst peinliche Szenerie. Allem Anschein nach habe ich ihr bei einem Besuch den Tee über das Kleid gekippt und die Tasse kaputt gemacht, denn ich wurde von Mutti verurteilt, mit einem Blumensträußchen oder einem kleinen Geschenk über die steile Treppe in die supercoole Dienstwohnung des Herrn Landrats hinaufsteigen, abwarten, bis das Dienstmädchen mich zur Landrätin führte, einer kleinen dicken Dame im Sessel, meinen Knicks machen und meine Entschuldigung stottern. Wie ich das Haus verließ, weiß ich nicht mehr.

Schneidemühl – die Begegnung mit der großen Welt

Der Begriff der großen Welt ist natürlich ein relativer Begriff. Was den Landwirten aus der Provinz Brandenburg wahrscheinlich Berlin bedeutete, war eben für die Grenzmärker die Regierungshauptstadt Schneidemühl.

Wenn Mutti mit einem neuen Hut aus Schneidemühl zurückkam, musste sich wohl hinter dem Begriff Schneidemühl eine wunderbare Welt verborgen halten. Wenn mein Vater erzählte, dass Berlin noch viel, viel größer sei als Schneidemühl, viel schöner mit vielen Geschäften und Konditoreien und vielen, vielen Theatern, dann war das sicher einfach unmöglich sich vorzustellen.

Irgendwann mal erging die Einladung, mit nach Schneidemühl zu fahren, was bei mir eine große Begeisterung auslöste. Es war also nicht nur die Fahrt an sich im offenen AGA, nach heutigem Sprachgebrauch würde man es ein Cabrio nennen – etwas lang geraten. Achtundzwanzig Kilometer über mehr oder weniger holprige Chausseen bis fast an die polnische Grenze.

Nachdem die Grenzmark – Posen – Westpreußen 1922 zusammengeklittert worden war, hatte sich Schneidemühl gerade noch in das deutsche Reich herübergerettet. 1920 hatte eine allgemeine Demonstration mit Volksbefragung ergeben, dass Schneidemühl fast unmittelbar an der Ländergrenze liegt, aber eben durch Volkes Stimme zu Deutschland gehörte.

Mit 40.000 Einwohnern war es zur Regierungshauptstadt der Provinz erklärt worden. Es war die erste deutsche Bahnstation wenn man aus Ostpreußen, Polen oder Russland kam. Es wurde aus politischem Kalkül in den folgenden Jahren zur ersten Visitenkarte Deutschlands gestaltet mit bedeutenden öffentlichen Bauten, wie Landeshaus, Reichsdankhaus mit Theater, Oberschulen, Landwirtschaftskammer. Elegante Geschäfte in der Friedrichstraße.

Wir landeten also nicht in der Friedrichstraße in Berlin, sondern auf dem Marktplatz in Schneidemühl, vor dem Hotel »Goldener Löwe«.

Der »Goldene Löwe« war der Treffpunkt der Herren, die aus dem ganzen Kreis in die Provinzhauptstadt kamen, um entweder ein Gespräch in der Landwirtschaftskammer zu führen oder andere wichtige Gespräche, die man in einer Metropole führt.

Frau Prasse schleppte ihren Herrn Gemahl und ihre Tochter zunächst in die Schlageterstraße zum Einkaufen. Es ging meistens im großen Konfektionsgeschäft »Zeeck« um die Wünsche meiner Mutter. Es gibt ein Foto von einer Erholungsreise nach Bad Flims im Riesengebirge mit meiner Mutter in einem quergestreiften Kleid mit fallender Pelerine und einem großen Triller-Hut, das bei »Zeeck« gekauft wurde. Die Suche nach einem passenden Urlaubskleid war natürlich sehr aufregend für alle Beteiligten, wobei Papa und ich Mutti hinterhertrottelten. Gegenüber war ein Schuhgeschäft, vielleicht bekam ich dort auch die grässlichen, besonders schmalen Salamanderschuhe.

Mein Vater hatte sich natürlich schon längst verabschiedet, und war zur Landwirtschaftskammer gegangen. Hier traf er meinen Patenonkel Dr. Renicke, der als Tierzuchtdirektor in der Provinz arbeitete. Außerdem gab es immer noch ein dringendes Gespräch mit dem Leiter der Landwirtschaftskammer.

Nachdem Mutti und ich sämtliche Geschäfte angeschaut hatten, kam dann das schönste Ereignis, der Besuch der Konditorei Cafe »Fliegner«. Es war ein Café-Salon, wo vor uns vor allem die berühmten Mohrenköpfe serviert wurden. Zwei Hälften einer Kugel aus zartem Gebäck, beide Rundungen in einen Schokoladenüberzug getaucht, der einen ganz zarten säuerlichen Touch hatte. Dann auf eine gerade Fläche der zwei Halbkugeln ein kräftiger Schwung voller Schlagsahne und die andere Halbkugel genau in die weiße Sahne gesetzt. Das war und ist ein Mohrenkopf. Grund genug, um nach Schneidemühl mitzufahren und der Mutter beim Geschäfte-Ansehen hinterherzulaufen.

Die nächste Steigerung des Schneidemühlerlebnis war das Hotel Löwe. Bei jeder Schneidemühl-Fahrt gab es dort ein Treffen mit Bekannten der Eltern. Oder es gab einfach nur den Grund, vor der holprigen Heimreise in einem kultivierten Ambiente zu verschnaufen. Das Hotel lag mit seiner längsten Seite zum Markt und machte einen imposanten Eindruck. Es hatte drei Geschosse, eine Terrasse und einen langen Balkon im ersten Geschoss über die gesamte Front. Zwischen den Balkongeländern stand im Rhythmus der schmalen hohen Fenster so etwas wie eine Art Säulenstumpf mit Blumenkübel. Man könnte annehmen, dass der Architekt dieses Hauses die Schlösser und Landhäuser von Schinkel gekannt hatte.

Für mich als elfjähriges Kleinstadtkind war es eine Überhöhung meiner Person hier in diesem eleganten Raum mit Erwachsenen sitzen zu dürfen. Ein Gefühl des Stolzes, der Einzigartigkeit – dass ein kleines Mädchen – das so auf Beachtung aus war – erfüllte mich. Ich liebte es schon früh, an exklusiven Orten mit exklusiven Teilnehmern und ihren Ritualen dabei zu sein, koste es was es wolle – selbst die Überwindung, in aller Öffentlichkeit richtig Messer und Gabel zu halten, gerade zu sitzen, nicht zu zappeln und ohne verlegene Albernheiten die freundlichen Fragen zu beantworten, mit den man mich als »Erwachsene« beehren wollte.

Es konnte sein, dass wir in meinen Augen ein hoch elegantes Abendessen serviert bekamen oder, schließlich war man sparsam – und man wollte schnell ohne Panne nach Hause kommen – kaufte meine Mutter beim Fleischer am neuen Markt Kaisers Jagdwurst, die während der Fahrt Scheibchenweise Fahrer und Mitfahrer in den Mund geschoben wurde. Kaisers Jagdwurst ist eine helle Fleischwurst mit weißen Fettstückchen und grünen Pistazien. Diese Kaisers Jagdwurst war meiner Erinnerung nach dieser Reise von Schneidemühl nach Deutsch Krone vorbehalten.

Eine unvergessenes Ereignis war eine Eisenbahnfahrt nach Schneidemühl, die ich alleine mit meiner Mutter machte. Ich glaube, es war meine erste Eisenbahnfahrt. Natürlich in der dritten Klasse mit hölzernen Bänken. Beamte waren immer sparsam in solchen unwichtigen Dingen. Wichtig waren Kleidung, Reisen, Bücher und Wohnen. Warum fuhren wir beiden Damen alleine ohne den Vater? Vielleicht war es wieder eine Protestaktion meiner Mutter gegen den Ehegatten, zu der ihr alleine der Mut doch nicht reichte – so kam ich jedenfalls zu meiner ersten Bahnfahrt. Schneidemühl war ja zu einer Industriestadt entwickelt worden, zu einem Eisenbahnknotenpunkt in vier Richtungen, und es gab eine große Eisenbahnwerkstatt. Es gab elektronische Betriebe, Leinen- und Baumwollindustrie, Aluminiumgießerei und Kartoffelverwertung.

Aber Schneidemühl hatte noch etwas Besonderes zu bieten – das Theater. Um dieser neuer Grenzprovinz neben dem Verwaltungszentrum auch ein Gewicht als Kulturzentrum zu geben, hatte man in den frühen zwanziger Jahren das sogenannte »Reichsdankhaus« gebaut: mit Theater und vorgeschichtlicher Bücherei, Zweigstelle des Staatsarchives. Es war ein moderner Bau. Man hatte sich nicht gescheut, den berühmten Professor Bonatz aus dem »Reich«, Stuttgart, mit dem Bau zu beauftragen. Er baute ein modernes Haus, das teils mit klassizistischen Motiven des Säulenganges à la Tessenow operiert, teils mit expressionistischen Motiven. Es war ein langgestreckter, kühler Bau. Das Theater hatte 1200 Plätze mit einem eigenen Ensemble und einem festen dankbaren Publikum. Schneidemühl war ja Beamtenstadt, und für die meisten noch jungen Akademiker, die auf ihren Karriereweg laufend versetzt wurden, stellte dieses Theater einen wesentlichen Ausgleich für die Versetzung in den finsteren Osten dar. Es gab ein Opern – und Schauspiel-Ensemble – dazu gab es Konzerte. Als letzte deutsche Station vor dem polnischen Korridor hielten hier auch die Tournee-Theater auf ihrem Weg nach Königsberg oder Riga und gaben ihre Vorstellungen.

Die Theater-Saison begann im September. Herr und Frau Prasse ratterten in dicke Pelzen gehüllt in ihrem schlecht abgedichteten AGA nach Schneidemühl, um möglicherweise Käthe Dorsch zu erleben.

Fast kommt es mir in der Erinnerung vor, als ob dies hier die letzte Poststation vor der schneebedeckten Weite Polens war. Man wechselte noch einmal die Pferde und holte die Requisiten aus dem Gepäck und spielte noch einmal Theater – und holte noch einmal tief Luft für die endlose Schlittenreise – vielleicht war es ja so. Heute war es immerhin die Eisenbahn, mit der die Schauspielertruppe reiste. Im Mai 2003 stand in meinem Deutsch Kroner Heimatbrief, dass dem Schauspieler Striebeck, dessen Vater der letzte Intendant bis 1945 war, genauso wie mir die Theateraufführungen »Peterchens Mondfahrt« der erste und wichtigste Eindruck einer Theatervorstellung geworden war.

Es könnte 1932 gewesen sein, als die ganze Familie mit Resi nach Schneidemühl ins Theater fuhr. Die schaurigen Darbietungen auf der Bühne, die bösen Käfer, die Peterchen nicht gut gesinnt waren, haben Resi so stark beeindruckt, dass sie so laut zu heulen begann, dass Mutti mit ihr den Zuschauerraum verlassen musste. Ich war fasziniert vor allem, von den fantastischen Kostümen der Tiere und den Blumen zwischen Wiesen und tief blauem Himmel, sowie einem leuchtenden Mond. Es gab tanzende Ballettkinder und eine Ballerine trat auf. Das war der Augenblick, als ich mich entschloss, auch so etwas malen zu wollen. Von Stund ab malte ich nur noch auf spitzen stehenden Ballerinen. Diese kleinen Zeichnungen wurden in ihrer Genialität von den Eltern gepriesen und hingen im Büro meines Vaters.

Nachdem Resi sich wieder beruhigt hatte, konnte die Rückreise gestartet werden. Wir waren doch glücklich, als das warme und hell erleuchtete Haus uns begrüßte. Das Dienstmädchen wartete schon mit Grog und Tee auf uns. Die von Müdigkeit ertrunkenen Kinder bekamen einen Wickel und wurden hinauf ins Bett getragen.

Weihnachtszeit

Natürlich war Weihnachten das allergrößte Fest, besser noch als der Geburtstag, denn Weihnachten dauerte wunderbarerweise ja so viel länger, vom Ansetzen des Honigkuchenteigs bis zum Neujahr.

Also zuerst der Honigkuchen: Der musste allein vier Wochen vor dem Backen angerührt werden, denn die ersten Pfefferkuchen sollten ja schon auf dem Adventsteller liegen. Darum begann die Weihnachtszeit schon Anfang November.

Resi und ich knieten auf den Stühlen um den Küchentisch herum und sahen zu, wie die Mutter unter Assistenz des Dienstmädchens den Teig zusammenmengte. Es ging immer nach dem alten Insterburger Rezept, das ich sogar noch in Frankfurt am Main selbst nachgebacken hatte, aber nun vergessen habe. Es sei denn, er steht in dem alten Königsberger Kochbuch von Muttis Haushaltungslehrerin das, immer wieder nachgedruckt, wohl noch heute zu kaufen ist.

Vor allem besteht der Teig ja aus Mehl und Honig. Aber meine Mutter nahm dazu nicht den guten Bienenhonig von unserem Nachbarn Pfeilsdorf, sondern ersetzte ihn, banalerweise, durch Kunsthonig. Doch dazu hatte schon das Kochbuch der Haushaltungsschullehrerin Doenning ihr Dispens erteilt in Anbetracht der mageren Haushaltskassen nach dem Krieg.

Uns Kindern was dieser plötzliche Einzug der viereckigen Kunsthonigschachteln ganz recht, denn anstelle der ewige Marmeladenbrote vom eigenen Obst aßen wir liebend gern ein Brot dick mit Kunsthonig beschmiert. Der Teig wurde geklopft und geschlagen, dann in ein Tuch gewickelt und vier Wochen lang kühl im Keller gelagert.

Einen Monat später, also Anfang Dezember, kurz bevor

der Nikolaus kam, denn der musste ja auch schon sein Säckchen Pfeffernüsse bei der Bäckerin abholen, kam die große Arbeit der Honigkuchenbackens, an der wieder die ganze Familie teilnahm, bis auf den Vater, der ab und zu reinschaute, um eine Mandel zu stibitzen. Jetzt wurde der Teig ausgerollt und kam als ein Zentimeter dicker Fladen aufs Blech. Mit einer feuchten Gabel zog Mutti in bestimmten »künstlerisch« gewählten Abständen diagonale Streifen über die ganze Fläche und dann noch einmal von der Gegenseite, so dass es wie ein schottisches Karo aussah. In die Mitte jeder Rhombe durften wir Kinder dann je eine halbe Mandel setzen. Wir bereiteten so viele Bleche vor, wie in den Ofen gingen, und wenn die fertig gebacken waren, ging das Ganze noch einmal von vorne los. Es schien mir immer, als ob die Küche tagelang vom süß herben Honigkuchenduft erfüllt gewesen wäre. Der Kuchen wurde in viele quadratische oder rechteckige Stücke geschnitten, wobei immer eine Mandel in der Mitte sein musste, und sorgfältig in die silbernen Eduscho-Blechkisten mit dem Reigen von Rokoko-Damen rundherum gestapelt, um dann hoch auf einem Brett in der Speisekammer zu verschwinden.

Zu den Honigkuchenscheiben kamen noch flache runde Pfeffernüsse, die wir viel lieber mochten, denn man musste an ihnen nicht so viel kauen.

Der nächste Gang der Weihnachtsvorbereitungen waren die Herstellung von Marzipan, eine spezielle Kunst aus Königsberg, deren Ruhm ja auch bis ins »Reich« drang. Wieder solch ein Familienereignis, bei dem sich nun alles um den runden Kinderzimmer-Tisch versammelte, denn es mussten ja Berge von Mandeln mit der kleinen Mandelmühle gemahlen werden. In diesen klebrigen Brei kamen dann alle möglichen Ingredienzien, der Teig wurde ausgerollt, mit einem Wasserglas runde Flecke ausgestochen und

Halbmonde oder mit einem Förmchen kleine Herzen und schließlich mit einem Messer einen Zentimeter hohe Streifen geschnitten. Die mussten dann sorgfältig, mit Rosenwasser als Kleber, auf die runden Plättchen hochkant geklebt werden und bekamen mit einer Stricknadel ein Muster in den Rand gekerbt.

Ojemine, wie viele dieser kleinen Plastiken brachen zusammen – wollten nicht stehen – die Borte löste sich wieder und wieder.

Das war wirklich eine kunstvolle Arbeit, die Mutti und Anna dann am Ende alleine weitermachten, während wir einfach nur zuguckten, ein Eckchen Marzipan, das beim Schneiden abgefallen war, naschten und rundum zufrieden waren mit dieser Tafelrunde, die es so gemütlich eben nur einmal im Jahr gab.

Es wurde eine Menge zierlicher Gebilde gebastelt, bis sie, auf Pergamentpapier gestellt, kurz in den Ofen kamen, denn nur das gezackte Kränzchen durfte eine leicht braune Farbe bekommen. Der künstlerische Teil kam erst, wenn Anna die gebackenen Schälchen wieder nach oben ins Kinderzimmer gebracht hatte. Zwei, drei Esslöffel flüssiger weißer Puderzucker oder braune Schokolade wurden als Polster hineingeträufelt, wurden fest, und dann arrangierte meine Mutter darauf mit kandierten Früchten ein kunstvolles Muster, Blumen mit einem grünen Stielchen, eine Kirsche mit Stängel, ein farbenfreudiges Kränzchen. Am Ende waren die bunten Marzipantörtchen so wertvoll, dass man gar nicht mehr wagte, diese Kunstwerke als banales Marzipan zu essen.

Diese Frage stellte sich für uns Kinder dann doch nicht, denn wenn die Adventsteller am Sonntag für jeden mit Zuckerzeug neu gefüllt wurden, lag für uns immer nur ein kleiner Abschnitt von der Köstlichkeit dabei, und selbst auf unsren Weihnachtstellern war ein Marzipanherz eine einsame Leckerei.

In der Weihnachtsküche wurden weiter ein einfacher Christstollen und Mohnstollen hergestellt, aber überhaupt keine von unzähligen pompösen Weihnachtsplätzchen. Dieser Kleinkram schien meiner Mutter nicht zu liegen, und außerdem beglückte uns Tante Heide aus Schlesien zu Weihnachten mit diesem »feinen« Gebäck, das allerdings jedes Mal als süße »Krümelei« eintraf. Die Hauswirtschaftslehrlinge in Tante Heides Küche waren zwar exzellente Plätzchenbäckerinnen, aber leider keine Päckchenpackerinnen.

Für Mutti blieb dann jedes Jahr die Genugtuung eines geringschätzigen Blickes auf dieses Chaos im Paket, ein Zeichen der Eifersüchteleien zwischen den Schwägerinnen um den Mann und Bruder Fritz.

Dann kam schon der Nikolaus-Abend, an dem wir die Schuhe vor unsere Zimmertür stellten, der Adventssonntag mit einem selbst gebundenen Tannenkranz und den vier roten Kerzen, die vielen kleinen Weihnachtsfeiern, die vor dem Heiligabend stattfanden.

Weihnachtliches Singen im Kindergottesdienst, die Vorbereitungen für das Krippenspiel der landwirtschaftlichen Schule, ein Weihnachtsspiel der Volksschule im Hotel »Deutsches Haus«, wo ich zu dem hübschen Lied

»Schneeflöckchen, Weißröckchen –
wann kommst du geschneit ...
Du kommst aus der Wolke, dein Weg ist so weit.
Komm setzt dich ans Fenster,
Du lieblicher Stern,
wir haben dich gern«

ein solches zartes Schneeflöckchen am weißem Tülltutu mit Wattepompoms benäht, darzustellen bemüht war, im Kreise meiner Freundinnen, die vielleicht etwas zierlicher waren. Ich überragte damals alle um Haupteslänge und störte eher den anmutigen Reigen. Als ich bei einer anderen Theatervorstellung den »Hans im Glück«, in geliehenen Hosen und Schiebermütze spielte, auch auf der Bühne des Hotel »Deutsches Haus«, da war ich eher in meinem Element, und bekam stürmischen Beifall.

Am Tag vor Heiligabend, am Nachmittag, als der Himmel grau bedeckt war, nahm mein Vater mich im Auto mit in die Königstraße, unsere Hauptgeschäftsstraße. Zuerst zu Borkowsky, dem Buchhändler. Papa verhandelte lange mit diesem »Bücherwurm«, der genau wie bei Spitzweg auf einer sehr hohen Leiter zu seinen Büchern heraufstieg, lang und schlank, mit einem hellen Kranz von abstehenden Haaren um sein Haupt und einer Nickelbrille. Papa entschied sich dann für das neueste und aktuellste Buch der Saison, den »Pieter Breughel« von Felix Timmermanns, ein flämischer Autor, den mein Vater besonders schätzte. Meine Mutter auch? Denn diese Käufe in letzter Minute waren die »StandardGeschenke« für seine Frau: das Buch – gegenüber bei dem alten Fräulein Hädtke, das Konfekt: Mandelsplitterkonfekt und Ingwerstäbchen mit Schokoladenüberzug. Wieder zurück auf die andere Seite zum Feinkostgeschäft Pfeiffer, wo Papa eine köstliche blaue Weintraube, die direkt über der Theke hing, abschneiden ließ. Von dem rosa Lachs hinter der Glasscheibe wurden hauchdünne Scheiben gesäbelt, einige Ringe Feigen, Orangen und Mandarinen und eine große Tüte Paranüsse waren die exotischen Genüsse, die der Landwirtschaftsdirektor seiner Frau mitbrachte, wo doch sonst die Parole galt: »aus deutschen Landen, frisch auf den Tisch«.

Dann noch die obligatorischen weißen Wildlederhandschuhe von den Geschwistern Theuss und ein Flasche »Eau de Cologne 4711« aus der Apotheke und Drogerie Wacknitz.

Auch wir Kinder hatten unsere Basteleien für die Eltern fertig bekommen. Ich malte wie immer ein Bildchen, Resi stickte sicher die berühmten Nadelheftchen, die von den Kindern auf der ganzen Welt zu Weihnachten gestickt wurden, bunte Perlgarnfäden durch ein Panama-Gewebe gezogen und ein Filzläppchen in der Mitte eingeheftet. Alles war bereitet für das große Fest – aber es fehlte noch die wichtigste Sache für die Eltern, ohne die es nicht Heiligabend werden konnte: der Karpfen! Er musste frisch am selben Tag aus dem See geholt werden. Also nahm mich mein Vater am Vormittag wieder mit, als er zum Fischereimeister Rosengarten am Schlosssee fuhr. Es ging die Königstraße hinauf, am Markt und der katholischen Kirche vorbei, links in die Seestraße, eine enge Gasse, die noch zur ehemaligen Altstadt gehört hatte und hinunter zum See.

Der Schlosssee war nicht wie der Stadtsee von Wäldern umsäumt, sondern erstreckte sich, wieder als Rinnensee, zwischen flachen Ufern in die Felder hinaus, parallel zur Chaussee nach Arnsfelde, nachdem er im Bereich der Stadt diese eigenartige Zangenform um die Landzunge gebildet hatte, wo früher die Burg stand.

Vom Fischer sah man direkt auf das gegenüberliegende Ufer dieser Wuster-Halbinsel. Vom Haus rief eine Frau: »Der Vater ist nicht da – gehen Sie runter zum Steg, er wird in der Hütte sein!« Wir gingen ein paar Schritte zum Wasser und balancierten auf einem schmalen Steg zu einer hölzernen Hütte, die auf dem Eis zu stehen schien. Sie stand aber auf Pfählen, die in den Seegrund getrieben waren. Hier am Ufer war das noch möglich, aber draußen soll er immerhin fünfundzwanzig Meter tief sein – der tiefste See des Kreises was der Böthinsee mit sechsunddreißig Metern.

Die Hütte war innen sozusagen »hohl«, denn da wo der Fußboden gewesen wäre, konnte ich direkt in das geheimnisvoll grün schimmernde Wasser des Sees blicken. Und wenn der Fischer das große Netz ein bisschen anhob, das in dem Loch versenkt was, sah ich auch die Fische schwimmen – große und kleine, lange und dicke Fische, die Herr Rosengarten mit Reusen gefangen hatte und nun hier in dem großen Netz unter dem Boden seiner Hütte lebendig und frisch hielt, bis der Käufer kam, um sich seinen Weihnachtskarpfen abzuholen.

»Karpfen polnisch« mit Bier und Pfefferkuchen zubereitet war eine Nationalspeise – eben Grenzlandtradition. Freundschaftliche Begrüßung der beiden Männer. Der Fischereimeister Rosengarten war seit Gründung der landwirtschaftlichen Schule ein engagierter Lehrmeister, der bei dem Fischreichtum der unzähligen Seen des Kreises auf eine gründliche Kenntnis vom Fischereiwesen drang, auch bei den Landwirten.

Nachdem er den alten grauen und verkrusteten Karpfen aus seinem Netz herausgefischt hatte, den er für unsere Abendtafel für richtig hielt, konnte ich gerade noch auf den Steg entwischen, bevor er ihm mit einem Holz totgeschlagen hatte. Aber er zuckte noch, als wir ihn in Zeitungspapier nach Hause brachten, wo der unglückselige Karpfen dann noch einmal von der Anna oder Ida traktiert wurde, bis er endlich mausetot war und geschuppt werden konnte für die lange Prozedur des Kochens, die ihm noch bevorstand.

Ich fand diesen süßlichen Fischgeruch vermischt mit Bier und Pfefferkuchen einfach grässlich. Aber Gott sei Dank mussten wir ihn nicht auch noch essen, den armen grauen Kerl. Für uns würde es die dünnen feinen Wiener Würstchen geben, die extra vom anderen Ende der Stadt beim Fleischer Neumann geholt worden waren. Wenn nun endlich der Heilige Abend da war, hatten wir schon so viel Kerzenlicht an den Weihnachtsbäumen gesehen, so viel weihnachtliche Stimmung in uns aufgenommen, dass es verwunderlich scheint, dass die spirituelle Kraft dieser Weihnacht in der Familie immer noch so einzigartig und intensiv wirken konnte. Der Rhythmus, in der der Abend ablaufen würde, war bekannt. Der Vater schmückte den Baum, Ehrensache, ob er nun im Esszimmer stand, im Herrenzimmer, unsere Mutter liebte den Wechsel, oder im Damenzimmer, wo er in meiner Erinnerung seinen wirklichen Platz hat. Am Spätnachmittag wurde die Familie ins Auto gepackt, außer Just und dem Mädchen, und wir fuhren zur Kirche in den Weihnachtsgottesdienst.

Diese Kirche war ein gotisierender Bau von 1902, der das 1843 gebauten Gotteshaus ersetzte. In den Annalen der Stadt wird zwar schon 1559 ein evangelischer Pfarrer genannt, aber die Gemeinde bekam nach den Wirren der Religionskriege, nach Not und Pest erst 1793, als der Kreis preußisch geworden war, einen Betsaal im Rathaus zugeteilt.

Wir nahmen unsere Plätze oben auf der Orgel-Empore oder auf einer der Seitenemporen ein, damit Vater oder Mutter die Möglichkeit blieb, das vielleicht vor Müdigkeit weinende Kind oder weil es in die Hosen gemacht hatte, sofort nach draußen zu schaffen. Eines feierlichen Abends, als wir unten im Kirchenschiff saßen, wo die hohen Stützen wie riesige Tannen über uns hinauszogen, war tatsächlich solch eine Sache passiert, die sehr peinlich auslief. Aber ich bekomme das Bild dieser unfrommen Szenen nicht mehr zusammengesetzt.

Nach Hause zurückgekehrt, wurde die feierliche Stimmung durch nichts mehr gestört. Wir Kinder warteten im Herrenzimmer und waren ganz still und gespannt. Die Eltern waren im Damenzimmer verschwunden. Dann klingelte ein feines Glöckchen. Mutti schob beide Türen zum Damenzimmer weit auf und sang mit kräftiger Stimme: »Stille Nacht – heilige Nacht«, Papa und Ida stimmten mit ein.

Ich sah nur den Lichterbaum, und der ewig alte Zauber überfiel mich, so dass ich stumm und wie gebannt vor diesem Glanz stehen blieb.

Dieses Bild – der strahlende Baum da an der Seite des Zimmers, die Dunkelheit des Abends, die durch das gegenüberliegende Fenster von den hohen Birkenbäumen in den Raum fällt, mischt einen Farbklang, der einzig mit diesem Zimmer verbunden bleibt. Die jungen und glücklichen Gesichter von Mutti und Papa in diesem vibrierenden Licht, der Glanz von Muttis Kleid, der ganz matte Ton des ovalen Mahagoni-Tisches, der Reflex auf dem Bilderglas an der Wand.

Mutti nickt mir zu: »Nun sag dein Gedicht.« Sie hatte es nicht vergessen, obwohl ich auf dieses Gedichtaufsagen lieber verzichtet hätte. Also begann ich die Verse vom lieben guten Weihnachtsmann und begann bald zu stottern. Wie sollte ich auch an den Vers denken, wenn mein Herz hochschlug mittendrin in diesem feierlichen Bild. Irgendwie brachte ich es dann doch zu Ende, denn es war ja »dem Vater zuliebe« gelernt worden. Und dann Muttis erlösenden Worte. »Nun kommt, kommt heran.«

Zögernd näherte ich mich, Resi hinter mir her. »Fröhliche Weihnachten« und Küsschen, Küsschen. »Na, sieh mal, das hat dir der Weihnachtsmann gebracht.«

Ich sah mich um, da oder dort – bis ich auf dem Stuhl neben dem Baum meine Puppe erkannte, in einem neuen wunderschönen rosa Strickkleid. (Das heute noch die Puppe von Dorly trägt.) Das waren also meine Geschenke.

Über der Stuhllehne hing ein rotes, gepunktetes Seidenkleid.

»Das hat der Onkel Rienecker dir geschenkt.« Meine Güte, war das schön! Über die Schultern lag eine kleine Pellerine, deren Rand mit einer gekrausten Borte eingefasst war. Einfach fabelhaft!

Onkel Rienecker war für mich immer der besondere Weihnachtsmann. Von ihm bekam ich meinen ersten Schlitten, und in all den Jahren bis heute hat er nie versäumt, mir ein Weihnachtsgeschenk und einen langen Brief zu schicken. Nach den Spielsachen und den kleinen hübschen Dingen für eine junge Dame waren es die Kunstbücher, die meine Bemühungen um die Theorie der Kunst stark beeinflussten.

Was lag da nun noch auf meinem Platz? Ein Buch – »Nesthäkchen« war in den Jahren noch große Mode. Die lustigen Späße dieses kleinen Berliner Mädchens, die so ganz anders waren als die unsrigen, brachten einen Hauch der großen weiten Welt in meine Kleinstadt-Perspektive. Für die Puppe, die ja das süße rosa Wollkleid trug, war da noch ein Paar niedliche Strümpfe. Alles kleine Geschenke, denn vor fünfzig Jahren war es einfach noch nicht üblich, unabhängig davon, dass wir nun schon ganz und gar nicht verwöhnt waren.

Auch Resi hatte ihren Gaben-Platz gefunden, und auch sie wühlte beglückt in den kleinen Sächelchen. Vor allem waren es ja die vielen kleinen Dinge für die Puppenstube, ein Kesselchen, eine neue Gardine, ein Fellteppich, die immer etwas Neues boten.

Resis Patentante war Muttis Schwester, Tante Liese. Sie vergaß auch nie, aus der Weltstadt Düsseldorf ein kleines Präsent zu schicken. Düsseldorf hatte sich durch die lange französische Besatzungszeit, von 1921 bis 1930, um den Reparationszahlungen Nachdruck zu geben, ein französisches Flair behalten und wurde das »rheinische Paris« genannt. Also war alles, was von dort kam besonders schick.

Alle waren glücklich und strahlten, und wir Kinder konnten uns nur schwer von unseren Geschenken trennen, als das Mädchen das angerichtete Abendessen meldete. Für die Eltern den Karpfen, für uns das Wiener Würstchen. Das

Dienstmädchen musste natürlich ihr Weihnachtsmahl in der Küche einnehmen.

Aber wenn sie uns Kinder ins Bett verfrachtet hatte, machte sie vielleicht einen Sprung zu Frau Nickel hinüber, die für diesen hohen Feiertag ihre gute Stube geöffnet hatte, die gleichzeitig als Schlafzimmer diente. Auch uns gestattete sie mit einer gewissen Würde, am ersten Feiertag hier ihren bunt geputzten Weihnachtsbaum zu betrachten, mit Heiligen-Bildchen, allen möglichen zartgläsernen Figürchen und Ketten, Kugeln in allen Farben. Immer wieder entdeckten wir etwas Neues und staunten über das, was hier in bäuerlicher Liebe zu allem Figürlichen, allem, was glänzt, zusammengetragen war.

Unser Baum dagegen trug wohl auch bunte Kugeln, silbernes Lametta und Wunderkerzen, die der Vater abbrannte zu einem glitzernden Stern, dazu Süßigkeiten, kleine bunte Schokoladenpäckchen, Plätzchen, Fondant-Ringe, all das, was wir nach den Feiertagen langsam abpflücken durften, als Trostpreis für das beendete Fest, aber mit dem von Frau Nickel war er überhaupt nicht zu vergleichen. Richtig puritanisch und protestantisch.

Am Weihnachtstag machten wir unsere Runde bei den Hausfreundinnen, Gertrud und Lolo, um zu sehen, was sie vom Weihnachtsmann bekommen hatten. Sie erwiderten natürlich mit einem prompten Gegenbesuch. Bei Henkemeyers stand der Weihnachtsbaum im Esszimmer. Sie waren nicht wie wir am Heiligen Abend um sechs Uhr in die Kirche gefahren, sondern gingen erst am ersten Feiertag am Vormittag. Aber Frau Henkemeyer, die eine sehr strenge Katholikin war, hatte sich schon nachts zur Christmesse begeben. Das imponierte uns sehr – mitten in der Nacht in die Kirche gehen! – Allerhand. Doch wir wurden regelrecht verwirrt, als sie uns, in ihrem großen Sessel am Fenster sitzend, erklärte, dass die Geburtsstunde des Jesuskindes nun einmal die Mitternacht war, was ja auch in der Bibel steht. Tja, da hatte sie wohl recht – und wir, die Evangelischen, machten das falsch.

So war Weihnachten in Deutsch Krone.

Und wiederholte sich im gleichen Ablauf Jahr für Jahr, bis eines Tages Just nicht mehr Holzbauklötzchen und eine Holzeisenbahn geschenkt bekam, sondern eine »richtige« Eisenbahn, wie es sich für einen Jungen ziemt. Das war dann auch unser letztes Weihnachtsfest hier draußen inmitten von schneeverwehten flachen Feldern und Seen, unter einem großen grauen Himmel.

Der Osterhase im Kartoffelkeller

Diese Ostern hat es wieder geschneit. »Ach, das macht gar nichts, da suchen wir eben die Ostereier in der Kartoffelkiste im Keller. Das haben wir früher oft tun müssen.«

Wir jedenfalls suchten damals noch die Eier, die der Osterhase aus seiner Kiepe zwischen den Kartoffeln versteckt hatte. Gott sei Dank entdeckten wir erst im Luisenhof in Potsdam, dass unser Vater früh morgens mit einem Waschkorb hinter sich durch den Park zog und entlang der Wege, da und dort, sich niederhockte, in den Korb langte und dann weiter wanderte. Siehe da, genau an den Stellen fanden wir auch Ostereier. Natürlich spielten wir das alte Spiel weiter mit, noch viele Jahre.

In Deutsch Krone war es meistens noch recht kalt, wenn der Osterhase durch die Gärten zog, und ich bin nicht sicher, ob sich schon ein Schneeglöckchen wagte, unter dem Laub vom vergangenen Herbst hervorzuschauen. Es war sehr früh am Morgen, wenn unser Vater die Tür zum Kinderzimmer aufriss und rief: »Schnell, schnell angezogen, ich habe den Osterhasen aus dem Garten laufen sehen, kommt fix nachsehen, ob er etwas für euch gelegt hat!«

Wie der Wind waren wir in den Kleidern. Der Vater verteilte an jeden einen großen Einkaufskorb, der kleine Just bekam den größten – und dann stürzten wir die Terrassentreppe hinunter in den Garten. »Nein – stopp, zurück, da liegt ja etwas Buntes in der Ecke der Stufe!« Tatsächlich, das erste Ei in rotem glänzendem Papier. Und da – und dort – inmitten der Schneeglöckchen – unter den kahlen Stachelbeerbüschen – zwischen den Grasbüscheln auf der Wiese, wo ein paar weiße Gänseblümchen, noch fest an den Boden gekuschelt, sich zaghaft bemühten, gegen das braune Gras anzutreten. Ganz sicher aber in dem Versteck, das ich kannte – in den Hohlblocksteinen unserer Bank neben der Sandkiste.

Resi stob nach der einen Seite entlang des Weges – ich nach der anderen – ein glücklicher Aufschrei – und weiter gebückt. Sorgfältig zwischen den Beeten suchend – bis in den Körben immerhin schon der Boden bedeckt war. Zum Vater, der auf der Terrasse wie ein Feldherr die Suchaktion dirigierte, war die Mutter in ihrem leuchtend blauen Seidenmorgenrock hervorgetreten. Für diese elegante Morgenroben hatte sie immer ein Faible; sie reichten bis an den Boden und waren Mitbringsel aus Berlin. So standen sie also da, glücklich über ihre Kinderlein, die da eifrig herumsprangen, noch ohne Streitereien, wer zu viel oder zu wenig in seinem Korb hatte. Als die Sucherei schwieriger wurde, half der Vater. »Liegt da nicht noch etwas Buntes oben in der Gabelung des Reineclaudenbaums – und da – am Kellerfenster? Schau auf der Gartenmauer blitzt es auch noch hellblau.« Gott sein Dank hielt der Osterhase sich an sein Revier, das sich nur über den Garten vor dem Esszimmer erstreckte, und so blieb am Ende kein Blättchen, das wir nicht umgedreht hätten. Als sozusagen neutrale Person korrigierte die Mutter ein bisschen die endgültige Verteilung der süßen Beute, aber wenn einer dann immer noch ein verlorenes kleines Zuckerei entdeckte, dann war das sein Gewinn. Doch was war, wenn wir an einem solchen frühen Ostersonntagmorgen mit unseren Körben auf der Terrasse standen und alles um uns weiß verschneit war und wir enttäuscht und ratlos um uns schauten? Der Vater hatte ein Idee: »Ja, wo könnte der Osterhase nur diesmal seine bunten Eier versteckt haben – er will dabei nicht gesehen werden, eine Art von runden Nestformen brachte er auch für die Eier, und irgendwie muss auch ein neues Kräutlein wachsen. Wo wächst etwas – wenn nicht im

Garten – einem Blumentopf, außer den Hyazinthen haben wir nichts – hm – wo also? Jetzt habe ich es!!! Kommt mit, wir werden sehen.«

Er wendet sich und nimmt den Weg in den Keller – wir drei hinterher. Mutti und Anna sehen – scheinbar – erstaunt der Prozession zu.

»Ich denke«, sagt der Vater, »der Hase könnte in den Keller gehopst sein.« – »Was – in den Keller?«

Wir stürmen los – der Obstkeller mit den letzten Boskop-Äpfeln ist abgeschlossen, im Keller mit dem Eingekochten schauen die Weckgläser nur glatt und kalt den Kindern entgegen – in der Waschküche – nichts – der Trockenkeller ist leer – bleibt nur noch der Kartoffelkeller, mit den Kisten voller Kartoffeln und ein wenig aufgeschichtetem Brennholz für den Waschkessel.

Tatsächlich, da wo die weißen Kartoffelkeimlinge anfangen aus den alten Kartoffeln herauszuwachsen, da, wo es also zu sprießen beginnt, glänzte es zwischen der braunen, stumpfen Haut. Bunt eingewickelte Ostereier und gleich mehrere zu einem Nestchen gehäuft liegen da und dort in kleinen Kuhlen zwischen den Kartoffeln! Na, das ist vielleicht eine Idee! Aber der Spaß des Suchens blieb uns erhalten. Und die Patentlösung: Bei Schnee werden die Ostereier in den Kartoffelkisten gesucht! Doch unser Fest war mit dieser morgendlichen Sucherei noch nicht beendet.

Nach einem fröhlichen Familien-Frühstück mit Streuselkuchen, duftendem Kaffee und Kakao für uns, einem frühen Mittagessen, sicher war es Lammbraten, denn an diesen Riten hielt man fest, machte sich die Familie auf zu einem Waldspaziergang, wobei die Anfahrt zunächst mit dem Auto vorgenommen wurde.

Sicher zitierte unsere Mutter, wie jede Ostern, Goethes »Osterspaziergang« aus dem Faust: »Vom Eise befreit sind

Strom und Bäche / Durch des Frühlings holden belebenden Blick; ...«, wir schauderten vor Kälte, »Im Tale gründet Hoffnungsglück; / Der alte Winter, in seiner Schwäche, / Zog sich in rauhe Berge zurück.«

Berge hatten wir zwar nicht, aber nun schlenderten wir, Resi und ich bei Mutti eingehakt, der Vater voraus, durch den lichten Wald, über einen weißen Teppich von Anemonen – diesmal wird Ostern sehr spät in die letzten Tage des April gefallen sein. Auf einmal – was war das? Eins, zwei drei kleine weiße Ostereier liegen vor unseren Füßen – ein paar Schritte weiter – und wieder dieselben weißen Eier mit dem gelben Dotter.

»Der Osterhase hier im Wald – das ist ja fantastisch!« Den Osterhasen im Garten mochte ich ja noch hinnehmen, aber nun tatsächlich im Wald? Das Spiel wiederholt sich eine ganze Weile. Ist es nicht der Osterhase – sondern der Vater –, der da die Eier heimlich aus seiner Tasche fallen lässt? Wir durchstöbern seine Joppentasche – nichts zu finden – ein paar Schritte weiter – wieder liegen auf dem Boden verstreut die kleinen runden Eier – und der Vater trägt wirklich nichts bei sich?

Ein Wunder also – da werden wir wirklich stutzig – gab es den Osterhasen denn doch – zumindest hier im Wald?

Das Rätsel haben wir nie gelöst – es blieb die schönste Geschichte, die der Vater uns bereitet hat: Der Osterhase hüpft durch den Wald, ein heller grüner Wald muss es sein, Anemonen blühen, und wenn dann eine Familie vergnügt dahergeschlendert kommt, wird der Osterhase diese kleinen weißen Eier mit dem gelben Dotter den Kindern auf den Weg streuen, wohlgemerkt: nur diese kleinen runden weißen Eier mit dem gelben Dotter.

Wahlen und Nazizeit in Schulen und anderswo – Schulzeit im Dritten Reich

Es begann damit, dass ich erst zwei Monate später in die höhere Töchterschule gehen durfte, obwohl der Unterricht in der Sexta schon begonnen hatte. Ich saß mit meinen Freundinnen, Ina Pott, Irmchen Lauer, Inge Genee, Rosemarie Schneider und den anderen weiter in der Evangelischen Volksschule und wir wussten nicht recht, warum.

Das sollte ein Boykott sein, ein politischer Boykott gegen den Schulrektor der höheren Töchterschule – Herrn Wolf – der Jude war.

Bis Ostern 1934 hatte man das in der Provinzial Schulbehörde in Schneidemühl noch gar nicht weiter bemerkt oder hatte schnelle Entscheidungen einfach zurückgestellt.

Noch bevor die neue Nazi-Regierung durch die Wahlen im November 1933 bestätigt worden war, wurde schon am 7. April 1933, das »Gesetz zur Wiederherstellung des Berufsbeamtentums« erlassen.

Von Stund an vollzogen sich alle möglichen willkürlichen Veränderungen in der Beamtenschaft – plötzlich war jeder der Denunziation durch Nazis ausgesetzt.

Eine wachsame Beamtenfrau war wohl um ihren Mann besorgt, und damit konnte sie leicht auch die anderen Beamtenfrauen ansprechen: »Wie kann man unter diesen Umständen seine Kinder in die höhere Töchterschule schicken, solange der Rektor dort noch ein Jude ist!«

Nach dem gleichen Gesetz, unter dem alle Beamten um ihre Existenz zu fürchten begannen, der eine war katholisch, der andere Freimaurer – war auch Herr Wolf – als Nichtarier – in seinem Beamtenstand, nach 17 Jahren als Schulleiter gefährdet.

Die Situation erschien tatsächlich vertrackt.

Wahrscheinlich hatte sogar die Frau vom Lehrer, der groß, blond und blauäugig 1932 unsere Volksschulklasse übernommen hatte, die ganze Sache inszeniert. Beide waren schon 1932 in der NSDAP. Der Schullehrer klappte einmal im Unterricht sein Jackenrevers um, und zeigte uns stolz das Partei-Abzeichen.

Unterdessen hatte Frau Pott es geschafft, ihre Freunde und Bekannten so zu verunsichern, dass sie ihre Kinder tatsächlich in der Volksschule ließen, bis eine Entscheidung erzwungen war, die dann heißen musste: Absetzung des Direktors der »Höheren Töchterschule«.

Papa, Direktor der landwirtschaftlichen Schule, wurde als Beamter auf einen sehr exponierten Posten – natürlich von den neuen Machthabern unter die Lupe genommen. Anscheinend hatte es sich auch in den neuen politischen Kreisen herumgesprochen, das ein Fachmann für die Landwirtschaft nicht zu ersetzen ist.

Inge Genees Vater war Offizier und hatte ja nichts zu befürchten, und wohl kaum der Arzt Aber eine antisemitische Voreingenommenheit, war im Osten in einer kleinen Stadt, nicht ungewöhnlich.

Heute wird man natürlich fragen, warum meine Eltern, die wahrscheinlich keine Nazis waren, sich dieser Gruppe anschlossen. Das war kein Heldenstück. Aber mein Vater wollte gar kein Held sein, sondern nur seiner Familie die Existenz bewahren, in dem er sich an seinen Beamteneid gehalten hat.

Denn ein Nicht-Mitmachen als Einzelner hätte bestimmt seine Folgen für meinen Vater gehabt – lauerte man doch auf einen Kopf, der fiel, und dem Direktor hätte das gar nichts mehr genützt.

Für die ganze Geschichte hatte ich, ein zehnjährige Kind, natürlich keinen politischen Verständniss.

Höchstens den, dass wir uns in unserer exponierten Lage, als Gruppe von Kindern, die eigentlich gar nicht mehr in dieser fünften Volksschulklasse sein sollten, herausgehoben fühlten, über die, die sowieso nicht auf die höhere Töchterschule gehen konnten, und abschätzend auf sie herabsahen.

Also keine Solidarität mit der Arbeiterschaft, sondern genau das Gegenteil – Elite-Bewusstsein – wir waren etwas »Besseres« – wobei wir die Ursache überhaupt nicht begriffen.

Allerdings mussten wir für dieses bisschen Überheblichkeit dann zahlen, als wir endlich – Rektor Wolf war entlassen – in die Sexta der höheren Töchterschule einzogen.

Laut meinen ersten Zeugnis aus der Sexta im Herbst 1934 hatte ich 41 Stunden gefehlt. Sollten die sich auf unseren verspäteten Einzug beziehen, wären es nur 8-10 Tage gewesen, möglicherweise war das eine Spanne von versäumten Tagen, die man noch ohne Beurlaubung erledigen konnte – in unserem Falle wollte man die Eltern-Aktion wohl nicht an die große Glocke hängen. Denn auch an dieser Schule fielen die Ereignisse zusammen, Kündigung und Umformung des Schulsystems: Die höhere Töchterschule wurde geschlossen, und die sechs Klassen einer Mittelschule gingen im Laufe des Jahres 1935 in die Aufbauschule über.

Ich meine, es müsste kurz vor dem Sommerferien gewesen sein, als die erstaunten Sextanerinnen unser Grüppchen da hereinmarschieren sahen. Sie ließen uns ganz schön hängen und demonstrierten herablassend ihre Französisch-Kenntnisse, die sie uns voraushatten. Wir mussten nun extra büffeln, um sie einzuholen, und blieben eine ganze Zeit die »Paria«, denn was sollten wir schon für eine begreifliche Erklärung geben, warum wir erst später kamen.

Programmgemäß waren die »Katholischen« schon zu Ostern in die Sexta übergegangen. Gisela Egtermeyer, deren Vater das Bleyle Geschäft gehörte, Ursula Lenius vom Kartoffelgroßhändler und die Kinder von den Bauernhöfen. Deren Eltern sahen sich nicht weiter bedrängt durch Nazi-Gesetze, und außerdem hat die katholische Bevölkerung dieser Kleinstadt, die sicher die Hälfte der Einwohner stellten (1839 gab es 1.532 Katholische neben 1.100 Evangelischen), sich sowieso länger von der Nazi-Partei distanziert gehalten; erst recht auf dem Land, wo die Katholischen überwogen.

Das erste, auch mir schon damals bekannte Opfer der Nazis in ihrer Wut über die Katholiken, war dann auch Direktor Dr. Rohwerder, der Direktor des Gymnasiums. Dieses Gymnasium galt immer noch als Jesuiten-Schule, obwohl es schon seit 1823 unter Friedrich Wilhelm III. in ein allgemeines Pro-Gymnasium umgewandelt worden war. Friedrich des Große hatte den Jesuiten 1772, nachdem das Land preußisch geworden war, die Weiterarbeit gewährt, jedoch löste er 1781 das Jesuiten-Kolleg auf und nach dem »allgemeinen Regelement für die in Westpreußen ehemals etablierten Jesuiten-Kollegien« entstanden daraus katholische Gymnasien. 1899 erhielt dieses Gymnasium eine neues Schulgebäude auf dem Bürgermeister-Berg. Lisa Henkemeyer, die älteste Tochter unseres Landwirtschaftslehrers, eine Musterschülerin und streng katholisch – besuchte als einziges Mädchen diese Jungen-Schule. Also war in unser Vorstellung die Schule »katholisch«.

Dr. Rohwerder gehörte von Anfang an zu den Freunden meiner Eltern. Ein großer, eleganter Mann – die Frau dazu habe ich nicht mehr in Erinnerung. Er war ein allgemein berühmter Sportsmann, der sich im Winter ein Stück Eis auf dem Schlosssee aufschlug, um im eiskalten Wasser ein

Bad zu nehmen. Ich kann mich an solch eine Szene entsinnen, als wir schlotternd dem Schauspiel zusahen – als ob er eine Robbe aus Grönland wäre. Aber vor allem war er Muttis Begleiter bei den Schlittschuhfahrten, die wir mit mehreren Freunden nach Stranz machten. Beide konnten schöne Holländer-Bogen fahren und Eiswalzer tanzen. Seine Entlassung 1933 traf meine Eltern sehr. Meine Mutter nahm mich mit in das Direktor-Haus, als sie davon gehört hatte, um einen Besuch zu machen, und ihr Mitgefühl zu sagen. Den Nazis passte ein aufrechter streng gläubiger Katholik nicht auf dem Posten eines Schuldirektors – und so musste er gehen. Ich glaube, er kehrte in seine westfälische Heimat zurück – als untergeordneter Gymnasiallehrer.

Ich lese in einer Dokumentation über Deutsch Krone, dass das humanistische Gymnasium 1934 in eine Jungen-Oberschule umgewandelt wurde.

Der Schock, den diese Entlassung bewirkte, war wohl der Auslöser der »Kaninchen-Haltung«, die die anderen höheren Beamten ergriff.

Denn Dr. Rohwerder war auch der Inszenator des Akademischen Vereins gewesen, in dem sich die wenigen Akademiker des kleinen Kreisstädtchens zu geselligen Veranstaltungen trafen.

Solch eine exklusive Gruppierung konnte den Nazis natürlich auch nicht gefallen und war ein Punkt mehr gegen Dr. Rohwerder. Der Verein wurde dann wahrscheinlich auch aufgelöst – oder ging in den Bürger-Verein über, von dem Mutti sprach.

Wie ich erst 1984 erfuhr, als Lisa Henkemeyer mich besuchte, wurde ihr Vater, ein streng gläubiger Katholik, gleich nachdem Papa 1935 nach Potsdam versetzt worden war, und ein wüster Nazi aus Schönlauke zum Nachfolger im Amt wurde, auf einen unbedeutenden Posten ins »Reich« abgeschoben.

Was man sich unter einem »SA-Mann« vorzustellen hatte, bekam ich schon früher zu spüren. Es muss 1932 gewesen sein, Hindenburg, der damalige Reichspräsident, der am 30. Januar 1933 Adolf Hitler zum Reichskanzler berief. (Nachdem General Kurt von Schleicher unter dem Druck von Hindenburg als Reichskanzler zurücktreten musste).

Es war ein schöner Sonntagvormittag. Die Bürger der Stadt promenierten auf dem Poetensteig um das Kriegerdenkmal, wo das sonntägliche Frühkonzert der Feuerweh-Kapelle stattfand. Meine Mutter war mit mir, ich war acht Jahre alt, an diesem Sonntag auch hierher gegangen. Vielleicht war mein Vater im »Reich« auf Dienstreise – zu einer DLG-Tagung oder landwirtschaftlichen Ausstellung. Wir flanierten in hellen Sommerkleidern durch das flirrende Licht, das durch die Baumkronen fiel – entlang dem dünnen Rinnsal des Judenflusses und freuten uns an der Marschmusik – ganz wie in dem Lied »... ein Schmetterling ... bumm bumm«, als plötzlich ein Lärm sich erhebt, – Menschen laufen durcheinander – packen ihre Kinder, Panik scheint auszubrechen.

Auf der Mitte des Platzes – vor dem Kriegerdenkmal, war eine Keilerei entstanden – Männer in braunen Uniformen schlugen auf sonntäglich gekleidete Männer ein. Sie wehrten sich – andere kamen zu Hilfe.

Eine Gruppe von SA-Männern hatte die Spaziergänger provoziert. Ohne dass wir auf dem Poetensteig etwas bemerkt hatten, war die wüste Schlägerei im Gange – oder war es ein Aufmarsch gewesen quer durch die sonntägliche Menge.

Mutti packte mich an der Hand und riss mich mit sich fort – im schnellen Lauf an der Baugewerksschule vorbei in die Bismark-Straße. Mit uns andere flüchtende Menschen. Immer noch rennend erreichten wir völlig außer Atem und voller Entsetzen das Haus von Opapa Goldbeck. Hier wohnte Käthe Goldbeck, Muttis jüngere Freundin (geb. 1901) noch aus der Zeit, als wir bis 1926 gegenüber in der »alten Schule« gelebt hatten. Jetzt verschnauften wir. Wie konnte solch ein Ereignis wie ein Donnerwetter auf die friedliche Stadt niederkommen? Erstmals in aller Öffentlichkeit war Terror vorgeführt worden – die brutale Gewalt, mit der die Nazis sich vorstellten. Wo waren sie hergekommen – wie viele waren es? Wer gehörte in Deutsch Krone zu diesen Leuten, die auf harmlos flanierende Bürger loszogen?

Einer, der wohl dazu gehörte, war der Vater unserer Klassenkameradin, ein kleines dünnes Mädchen mit langer Nase und verkniffenem Mund. Auf dem Klassenfoto aus der Volksschule steht sie vorn, rechts und links die sauerkrautfarbenen Zöpfe. Sie wohnte in dem Beamtenhaus Ecke Schlossmühlstraße/Tannenbergstraße, zusammen mit Irene Rathay. Vielleicht war ihr Vater ein kleiner Zollbeamter.

Eines Tages kamen wir von Irene herunter und wollten Ilse Götz zum Spielen abholen. Wir klingelten – und nach einer ziemlichen Weile öffnete die verheulte Ilse, nur einen Spalt, da schrie eine Stimme: » Wer ist da – ich will es sehen!« Ilse machte die Tür groß auf. Da saß ein große fetter Mann hingelümmelt in einen hohen Stuhl – in braunen Breeches Hosen und braunem Hemd, oben offen, so dass das grau-wollene Unterhemd heraus sah, ohne Schuhe, die Füße in dicken grauen Kniestrümpfen auf einen Hocker gehängt, schwarze Stiefel neben sich. In der einen Hand ein großes Glas Bier, in der anderen ein lederne Peitsche, die schlapp auf dem Boden hing. Wütend sah er auf uns kleine Mädchen und schrie sofort: »Du bleibst hier und gehst nicht mit denen da!«

Ängstlich blickten wir auf dieses Ungeheuer, und machten, dass wir die Treppe hinunterkamen. Unten im Hof fragten wir Irene erschrocken, was das denn für ein Vater sei – und warum er so komisch angezogen wäre. Irene mit verhaltenem Flüstern: »Das ist ein ganz hohes Tier – ein SA-Führer. Und wenn er betrunken ist, prügelt er mit seiner ledernen Reitpeitsche auf seine Kinder ein.« Wir schüttelten uns – keiner konnte sich einen Vater vorstellen – der mit der Reitpeitsche auf uns schlug. Aber er war ja ein SA-Mann – die machten das wohl alle so – und mir fiel die Geschichte vor einem Jahr ein, als ich mit meiner Mutter vor ihnen weglief.

Im Januar 1933 war Adolf Hitler Reichskanzler geworden, und die Parteimitglieder konnten sich in ihren Uniformen öffentlich sehen lassen. Viele müssen es nicht gewesen sein – und schon gar nicht so, dass nun die Stadt in »braun« getaucht war. Ich kann mich nicht erinnern, an Männer in Braun – oder an Massenveranstaltungen und Umzüge. Vielleicht wohnten wir auch einfach zu weit draußen von der Königstraße und dem Markt entfernt, wo so etwas hätte stattfinden können.

Nur auf einem Foto von den Schülern und Lehrern der landwirtschaftlichen Schule tragen drei von diesen Bauernjungen eine SA-Uniform (von 50) und einer sogar mit Knöpfen auf dem Hemdkragen, was ihn als Führer einer kleinen Gruppe auszeichnete.

Der deutschen Landwirtschaft was es in den letzten Jahren, bevor Hitler an die Regierung kam, so schlecht gegangen wie kaum je zuvor. Zitat von Shirer nach der Frankfurter Zeitung: »Schlimmer als zu irgendeiner Zeit seit den verheerenden Bauernkriegen von 1524/25.«

Shirer schreibt in seinem Buch: Aufstieg und Fall des 3. Reiches: »Das landwirtschaftliche Gesamteinkommen lag 1932/33 mehr als eine Milliarde unter dem von 1924/25, des ungünstigsten Machkriegsjahres. Die Schulden der Landwirtschaft beliefen sich auf 12 Milliarden, die größtenteils in den letzten acht Jahren entstanden waren. Die Schuldzinsen verschlangen 14% des gesamten landwirtschaftlichen Einkommens, wozu noch die Last der Steuern und Sozialabgaben kamen.«

Während meiner Suche nach Literatur über die Grenzmark stieß ich auf die Bände: »Der Grenzmärker« – Amtsblatt der Landwirtschaftskammer für die Grenzmark – Posen-Westpreußen. Jahrgang 4–7 vom Januar 1928-1931.

Ich zitiere daraus die Stellen, die von der Situation auf dem Land – insbesondere eben hier im Osten, eindringlich sprechen:

Überschrift der Nr. 2 vom 26. Januar 1928:

»Notschrei der Grenzmärkischen Landwirtschaft«

Die Landwirte aller Besitzgrößen fordern: Folgende Maßnahmen müssen durchgeführt werden:

Zollschutz

Erlass der Rentenbankgrundschulden

Umschuldung und Betriebskredite

Verbilligte Zinssätze

Stundung von Abwicklungskrediten

Senkung der Steuern

Änderung der Arbeitslosenversicherung (ab 1927 Zwangsversicherung)

Staatsmittel zur Förderung u. a. für Verwertungsorganisationen

Bevorzugte Eisenbahntarife.

Am 12. Juli 1928

»Ein letzter Notschrei«

Die Landwirtschaft der Grenzmark im Todeskampf

9. August 1828

Ein Artikel über die landwirtschaftliche Umschuldungsaktion

24. Oktober 1929

Amtliches »Die Katastrophale Lage der grenzmärkischen Landwirtschaft«

9. Oktober 1930

»Am Ende der Kraft«

... wird der Herr Minister auch diesen Notschrei ungehört verfallen lassen? Um Hilfe hat die Landwirtschaft nicht mehr gebeten, aber sie glaubt, verpflichtet zu sein, noch einmal ungeschminkt die grenzmärkischen landwirtschaftlichen Verhältnisse der zuständigen Stelle schildern zu müssen.

22. Januar 1931

auf der 15. Vollversammlung der Landwirtschaftskammer: ... gesunkene Preise für die wichtigsten landwirtschaftlichen Erzeugnisse ...

... die Landwirtschaft wartet mit Sehnsucht auf die Osthilfe – aber nun eine große Enttäuschung erlebt habe.

Die im Mai 1929, dem Osten zugesagten Millionen – kam aber im wesentlichen dem Großgrundbesitz zugute.

Und dazu kam noch die schlechte Getreideernte 1930.

Jahrelang vorher hatte die NSDAP die Bauern umworben mit Parolen von der Bodenreform, dem Gesetz für unentgeltliche Enteignung der Feudalgüter für gemeinnützige Zwecke, der Abschaffung der Bodenzinses zur Verhinderung jeder Bodenspekulation und dem sentimentalen Slogan von »Blut und Boden«, vom Bauern als »Salz der Erde«.

Schon bald nach der Regierungsübernahme durch die Nazis, begann der neue Landwirtschaftsminister Walter Darre, Diplom Landwirt und arbeitsloser Landwirtschaftslehrer, im September 1933 das Programm in die Tat umzusetzen. Es wurden zwei Grundgesetze erlassen: das Erbhof-Gesetz und das Reichsnährstand-Gesetz.

Durch das Erbhof-Gesetz sollte verhindert werden, dass die schwer verschuldeten Bauern ihren Besitz durch Zwangsversteigerung verlieren würden, oder ihn stückweise zusammen schrumpften. Diesen Schutz und die Verpflichtung zur Unteilbarkeit durch Erbfall sollte auf alle mittelständigen Betriebe von 5 ha bis 100 ha übertragen werden. (20-400 Morgen)

Hauptziel des Reichsnährstand-Gesetzes war, für die Bauern stabile Preise und vorteilhafte Preise zu sichern, und gleichzeitig Deutschland in der Ernährung stark zu machen.

In den ersten zwei Jahren der Nazi Regierung stiegen dann auch die Erzeugnisse der Landwirtschaft um mehr als 25%.

Wen wundert es also, dass die Bauern, die sich bisher vom Staat total vernachlässigt gefühlt hatten, weil seine Sorge nur der Industrie und den Arbeitern gegolten hatten, sich geschmeichelt fühlten, angesichts der Aufmerksamkeit, die man ihnen jetzt entgegenbrachte, und dass die jungen Bauernsöhne sich der Partei anschlossen. Die wirtschaftliche Situation auch der bäuerlichen Klein- und Mittelbetriebe begann sich zu bessern. Im Kreis Deutsch Krone waren das 2.600 Betriebe, die zwischen 5 ha und 100 ha lagen.

Die Mehrzahl der Schüler, die die Bauern auf die landwirtschaftliche Schule schickten, damit sie lernten, den Hof ertragreicher zu bewirtschaften, kamen von diesen Höfen.

Doch von der Politisierung des Lebens im nazistischen Sinne merkte ich selbst nicht viel.

Mein Vater fuhr nach wie vor zu landwirtschaftlichen Vorträgen in die Gasthäuser der größeren Dörfer. Die Mädchen in der Haushaltungsschule lernten wie eh und je »moderne Küche« und einen rationellen und sparsamen Bauern-Haushalt zu führen.

Die langsamen Änderungen gingen scheinbar ohne großes Donnergrollen vor sich – in diesen ersten zwei Jahren.

Meine Eltern hatten noch im März 1933 eine konservative Partei gewählt. (Oder gar nicht gewählt?) Ihre Plakate sah ich an jenem Sonntag vor der Halbschen Buchhandlung stehen, die zum Wahllokal ausgeräumt worden war. Ich hatte meine Eltern dorthin begleitet, denn anschließend machten wir den obligaten Sonntagsspaziergang in den Buchwald.

Im November 1933, als es in einem Volksentscheid um die Zustimmung zum Austritt aus dem Völkerbund und zu den bisher vorgenommenen Aktionen ging, bestand für die Bürger nur die Möglichkeit, der Wahl fernzubleiben – was in einer Kleinstadt natürlich scharf registriert wurde, und für meinen Vater als Leiter einer Schule umgehend Folgen gehabt hätte. Es blieb nur noch, einen ungültigen Stimmzettel abzugeben.

Was taten meine Eltern? Nach dem Untergang des sog. Dritten Reiches, im Herbst 1945, habe ich meinen Vater nicht gefragt – wir hatten andere Sorgen, als nach der Ursache des Unglücks, das alle betraf, zu fragen – insbesondere die Familien beider Eltern, in Ostpreußen und Schlesien – die ihre Heimat, Haus und Hof den Russen und Polen als Kriegsbeute überlassen mussten.

Obwohl die Pläne Hitlers in seinem Buch »Mein Kampf« schwarz auf weiß standen, und von allen gelesen werden konnten, erhielt dieser Regierungschef und seine Partei die

Zustimmung zu seiner Politik von 92% der Wähler. Eine Zahl sagt, dass somit 5 Millionen Deutsche nicht dieser Politik zustimmten.

Waren meine Eltern dabei?

Nach dem preußischen Beamtengesetz durfte kein Beamter einer Partei angehören, was bedeuten sollte, er habe sich nicht den politischen Strömungen des Tages anzuschließen, sondern sich mit seinem Treue-Eid ausschließlich der deutschen Nation zu verpflichten. In diese Verpflichtung – oder in sein Recht – nahm sich mein Vater, auch als die neue Regierung die Position eines höheren Beamten von seiner Parteizugehörigkeit abhängig zu machen begann. Und dabei blieb er, die ganzen zwölf Jahre, und man respektierte es, denn unabhängig davon machte er »Karriere« als Fachmann in Landwirtschaftsfragen. So berief ihn,1945, die russische Besatzungsmacht in die Zentral-Verwaltung in Berlin – so berief ihn Schlange-Schöning zum Aufbau eines neuen Landwirtschaftsministeriums in Hamburg 1947.

Aber unabhängig von seiner Abstinenz gegen Parteien, hatten nicht gerade die eingeleiteten Gesetze zur Verbesserung der Verhältnisse in der Landwirtschaft bewiesen, dass diese Regierung wirklich neue Ideen hatte, und den Mut, mit den ständigen Flickarbeiten der Vergangenheit Schluss zu machen, um die Not an der Basis anzupacken.

Es wird im August dieses Sommers 1934 gewesen sein, als ich eines Tages völlig überraschend für mich, meinen Vater in einem braunen Hemd und schwarzer Krawatte gesehen habe – in seinem grünen offenen Auto vor der Tankstelle kurz vor der Post. Es war übrigens die einzige Tankstelle in Deutsch Krone, an die ich mich erinnern kann. Es schien ihm fast unangenehm zu sein, dass ich ihn nur im Hemd sitzen sah, ohne Jackett. Diese erstaunliche Bild meines Vaters klärte sich so auf: Mit seinem alten AGA – ein Auto, das wie viele in dieser Frühzeit des Automobil handgebastelt war, und auch wieder schnell aus dem Handel verschwand, war er Mitglied im Deutschen Automobil-Club gewesen. 1934 wurden dieser Autosport-Club genau wie die Reiter-Vereine »gleichgeschaltet« und als Gliederung der Partei in die NSDAP Bewegung eingebunden. So wurde mein Vater Mitglied des NSKK – übersetzt : Nationalsozialistisches Kraftfahrer-Korps. Er trug das braune Hemd zu seinen üblichen Tweed Breeches – die auf dem Land die Bekleidung eines über die Felder reitenden Gutsherren und eben auch der Landwirtschaftslehrer und des Direktors war, vom Erwerb der schwarzen Uniform-Hose hatte herabgesehen, in der Hoffnung, dass es sich um einen einmaligen Auftritt handeln würde.

Bei welchem Aufmarsch mögen er und die anderen braungehemdeten Fahrer wohl ihre Autos im Zug mit gesteuert haben? Wie viel gleichgeschaltete Autos mag es überhaupt zu dieser Zeit in unserem Ackerbürger-Städtchen gegeben haben, die da über das holprige Pflaster der Kreisstadt den flatternden Fahnen des Führers folgten?

Ich lag mit Windpocken im abgedunkelten Kinderzimmer – Resi war ausquartiert, bis es sie auch befiel –, als meine Mutter tränenüberströmt zu mir hereinkam: »Hindenburg ist gestorben«.

Es war der 2. August 1934. Hindenburg war für Mutti nicht nur der Reichspräsident, der seit 1925 die Geschichte der Weimarer Republik immer noch in national-konservativem Sinne zu beeinflussen suchte.

Für eine Insterburgerin war er vor allem der Retter Ostpreußens im ersten Weltkrieg.

Er verjagte beide russische Armeen, die kurz nach Beginn des Krieges den Vormarsch nach Ostpreußen angetreten hatten.

Als die Armee unter General von Rennenkamp auf Königsberg vorstieß, flüchtete die Familie Hoffmann mit dem letzten Zug, der Insterburg verließ (zusammen mit den Goldsäcken der Deutschen Bank). Hindenburg schlug diese Armee am 14. September an den Masurischen Seen, nachdem er schon Ende August die Armee Samsonow östlich von Tannenberg vernichtend geschlagen hatte – bei Soldau.

Hindenburg war auch für mich ein Begriff – eben durch Fotos und Geschichten aus diesen Kriegstagen. Durch Mutti hatten wir vom Tannenberg-Denkmal gehört, das 1925–1927 nach dem Wettbewerbsentwurf der Architekten Krüger, Berlin, gebaut wurde. Er war der gütige alte Herr in weißem Haar und Zwirbelbart. Nun war er tot. Und ich weinte bitterlich in meinem weißen Kinderbett. Ich weinte, weil meine Mutter weinte – und ich wohl spürte, dass für meine Eltern eine Welt zusammenzubrechen drohte. Denn wenn es auch Hindenburg war, der Hitler aus der Kompliziertheit der republikanischen Regeln zum Reichskanzler gemacht hatte, so schien das doch eine temporäre Entscheidung gewesen zu sein – in der sich eine Politik nach den Regeln des Rechtsstaates zu richten hatte. Nun, nachdem der Garant eines immer noch funktionierenden Rechtsstaates verschwand, waren Tür und Tor offen für das Konzept, das in »Mein Kampf« beschrieben war. Hitler riss sofort die gesamte Macht an sich. Noch am selben Tag wurde ein Gesetz erlassen, wonach das Amt des Reichspräsidenten mit dem des Reichskanzlers vereinigt wurde, also auch der Oberbefehl über die Wehrmacht, die er zwang, ihren Eid auf seine Person und nicht wie üblich auf Deutschland zu leisten.

Der Hausmeister musste nun neben der schwarz-weißroten Staatsflagge auch die rote Hakenkreuzflagge am Klassenfenster der landwirtschaftlichen Schule festbinden, wenn irgendein Staatsfeiertag zu begehen war. Die Hakenkreuzflagge war die Fahne der NSDAP (ab 1935 wurde sie allein gezeigt) also der regierenden Partei. Die Bevölkerung war angehalten, diese rote Fahne mit dem schwarzen Hakenkreuz auf weißem Grund aus ihren Fenstern zu hängen – schon bei der 1. Mai Feier 1933.

Nun waren wir ja ein öffentliches Gebäude – die rote Fahne hing – und meine Mutter hatte für Embleme dieser Art ganz und gar nichts übrig. Umso mehr fanden wir Kinder es schick, so ein Hakenkreuz als blecherne Anstecknadel an unser Kleid zu pieken. Wenn wir aus der Schule kamen, hockten wir uns vor die beiden Kellerfenster eines kleinen dunklen Kramladens, neben dem Fleischer Wilke, wo der wundersamste Krimskrams nebeneinander lag: Hölzerne Kreisel neben Haarnetzen, Murmeln neben Bartwichse, Schulhefte neben schwarzen Strümpfen – Bakalithspangen für das Haar und Fahrradgummi, und dann auf einen samtenen Untergrund gesteckt: Hakenkreuz-Abzeichen, Hakenkreuz-Ringe und -Nadeln, Portemonnaies mit Hakenkreuz und kleine SA-Männer aus Plastelin. Aber vor allem die Abzeichen zogen uns an. Die kannten wir ja schon – hatte der Lehrer Schneider uns doch sein Partei-Abzeichen auf der Rückseite seines Revers gezeigt, als vor einem Jahr die Partei verboten wurde. Jetzt konnten wir zwischen all diesen Nadeln und Abzeichen wählen. Sie sahen zwar nicht genau aus wie das von unserem Lehrer – aber dafür in allen möglichen künstlerischen freien Gestaltungen – mit Adler mit Eichenlaub – allein auf eine Nadel gespickt. Wenn ich 20 Pfennig vom Geld für Eis und Bonbons abzweigen konnte, kaufte ich mal dies, mal das – schließlich konkurrierten die Freundinnen mit dem neuesten Modell.

Ich glaube der Lehrer fand es nicht gut, wenn wir diese

Dinger in der Schule trugen. Er sprach etwas von der »Heiligkeit« des Hakenkreuzes, dem Zeichen, das der Führer als Symbol für seine Partei ausgewählt hatte – sogar selbst entworfen.

Meine Mutter sah das natürlich ganz anders, und verbot strickt – ohne Kommentar, das Ding überhaupt nach Hause zu bringen.

Um so demonstrativer promenierten wir auf dem Schulweg durch die Königstraße, stolz unsere neuesten Blech-Hakenkreuze am Kleid.

Neu war übrigens auch, dass wir den Schulunterricht nicht mehr mit diesem unrhythmischen: »Guten Morgen, Herr Lehrer« beginnen mussten, sondern jetzt mit erhobenem Arm und erhobener Stimme dem Lehrer entgegenbrüllten: »Heil Hitler!«

Für uns war das ein großer Jux, wann hätten wir früher in der Schule so schreien dürfen. Wir wollten es natürlich noch weiter übern, stiegen auf die Bänke und schrien im Chor: »Heil Hitler«, dass es auf dem ruhigen Platz vor der evangelischen Kirche nur so herausschallte.

Wie verhielt sich nun ein gleichgeschalteter Lehrer dazu?

Wir brüllten so begeistert unseren Morgengruß, dass eben dieser Lehrer mit dem Partei-Abzeichen uns eines Tages, im Namen seiner Frau, zu sich einlud, also die ganze Klasse. Nun gegen eine Einladung des Klassenlehrers zu Kaffee und Kuchen konnten auch meine Eltern nichts einwenden und so erschien ich brav im Garten in der Ritterstraße. Frau Schneider war eine für mich ungewohnt stattliche Frau mit blondem Knoten und blauen Augen, wie Rosemarie, ihre älteste Tochter – unsere Klassenkameradin. Sie schien unzählige kleine Kinder zu haben und strahlte eine couragierte Mütterlichkeit aus.

Es gab eine lustige Kaffee-Tafel, Spiele im Garten ohne viele Prügelei. Dafür sorgte die Lehrersfrau. Allen gefiel es wirklich gut, denn sonst kamen wir ja nie mit den »Armen und Polenkindern« zusammen, außerhalb der Schule. Frau Schneider meinte: »So lustig könnt ihr es jede Woche haben. Ihr braucht nur in die Kükengruppe zu mir zu kommen. Und dann könnt ihr diese hübschen braunen Kleider mit dem weißen Kragen anziehen – und alle zusammen werden wir dann so eine richtige Gruppe von kleinen Küken sein.«

Als ich meinen Eltern von dem tollen Vorschlag erzählte, waren sie nicht so begeistert wie ich – eher betroffen. Es war ihnen schon klar, dass diese fröhliche Kükengruppe ein Anhängsel der NS-Frauenschaft war. Die Lehrersfrau hatte diese Gliederung der Partei in Deutsch Krone aufgezogen, und Frau Pott, besagte Frau des Medizinal Rates war auch dabei.

Was tun, fragten sich meine Eltern?

Das Ende vom Lied war, dass sie das Ganze als »unwichtig« einstuften (schließlich waren »alle« wieder dabei) und ich stolz das braune, eher grässliche Kleid mit runden weißen Kragen trug (Das meine Mutter womöglich noch selbst genäht hatte?).

Auf einem der letzten Fotos aus Deutsch Krone, im Frühjahr 1935, sieht man mich in einer dieser kackbraunen samtartigen »Kletterwesten« – zu einem roten Bleylekleid (das immer wieder neu in der Bleylefabrik angestickt wurde, wenn ich wieder einen Schuss gewachsen war). Der Drang zur Uniformierung wie später der Parker und heute die Latzhose und der Jogging-Anzug – so begann die Politisierung von unten bei den Kindern.

Einmal in der Woche versammelten wir uns irgendwo in einem zugänglichen Raum einer Dienststelle, vielleicht im

Gesundheitsamt – denn Frau Pott war ja dabei, zum Singen und Basteln. Das fanden wir sicher alle sehr schön, die Stunden der »Gemeinschaft«, während wir zackige Lieder schmetterten oder harmlose Volkslieder sangen. Wie spielten auch Theater.

Es war »Hans im Glück«, ein Märchen, in dem ich als Hans so eine gute Figur machte und vor dem Publikum im Saal des Hotels »Deutsches Haus« – auch meine Eltern waren da – einen solchen Applaus erhielt, dass ich mich sofort entschloss, zum Theater zu gehen – in Hosenrollen. Später im Arbeitsdienst 1942 erhielt ich noch einmal – jetzt von verwundeten Soldaten, einen Riesenapplaus – als Prinz in »Schneewittchen« und Minister in der »Schwedischen Nachtigall« (für die ich auch die Bühnenbilder gemacht hatte). Aber damit war meine Theater-Karriere auch schon zu Ende –.

Um auf die »zackigen« Lieder zurück zu kommen:

Wir hatten alle in diesem Jahr den Film »Hitlerjunge Quex« gesehen. 1933 von Steinhoff gedreht, muss er also mit einer riesigen Anzahl von Kopien über die Provinz verteilt worden sein. Aber schon 1934 wurden die Partei und ihre Gliederungen als Filmthema tabuisiert. (Gregor – Patalas)

Wir weinten bitterlich über den grausamen Tod des schönen blonden Hitlerjungen. Aber es blieb uns das helle schmetternde Lied aus diesem Film:

»... die Fahne flattert uns voran
mit der Fahne in die neue Zeit ...
denn die Fahne, die Fahne ist mehr als der Tod.«

Es war wirklich ein enorm rhythmisches Lied – so dass ich heute noch Fetzen des Melodie im Kopfe habe. Wer mag der Komponist gewesen sein – wahrscheinlich ein Lied aus der Arbeiterpartei – mit Mandolinen-Begleitung zu singen.

Kleiderwechsel im Dienst der Partei: Viele kleine Mädchen in blauen Röcken und weißen Blusen säumen den Straßenrand – auf beiden Seiten – hier die Volkschüler, dann die Aufbauschüler und die Gymnasiasten. Seit Stunden stehe ich schon da mit meinen Schulkameradinnen. Wir machen Faxen, quengeln herum und gucken zum x-ten Male die Schneidemühler Straße hinunter. Kommt denn noch immer keiner? Wer soll überhaupt kommen?

Wir sind die Ehrenjungfrauen für die Durchfahrt des Gauleiters Wilhelm Kube. Ein Gauleiter muss so etwas wie ein Fürst sein, warum sonst die Ehrenjungfrauen? Er ist der Gauleiter der Kurmark. Das ist ein politischer Begriff und meint den Obersten der Partei einer Provinz.

Wir sollten, wenn der erlauchte Wagen vorbeifahren würde, in lautes Jubelgeschrei ausbrechen. Aber die Ankunftszeit war schon lange verstrichen. Wir begannen müde zu werden. Ich hockte mich an den niedrigen Zaun, der die Pieta-Gruppe umzog, und zupfte die weiß-rosane Ackerwinde zwischen den Stäben hervor und begann die zarten Schlingen zu einem Kränzlein zu verflechten.

Ich hüpfte auf dem Bordstein rauf und runter – gegenüber kann ich den Schloss-See sehen.

Wir schubsen uns – die Lehrerin versucht uns in Ruhe zu halten – jeden Augenblick kann das Auto mit dem Gauleiter kommen ...

Wir spielen, greifen und werden immer wieder in die Reihe geschoben.

Aber es nähert sich keine Autokolonne.

Der späte Nachmittag wird kühl. Jetzt taucht meine Mutter auf, mit einer Jacke für mich. Sie nimmt die Lehrerin beiseite und erklärt – dass ich hier nicht länger stehen werde – todmüde und hungrig – die Butterbrote aus der Frühstückstasche sind schon längst gegessen. Mir ist das natürlich sehr peinlich – der Lehrerin wäre es auch schon recht, wenn wir uns trollen könnten – aber Befehl ist Befehl!

»Sicher liegt dieser Kerl schon wieder besoffen in einem Dorfgasthaus zwischen Schneidemühl und Deutsch Krone«, zischt meine Mutter lautlos.«

... und just in dem Moment als meine Mutter mich schon wegziehen will, braust eine Autokolonne vorbei ... Keiner reagiert – kein »Heil« – Geschrei – kein Jubel – kein Blumenschwenken – die ganze sorgfältige Organisation einer spontanen Begrüßung ihres »geliebten Gauleiters« brach zusammen – dafür lösten sich in Windeseile die Spaliere auf – unwillig murmelnd zerstreuten sich Groß und Klein. Meine Mutter zog laut schimpfend mit mir zum Birkenplatz.

Dieser verpfuschte Empfang blieb das einzige Bild, dass ich von einem der Aufmärsche der Volksmassen, die es möglicherweise ja auch in Deutsch Krone gegeben haben mag – in Erinnerung habe.

Ostern 1935 wurde mein Vater nach Potsdam versetzt, als Direktor der »Höheren technischen Lehranstalt für praktische Landwirte« die seit Neuestem den Namen: »Höhere Landbauschule« kannte.

Der vorherige Leiter, Prof. Mitscherlich, hatte einen Ruf nach Ankara an die Universität erhalten. Nun suchte man einen Mann, der ein ausgezeichneter Fachmann war, aber auch von der außergewöhnlichen Schicht dieser Hörer angenommen werden sollte.

Wir sammeln für die Armen und verstricken uns elendiglich

Ich erzähle hier eine kleine Geschichte, die der eigentliche Anlass wurde, die »Spurensuche« in den Kindheitserinnerungen dann auch weiter zu führen.

Eine Geschichte, die wenn es an der Haustür klingelt und durch den Türsprecher sich eine Kinderstimme vernehmen lässt: »Wir sammeln für einen Hilfsfond ...« unweigerlich ins Gedächtnis springt und Dorly sagt: »Erzähl mal die Geschichte vom Sammeln ... diese schreckliche Geschichte ...«

Und mit leichten Entsetzen werde ich die Geschichte zum hundertsten Male wiederholen ...

Das war so:

Unsere Kindheit, also ich meine als Resi, Gertrud und ich schon etwas bewusster die Ereignisse um uns herum miterlebten, lag ja Ende der zwanziger und Anfang der dreißiger Jahre. In den »schlechten Zeiten«, als der amerikanische »Schwarze Freitag« auch in Deutschland wieder einmal alle Hoffnungen auf wirtschaftliche Verbesserung zunichte machte.

Obwohl wir in einem Milieu lebten, in dem es keine Not gab, wussten wir schon, wer »arme Leute« waren.

Das waren die »Polnischen« in den Baracken am Ostbahnhof, hinter unserem Garten.

Sie kamen aus den an Polen verlorenen Provinzen, Westpreußen und Posen. Sie warteten nun immer noch darauf, aus den ersten Befehlsunterkünften herauszukommen und Arbeit zu finden. Viele von ihnen lebten von der Wohlfahrt. Dazu hatten sie, wie man sagte, unzählige Kinder, alle blass und elend, schlecht gekleidet und voller Misstrauen in den Augen.

Dann die »arme Siedlersfrau mit den vierzehn lebenden Kindern«, die zweimal im Jahr zu uns kam, um alte Kleider für ihre Kinder zu holen. Voller Entsetzen sagte meine Mutter, während sie die Sachen zusammenlegte, dass diese arme Frau »vierzehn lebende Kinder« hatte, das heißt also, ohne die vielleicht dazwischen Verstorbenen. Neue Siedlerstellen einzurichten, war ein Programm, das schon seit 1919 lief, das heißt die Verteilung von Land aus verschuldeten Gütern, die der preußische Staat aufgekauft hatte, und das dann an ausgesuchte Landarbeiter, langgediente Soldaten mit landwirtschaftlichen Kenntnissen, fleißige Leute, die etwas gespart hatten, ausgegeben wurde. Dazu kamen Zuschüsse von Siedlungsgenossenschaften. Die Parzellen betrugen rund 50 Morgen, was bei der Bodenbeschaffenheit und der schlechten Lage der Landwirtschaft weder vorn noch hinten reichte, und sie sicher gern Angebote von Kinderkleidung annahmen. Damals war man ja sowieso nicht so pingelig in der Frage von »Alten Kleidern«. Im Kreis Deutsch Krone waren die Siedlerstellen aber erst gegen 1927 bezugsfertig – wie Stranz – Karlsruhe –, so dass die Bezeichnung unserer Besucherin als Siedlersfrau etwas ins Wanken gerät, da die Zeit für vierzehn Kinder zu kurz gewesen wäre. Eher war sie eine polnische Landarbeiterfrau, da ja immer noch für die Saison Arbeiter aus Polen auf die Güter kamen. Wie es auch sei, diese Frau, die nun tatsächlich vierzehn Kinder hatte, und selbst bei den bis zu Ende getragenen Kleidern von uns Beamtenkindern immer noch etwas fand, was sie verwenden konnte, war »arm«. Mit einer gewissen ehrfürchtigen Scheu standen wir dabei, wenn diese lange dünne Frau im schwarzen Gewand und Kopftuch, im kleinen Kinderzimmer vor dem Schrank mit den alten Sachen am Boden kniete, die Hemdchen und Höschen, gestopfte Socken, ausgewachsene Kleider hochhielt, um zu prüfen, ob sie dafür ein passendes Kind hätte. Dann schlug sie alles in ein Tuch zusammen, und mit Handküssen und vielem Danke-Schön verabschiedete sie sich. Sie warf den Sack über die Schulter und machte sie sich auf den Weg, zurück in ihr Dorf.

Wir hatten aber auch schon mitbekommen, dass an der Tür geklingelt wurde, und eine betuliche Dame um eine Spende für einen caritativen Zweck, für die Armen, bat. Das Mädchen trug dann einen Papier zu meiner Mutter, in das sie einen Betrag mit Unterschrift eintrug.

Aber richtig augenfällig wurde dieses »Sammeln« erst, als nach 1933 die vielen runden roten Büchsen auf der Straße auftauchten, und Männer und Frauen und die ersten Hitlerjungen für »Mutter und Kind« sammelten, und dann immer lauter klappernd für die »Winterhilfe«. Überall, so schien es, wurde für die Armen gesammelt. Wir kannten ja »unsere Armen« und waren beeindruckt davon, wie einfach man zu Geld kommen konnte, um ihnen zu helfen. Eine spontane Bewegung des Guten schien alle zu erfassen, und da wollten wir auch mitmachen.

Wir hatten beobachtet, dass man, wenn man schon keine Sammelbüchse hatte, ein kleines Heftchen brauchte, damit die Spender ihre Spende namentlich eintrugen. Gertrud holte ein Vokabelheft. Dann galt es, möglichst viele Menschen zu treffen.

Aber wir sollten uns ja nicht vom Birkenplatz entfernen. Als bester Platz blieb die Buchenhecke, da wo der Weg entlang des Fenskeschen Hofes zur landwirtschaftlichen Schule abbiegt, und wo alle Besucher vorbeikommen mussten.

Hier bezog das kleine Trüppchen ehrlich engagierter Kinder von elf bis drei Jahren, Gertrud – ich – Resi – Günther Nickel und natürlich auch schon der kleine Just, Posten und wartete auf den Ersten, der den Weg heraufkommen würde. Es war Sommer, der Schulbetrieb lief nicht, vielleicht ein paar Besucher der Wirtschaftsberatungsstelle. Wir waren sehr gespannt.

Gertrud war die Älteste, also sollte sie sprechen. Unsere langbeinige, rotblonde Amazone war Anführerin in allen Actionhandlungen, wie man heute sagen würde. Und da kam tatsächlich jemand von der Südbahnhofstraße heran.

»Los, los!« Wir hatten ein Sprüchlein eingeübt: »Wir sammeln für die Armen. Würden Sie uns bitte eine Spende geben.«

Aber den Ersten ließ Gertrud vorbeiziehen. Das war doch gar nicht so einfach, irgendjemand Fremdes anzusprechen.

Warten – bis der Nächste kommt. »Los, Gertrud – jetzt!«

Gertrud fasste sich ein Herz und sagte ihr Sprüchlein. »Wollen Sie sich bitte hier eintragen« – und sie hielt ihm ihr Vokabelheft mit einem kurzen Bleistift entgegen. Der Herr sah das leere Heft, etwas verblüfft – sah uns an, und ging weiter.

Auch den Nächsten der vorbei kam, animierte das leere Heft nicht zu einer Spende.

So ging das nicht, wir brauchten ein paar Namen in unserem Sammelheft. Wir müssen selbst den Anfang machen. Aus den Taschen der vier Kinder kamen 15 Pfennig zusammen, die wir in eine Schachtel legten und Gertrud trug mit ihrer schon »erwachsenen« Handschrift »Henkemeyer ... 10 Pfennig, Nickel ... 5 Pfennig in das Büchlein ein, und voll neuem Mut stellten wir uns wieder an unsere Ecke. Der nächste Besucher wurde gestellt. Mit einem leicht irritierten Blick auf die Kinderschar, natürlich wusste er, wer wir waren, zog er das Portemonnaie, legte 10 Pfennig in die Schachtel und krickelte, weil wir ja darauf bestanden, etwas Unleserliches hinein.

Sage und schreibe, das klappte noch einige Male. Es waren 5 Pfennig, 10 Pfennig, die da eingetragen wurden, eben um uns einen Gefallen zu tun.

Wir sammelten zwei Tage. Günther Nickel war auf die Buche geklettert, um nach den Ankömmlingen Ausschau zu halten, aber wie gesagt, der Verkehr war zu dieser Zeit sehr spärlich.

Dann machte uns die Sache keinen Spaß mehr, wir konnten ja nicht ewig an der Buchenhecke herumstehen. Wir zählten unsere Spenden zusammen. Abzüglich unserer Starthilfe waren es tatsächlich 45 Pfennig. Für uns war das ein ganz außergewöhnlicher Betrag.

Den Groschen für ein Eis mussten wir uns bei Papa erst erbetteln. Vielleicht bekam ich 20 Pfennig Monatsgeld. Für die Tüte Bonbons, die Goldkugeln oder die eingewickelten gläsernen Täfelchen war gesorgt.

Ja, was nun tun mit dem Geld?

Wie sollten wir nun an die Armen kommen, für die wir gesammelt hatten?

Sollten wir das den Polnischen bringen? Alle zusammen zogen wir zu den Baracken, und standen zögernd in der engen Gasse die weiter in das Lager führte. Aber gleich kam ein wuscheliger Kopf aus einem kleinen Fenster und eine wütende Frau schrie: »Was wollt ihr hier – ihr habt hier nichts verloren – haut ab« – und viele böse Worte hinterher. Verschreckt standen wir wie begossene Pudel da und natürlich wagten weder Gertrud noch ich, der Frau von unserer guten Ansicht zu sagen. Niemand anderes war zu erspähen. Da ging das also nicht. Zurück trabten wir zu unserer Buchenhecke, um weiter zu beratschlagen. Auch die Siedlersfrau war nicht zu erwarten, das hatte ich so heimlich von Ida herausbekommen, denn erstaunlicherweise hatten wir von unserer Spendenaktion zu Hause nichts erzählt.

Wollten wir uns nicht mit der guten Tat brüsten?

Am Nachmittag hatten wir immer noch keine Idee. Das Geld in dem Schächtelchen begann langsam zu »brennen«.

Irgendetwas musste geschehen.

Dann plötzlich Günther Nickel, grinsend wie immer: »Wir kaufen davon Schnecken.«

Empörte Proteste unsererseits:

»Bist du meschugge – bei dir piepst's wohl!«

Was noch alles an Vorschlägen vorgetragen wurde, weiß ich nicht mehr.

Tatsache ist:

Wir zogen zu viert zum Bäcker vorn an der Südbahnhofstraße. Jetzt war ich es, die für 45 Pfennig Schnecken verlangte – jenes Hefegebäck aus dünnen Schnüren zusammengerollt, mit Zuckerguss. Die Bäckersfrau guckt erstaunt. Wo hatten die Gören die 45 Pfennig für neun Schnecken her? Draußen empfängt mich das Häuflein, das gar nicht so freudig schaut, und etwas verlegen schlendern wir mit der großen Tüte zum Birkenplatz zurück. Wir setzen uns auf die Mauer an der Hofeinfahrt, jeder langt lustlos in die Tüte, aber keiner wagt den ersten Bissen. Sicher war es wieder Günther mit seiner realistischen Einstellung zu den Tatsachen, der ohne weitere Skrupel endlich kräftig in die Schnecke biss. Aber was war mit uns?

Das Geld der Armen – das Brot der Armen zu verspeisen? Kleine Mädchen, die Begriffe von Moral noch nicht gelernt hatten, aber wohl empfanden?

So konnten wir ja auch nicht sitzen bleiben. Einer nach dem anderen begann zaghaft an dem Kuchen zu kauen. Kauten wir nicht eben am Arm eines Armen – am Bein, jeder Biss war der Biss eines Menschenfressers. Unsere Schnecken, schließlich waren für jeden zwei davon da, wurde zur Henkersmahlzeit von Verurteilten, die fortan mit der Sünde leben müssten. Hatten wir die Menschen doch betrogen, als wir sagten, wir würden für die Armen sammeln? Wir hatten das Geld veruntreut und stopften die elenden Schnecken nun in uns hinein. Wir waren stigmatisiert, die Sünde stand uns im Gesicht. Wie gut hatten es da Gertrud und Günther, die als Katholiken nur in der Kirche beichten mussten, und schon waren sie die Sünde los. Aber uns Evangelische drückte der liebe Gott mit der ganzen Wucht der Schuld, für die es kein Entrinnen gibt.

Immer wenn ich an diese Geschichte gedacht habe, ja selbst heute noch, überfällt mich Scham. Aber warum fraßen wir das Zeug dann noch bis zum letzten Zuckerkrümel auf???

Vielleicht gehörte das zu einem unbekannten Ritual, das einem gebietet, die Schuld bis zur Neige auszuschöpfen, ohne Gnade.

Dies war sicher unsere härteste Lehre von den unbenannten Dingen der Moral und Unmoral, vom Guten und Schlechten, dessen eigener Richter zu sein, den Gott uns gegeben hat.

Selbst Resi, die damals ja erst sieben Jahre alt war, schüttelte sich noch vor Entsetzen, als wir vor einigen Tagen wieder einmal auf die Geschichte kamen.

Nichtsdestotrotz blieb der Trick vom »Sammeln«. Eines Tages, als der Herbstwind die Blätter von den Birken heruntergeblasen hatte und ein dichter brauner Blätterteppich um den Birkenplatz herum lag, kamen wir auf die Idee, diese Blätter zusammenzuharken und in einen Sack, in mehrere Säcke zu stopfen. Wir hatten gehört, dass man die Blätter als Unterlage für Kaninchen sammelte. Kaninchen hatten die Polnischen ja alle. Wieder zottelten wir zu ihnen hin, die Säcke auf einem Handkarren hinter uns. Aber die lachten uns nur aus, und wollten unsere dürren Blätter nicht. Na, vielleicht war es auch etwas anderes gewesen, was sie den Kaninchen unterlegten. Zurück also mit unserer Fuhre.

Fragen wir mal den Bauern Fenske, vielleicht weiß der,

was man mit den Blättern anfangen könnte, vielleicht wäre das was für den Ziegenstall. Der Bauer sah uns vier Kinder, ihren heiligen Eifer, der Menschheit mit den so brav zusammengefegten Blättern zu helfen, und irgendwie muss ihn das gerührt haben. Er sagte nur: »Kommt, lasst sie da, schüttet die Säcke aus, hier in die Scheuer.«

Wir waren ehrlich erleichtert.

Bis auf die Maikäfer, die wir an einer Sammelstelle verkaufen wollten, haben wir nichts Spektakuläres mehr gesammelt; ich kann mich jedenfalls nicht mehr entsinnen.

Juden in einem Ackerstädtchen des Ostens

Die Figur des Juden gehörte einfach in das Bild einer Kleinstadt im Osten und war eine feste Institution, die eine ganz bestimmte Rolle spielte. Zweimal im Jahr, im Frühjahr und Herbst, fand ein Spektakel statt, an dem jedermann teilnahm. Das war der große Pferde- und Viehmarkt am Stadtsee vor der Molkerei. Hier standen zu der Zeit des Viehmarktes auch die Karussells und der Schießbogen – der Losverkäufer mit der hohen Wand der Gewinne. Zweimal im Jahr fand auch der große Markttag statt. Auf dem Platz vor dem Rathaus, um den Brunnen herum bauten die Händler von Stoffen, Spitzen, Töpfen und Kesseln ihre Stände auf. Die Bauern brachten ihr Gemüse, Obst, Butter Eier, Geflügel in die Stadt – obwohl sie dies sowieso jeden Samstag taten. Am Nachmittag, wenn wir mit den Mädchen zum Rummelplatz gezogen waren, kamen wir zuerst an den Pferde- und Viehhändlern vorbei – das waren eben die »Viehjuden«.

Sie waren stattliche Männer in weiten Mänteln aus hellem Köper und sie trugen vor allem – daran waren sie für mich erkenntlich – so eine Art Schiebermütze aus hellbraunem Leder, mit vielen gesteppten Nähten, die sternartig in der Mitte zusammenliefen und von einem Knopf gehalten wurden. Mit der schweißigen Hand, mit dem Striegelfett der Pferde schoben sie die Mütze in den Nacken und immer war der Schirm ganz dunkelbraun davon. Wie sie da standen, lebhaft auf die Bauern einredend, überlegen, weil sie ja alles wussten von den Pferden, weil sie auf vielen Märkten herumkamen, machten sie auf mich einen ungeheuer imponierenden Eindruck.

Die Bauern waren skeptisch, sie wussten wohl, dass die Pferdehändler viel von ihrem Geschäft verstanden, viel herumkamen, von Ostpreußen bis Berlin, aber schließlich war ein Pferdekauf auch eine heikle Sache. Es war mehr der Pferdehandel, der in den Händen der »Viehjuden« lag, aber der Bauer verkaufte auch die Kuh an den »Viehjuden«. Mit den Schweinen, Ferkeln und Hühnern saßen die Bäuerinnen selbst auf dem Markt, während ihr Mann herumstand und den Handel mit denen, die eine gute Zuchtsau brauchten, führte.

So selbstverständlich wie der »Viehjude« zum Jahrmarkt gehörte, so hatte er auch den Getreidehandel in der Hand. Es gab zwar die Ein- und Verkaufsgenossenschaft, die Raiffeisengenossenschaft, zu der sich die Bauern insbesondere während der Inflation zusammengeschlossen hatten und die durch ihre eigene Bank die Finanzierung des Saatgutes übernahm. Aber der große Getreidehandel wurde in den Jahren bis 1933 zum Beispiel in Deutsch Krone von den jüdischen Gebrüdern Cohn übernommen. Sie hatten eine Stadtvilla an der Ecke Klemannstraße – Schneidemühlerstraße, an der Mutti und ich bei jedem Stadtgang vorbeikamen, mit der schönen Pergola an der Grundstücksecke, was städtebaulich eine vorbildliche Lösung war. Das Haus muss auch in den frühen 1920er-Jahren gebaut worden sein mit einem schönen Walmdach. Neben dem Haus war die Durchfahrt in den Hof, wo ich auf meinem Schulweg die Fuhrwerke schwer beladen mit Säcken herein- und herausfahren sah. Hier lagerten in einem großen Schuppen die Getreidesäcke. Wie ich aus dem Buch Deutsch Krone lese, hatten die Brüder auch eine eigene Mühle, von wo aus das Mehl dann sicherlich auch bis Berlin ging.

Berlin – das war so ein Wort, hinter dem alles Mögliche, Fabelhafte und Große, Verruchte und alles Ungeahnte steckte.

Und das einzige jüdische Kind, das mir je in meiner Schulzeit begegnete, kam natürlich, wie konnte es anders sein, aus Berlin.

Es war noch während der Volksschule, zwischen 1932 und 33. Wir Schulkinder hatten natürlich keine Ahnung, wie sich die Politik der neuen Regierung zum Thema Juden verhielt. Aber dieses dünne Mädchen mit groß aufgerissenen Augen und dicken Lippen, das sich so unsicher benahm in dieser Meute ziemlich wilder und selbstsicherer Kinder aus der Bürgerschicht, die derben Mädchen vom Abbau, die sogenannten Arbeiterkinder, die sich nicht im Geringsten in die Ecke schubsen ließen, erschien uns doch sehr fremd.

Die Lehrerin, eine Frau Schneider, wollte dem Mädchen helfen. Sie forderte sie auf, aufzustehen, um den staunenden Kleinstädtern etwas von Berlin zu erzählen. Aber dieses Unternehmen einer unglückseligen Zur-Schau-Stellung erreichte natürlich das Gegenteil, und das verschüchterte Kind fing an zu heulen und kam aus dem Heulen nicht heraus. Sie müssen sehr schnell wieder weggezogen sein, denn auf dem Klassenfoto kann ich sie nicht entdecken. Also erschien Berlin für uns keine grandiose Versprechung mehr zu sein.

Aber immerhin brachte mein Vater von seinen Dienstreisen immer extravagante Sachen für meine Mutter mit: Lippenstifte, Hüte und Schals. Also blieb für mich Berlin immer die Stadt, aus der alles Modische herbeikam. Dazu gehörte auch das Kleidergeschäft Bloch an der Ecke Marktplatz, gegenüber dem Rathaus. Herr und Frau Bloch, ein jüdisches Ehepaar, mussten also auch aus Berlin kommen.

Meine Mutter kaufte in dem großen Textilgeschäft an der Ecke vor der katholischen Kirche. Dann kam die Inhaberin, eine für mich große und enorm elegante Dame, mit gescheitelten und eng um den Kopf gezogenen schwarzen Haaren, höchstpersönlich auf meine Mutter zu, um sie zu begrüßen und zu beraten. Sie führte uns die frei schwingende Treppe hinauf in den ersten Stock, wo sie Anweisungen gab, meiner Mutter die neuesten Modelle aus Berlin vorzuführen. Ich war damals schon als Kind beeindruckt von dieser zurückhaltenden damenhaften Art dieser Frau.

Das Städtchen »MÄRKISCH-FRIEDLAND« im westlichen Teil vom Kreis Deutsch Krone hatte im Laufe der jüdischen Geschichte immer eine besondere Rolle gespielt.

1571–1598 in der Regierungszeit vom Kurfürsten Johann Georg waren Juden aus dem Land Brandenburg nach Pommern und Westpreußen geflohen. Der Grundherr der Stadt Novavriedlande (Märkisch-Friedland) nahm sie auf. Durch die besonderen Juden-Abgaben erhoffte er sich finanzielle Unterstützung, wenn er ihre Niederlassung förderte.

Erst im Ausgang des 17. Jahrhunderts erhielten die Juden ein eigenes Stadtrecht und ließen sich in der Neustadt nieder. Um seine finanziellen Einnahmen zu vermehren, räumte ihnen der Starost Melchior Weyher das Recht ein, sich in der Nähe der Synagogenstraße anzusiedeln. Sie waren noch 1787 zu verschiedenen Abgaben an den Magistrat verpflichtet.

Noch in den Jahren von Friedrich dem Großen und Friedrich Wilhelm dem II. war ein königlicher Schutzbrief nötig, damit sie gleichberechtigt mit den Christen behandelt wurden.

Märkisch-Friedland nahm durch die jüdischen Händler einen ungeheuren wirtschaftlichen Aufschwung. Ausgeführt wurden: Korn, Wolle, Leder, Tücher, Seide, Töpfe, Seife und Honig, die nach Posen und Berlin gingen. Sie gründeten das Bankhaus Mars, und unter dem Schutz des Grundherren kauften sie von den Bürgern Stadthäuser und zogen so in das Innere der Stadt. Um 1650 gaben die Juden der Stadt ein jüdisches Gepräge. In der Blütezeit der Stadt zählte die jüdische Gemeinde 247 Familien mit 1.400 Mitgliedern. Sie konnten ihre privilegierte Stellung bis ins frühe 19. Jahrhundert halten. Erst die Stein-Hardenbergschen Reformen von 1847 brachten ihnen die völlige Gleichstellung mit den anderen Konfessionen sowohl in bürgerlicher wie staatsbürgerlicher Beziehung (jedoch ohne die Befugnis zur Bekleidung von Ämtern mit richterlicher Gewalt).

1850 wurde eine wissenschaftliche Schule mit vier Klassen gegründet, die bis zur Sekunda reichte. 1855 enthielt die Schülerliste Namen aus vielen umliegenden Städten, so Deutsch Krone bis Bromberg. Der preußische Justizminister Heinrich von Friedberg ist u. a. aus der Schule hervorgegangen. In der zweiten Hälfte des 19. Jahrhunderts ging der Handel rapide zurück. Viele Juden zogen nach Berlin, und 1890 gab es nur noch 222 Juden. Die jüdische Synagoge in Märkisch-Friedland blieb auch für die Berliner Juden weiterhin die Mutterkirche.

Die Deutsch Kroner Juden hatten bereits 1696 eine Synagoge, die 1771 abbrannte und 1791 am Kampfplatz wieder aufgebaut wurde und 1927 durch eine moderne Synagoge ersetzt wurde.

Um 1770 zählten unter 11.000 Einwohnern in Deutsch Krone 1,24 Prozent Israeli, die auf dem Milchberg, dem Kiez, mehr oder weniger geschlossen ein Judenviertel bildeten. 1909 gab es 7510 Einwohner in der Stadt und ca. 400 Juden.

Die Reise nach Insterburg

Nicht »Die Reise nach Tilsit« von Sudermann, die ein halbes Jahrhundert früher stattfand und später von Zarah Leander noch einmal wiederholt wurde, sondern es war »Die Reise nach Insterburg« – 50 Kilometer von Tilsit entfernt. Dieses Mal im verschlossenen Eisenbahnwaggon, wenn auch dieselbe Strecke, doch nun durch Feindesland, den »polnischen Korridor« und nicht durch Preußen.

Meine erste Bahnfahrt war ja nur bis Schneidemühl gegangen, ganze 28 Kilometer von Deutsch Krone entfernt. Nun stand mir eine Reise von immerhin 350 Kilometern bevor, hinauf in den östlichsten Zipfel Deutschlands, nach Ostpreußen.

Ich war zu der Zeit wohl zehn Jahre alt, also mag es 1933 gewesen sein, als ich die Reise antrat. Die Großeltern wohnten schrecklich weit weg – und alles war recht umständlich von dort nach hier zu kommen. Schuld daran war die komplizierte Geschichte dieses östlichen Teils Preußens. Greifen wir also etwas zurück, um das scheinbar so Unnormale zu begreifen.

Diese zähe preußische Provinz Ostpreußen, die als einstiges Ordensland alle politischen Wechsel in bald fünfhundert Jahren überstanden hatte, war auch gemäß dem Versailler Vertrag, den die siegreichen Alliierten nach dem ersten Weltkrieg 1914–1918 den Deutschen 1919 aufzwangen, beim Deutschen Reich geblieben. Nun wieder einmal jenseits eines polnisch gewordenen Streifens, der von Schlesien bis zur Ostsee ging.

Hundertundfünfzig Jahre hatte auch dieses Land zwischen Pommern und Brandenburg und dem östlich gelegenen Ostpreußen zum Königreich Preußen gehört, nachdem

Friedrich der Große es 1772 in der »Polnischen Teilung« den Polen abgenommen hatte. (Den östlichen Teil nahm sich Russland.)

Friedrich II. als dritter preußischer König sah sozusagen die moralische Rechtfertigung darin, dass dieses Land einst von dem Deutschen Ritterorden besiedelt worden war – genau wie Ostpreußen – und erst 1410 unter polnische Hoheit gekommen war.

Durch diesen mal hierher, mal dorthin gehörenden Korridor war ich nun auf dem Weg zu meinen Großeltern. Auch ihre Existenz dort oben war ein Teil preußischer Geschichte.

Wie waren sie dort hingekommen?

Ostpreußen, nach seinen Ureinwohnern, den Pruzzen benannt, ein fast kreisförmiges Land mit seiner nord-westlichen Tangente, der Ostsee, war 1410 als Deutsches Ordensland auch unter polnische Hoheit gekommen. Der letzte Hochmeister war Albrecht aus dem Hause Hohenzollern in Franken. 1525 machte er das geistliche Ordensland zu einem weltlichen Herzogtum. Hundert Jahre später, 1656, gelang es seinem Erben, dem Kurfürsten von Brandenburg, eben einem Hohenzollern, sich von der polnischen Lehnsoberhoheit freizumachen und im Vertrag von Wehlau die Hoheitsrechte der Hohenzollern über Preußen auch von den Polen bestätigt zu bekommen. Nach dem 30-jährigen Krieg hatte sich die politische Rolle der Kurfürsten von Brandenburg so gefestigt, dass 1701 der brandenburgische Kurfürst Friedrich III. sich in Königsberg zum »König in Preußen« krönen lassen konnte. Ostpreußen war damals ein fast leeres Land. Um den Besitz gegen die Slawen zu stärken, war es notwendig, Siedlern von überallher hier eine neue Heimat anzubieten. Ostpreußen war schon seit 1539 von Litauen aus protestantisch geworden. Der Ruf aus dem Osten traf also besonders bei den ihres protestantischen Glaubens wegen Verfolgten auf Gehör. So kam es, dass die mütterliche Seite meiner Mutter sich 1732 aus dem Salzburgischen in Österreich auf den Weg nach Ostpreußen machte, zusammen mit 15.000 Emigranten, die in einer neuen Welle der Gegenreformation aus ihrem Vaterland vertrieben wurden, und folgten nun dem Aufruf Friedrich Wilhelm I., sich im Osten Deutschlands niederzulassen. In einem Land, in dessen Weite sie sich verloren gefühlt haben müssen, ohne die schützenden Wälle der Berge, in einem Land, in dem man an Kultur nicht einmal denken konnte, und in einem Land, wo die alte ländliche Bevölkerung noch sichtlich vom Stamm der Slawen – den Pruzzen – abstammte. Kurze, gedrungene Gestalten, während die Salzburger als dinarische Bevölkerung lang und drahtig waren. Meine Großmutter war noch eine echte Rothaupt aus der Rasse österreichischer Gebirgler. Hochgewachsen, schlank, mit schmaler Nase, streng und herb. Der gemütliche Opapa gab das ganze Gegenteil. Er war einer der letzten Pruzzen. Kurz und rund, gutmütig und urig. Seine Familie, die Hoffmanns, stammten aus dem Kreis Gumbinnen – dem Dorf Gaudischkemen. Möglicherweise waren sie wirklich Ureinwohner; aber dagegen spricht der Name, eher schien der Vorfahr danach als »Mann des Hofes« mit den Ordensrittern in den Osten gekommen zu sein. Dann kann man umso mehr annehmen, dass er es mit einer Pruzzin getrieben haben musste.

Meine Einladung nach Insterburg in den Schulferien des Jahres 1931 war weniger eine Sache inniger Familienbande als vielmehr der selbstverständlichen Hilfestellungen, die man der Familie gewährte. Mein Bruder Just war im Februar geboren worden, sieben Jahre nach mir und vier Jahre später als Resi. Also war es für meine Mutter doch nicht so leicht, plötzlich drei Kinder um sich zu haben und das Management für nun fünf Personen in den Griff zu bekommen. Also wurde ich erst einmal für eine kurze Verschnaufpause aus dem Verkehr genommen. Für mich aber war es natürlich die Sensation, sollte ich doch allein im Zug die weite Strecke fahren; sollte vier Wochen eine völlig neue Welt kennenlernen, das Stadtleben, und außerdem würde ich einen Cousin Ewald als Freund haben.

Die Weltreise begann mit der nachmittäglichen Autofahrt nach Schneidemühl, wo ich in den Abendzug aus Berlin zusteigen musste. Da stehen also Vater, Mutter und das 8-jährige kleine Mädchen auf dem Bahnsteig. Es wird dunkel. Unbekannte Geräusche, hastiges Geschiebe von Karren, schrilles Klingeln von Telefonen, Männer steigen über die Gleise, klopfen mit Eisen dagegen. Wartende und ihr Gepäck verlieren sich im Schatten des Bahnsteigs. Dränge ich mich nun doch näher an die Mutter? Beginnt die Abenteuerlust im Schwarz der Nacht und in der schwachen Beleuchtung einer kläglichen Birne zu schwinden? Ich habe den grauen Wolf des plötzlichen Alleinseins gespürt. Nicht einmal Frau Nickel werde ich dann von irgendwoher herbeirufen können.

Dann blinkten zwei rote dünne Punkte durch die Nacht. Sie wurden rasch größer, ein Gefauche kam näher und näher. Die Lokomotive stampfte an uns vorbei, die erleuchteten Abteile eines nach dem anderen, und dann stand das Ungetüm. Jetzt musste es schnell gehen, denn wenn Schneidemühl auch Eisenbahn-Zollstation war und aus der ganzen nördlichen Grenzmark und dem südlichen Pommern die Reisenden nach Ostpreußen hier einsteigen mussten, so hatte ein Zug eben doch einen Fahrplan und konnte auf lange Abschiede keine Rücksicht nehmen. Meine Mutter kam mit in den Zug, um eine Dame zu finden, der sie mich anvertrauen könnte für die lange Reise, denn wir würden ja erst am nächsten Morgen in Insterburg ankommen. Sie war gefunden, eine letzte Umarmung, die Pfeife ertönte, und ab ging es in die

Nacht. Alles ging so schnell, dass das Gefühl der Sensation den Schreck einfach unterdrückte.

Meine Eitelkeit, diese Sensation für meine Person, wurde durch die freundlichen Fragen der gegenübersitzenden Dame ganz schnell wieder zum Leben erweckt. Meine Güte, wie ungeheuer wichtig war ich plötzlich, ein kleines Mädchen, das tatsächlich allein reisen darf! Später habe ich sicher die ganze Fahrt geschlafen.

Ich weiß auch nicht, ob der Zug direkt von Schneidemühl in den polnischen Korridor fuhr, nach Bromberg an der Weichsel, bei Graudenz über die Weichselbrücke tuckerte, und kurz vor Preußisch-Eylau wieder in deutsches Gebiet einfuhr – oder ob dieser Zug, der ja eine bestimmte Route vorgeschrieben bekommen hatte, auf der er nur den Korridor durchfahren durfte, zunächst den Weg entlang der deutsch-polnischen Grenze, innerhalb der Grenzmark bis Konitz. Von dort wäre die polnische Durchfahrtstrecke bis Graudenz kürzer.

Aber ich erinnere mich, dass irgendwann ein Laufen und Gehaste entstand – »Die Fenster schließen – Vorhänge zu!«

Der Zug musste bei der Durchfahrt durch den polnischen Korridor nicht nur mit geschlossenen Türen fahren, sondern es durfte auch kein Blick aus einem Fenster in die noch vor Kurzem deutsche Landschaft, auf deutsche Städte geworfen werden. (Dazu habe ich die Anfangsgeschichte des polnischen Korridors im Internet gefunden.) Obwohl ich sicher nicht hätte aussteigen wollen, und dunkel war es draußen ja auch, aber diese vom Gemurmel der Menschen begleiteten schnellen Befehle, das hastige Zuziehen der Vorhänge, hatten doch etwas Gespenstiges. Der Feind – der Jammer derer, die dieses Land verlassen mussten, die Kränkung, die die Deutschen empfanden, als man ihnen dieses Land wegnahm, stahl – davon hatte ich ja bisher keine Vorstellung gehabt und keinen Eindruck empfangen. Hinter unserem Haus, auf der Birkenstraße wohnten zwar »die Polen« – arme Leute in Baracken, für uns schmutzig. Leute, die Polen verlassen hatten und hier in ihrer ersten Baracken-Etappe auf Ansiedlung warteten. Aber heute denke ich , es waren eher polnisch-deutsche Arbeiter aus ehemals deutschen Fabriken, die sich von ihrer Umsiedlung nach Deutschland eher eine Verbesserung ihrer wirtschaftlichen Situation versprachen. Für mich waren sie »die Armen«, die Benachteiligten. Hier in diesem Zug empfand ich wohl erstmalig den dumpfen Druck, dass auch ich, die hier reisenden Deutschen, die »Geschlagenen« waren, die sich heimlich im Dunkeln durch ihr Land schleichen mussten, das nun dem Sieger gehörte.

Dann wurde es hell, und nun durften die Fensterrollos wieder geöffnet werden. Da erinnere ich mich ganz genau, dass meine Begleitdame ihren Schützling ganz aufgeregt geweckt hatte, damit sie das großartigste Symbol des deutschen Ritterordens noch schnell im Vorbeifahren sehen konnte – die Marienburg an der Nogat, dem Grenzfluss zwischen dem Gebiet um die freie Stadt Danzig und Ostpreußen. Ich sah eigentlich nur noch riesige Mauern in rotem Ziegelstein über dem Fluss. Aber immerhin hatte ich die Marienburg gesehen! Die Burg, die als Sitz der Hochmeister seit 1280 im Bau war und bis 1410 Mittelpunkt des Ordens blieb. Möglicherweise war es aber auch die Ordensburg in Marienwerder, denn die Eisenbahnstrecke nach Insterburg konnte sowohl über unsere bisherige Regierungsbezirkshauptstadt (bis 1918) führen als auch über Königsberg.

Wo werde ich heute den einstigen Ostlandreisenden finden, der sich noch an die Strecke durch den polnischen Korridor nach Insterburg erinnert?

Ob nun von Süden oder Westen, am Vormittag traf ich in Insterburg ein. Am Zug erwartete mich die lange, schlanke

Gestalt der Omama. Ganz in schwarz, selbst jetzt um 1930, in ihrem schwarzen bis an die Knöchel reichenden Kostümrock, Seidenbluse und altmodischem Jackett und großem Hut. Der Opapa daneben, klein mit über dem kugelrunden Bauch gespannter Weste, die das Gold einer Uhrkette schmückte. Seinem runden glatten Gesicht gab ein nach oben gezwirbelter grauer Bart auf der Oberlippe genau das Aussehen, das sich ein Kind von seinem Großvater erhoffte. Hinter dicken Brillengläsern strahlten die fröhlichen Augen, das Haar war zu einem Bürstenschnitt geschnitten, ein weicher hellgrauer Hut gab ihm die Würde eines geachteten Bürgers, der sich genau wie seine Frau – so meine ich – sonst auch nur in schwarz kleidete. Aber bei ihm wirkte das gar nicht streng. Aufgemuntert durch die hellgraue Weste, den Spazierstock, den er fröhlich schwang, obwohl er ihn tatsächlich als Gehhilfe brauchte, denn er war durch den grünen Star fast erblindet. Ja, ich glaube er trug am Oberarm eine weiße Binde der Blinden.

Nicht weit vom Bahnhof lag die Generalstraße und gegenüber von der ehemaligen Kommandantur, so auf der Mitte zwischen Bahnhof und Markt, das Haus der Großeltern, Nr. 7. Es war ein mehrgeschossiges Mietshaus, links angebaut an ein Nachbarhaus, rechts führte eine schmale Gasse am Haus vorbei – in das Hinterhaus – wo sich die Werkstatt des Schreiners Gauer befand. So ein hohes Haus hatte ich noch nie gesehen und auch nicht eine so hochbebaute Straßenzeile. Die Großeltern wohnten ganz oben, woher sich jetzt schon eine der Tanten herauslehnte und laut ihren Willkommensgruß mir entgegenrief. Im Erdgeschoss war aus dem Schuhgeschäft ein Mann getreten, der höflich die Großeltern grüßend, auch mir seine Hand entgegenstreckte, wobei er den Hund zurückhielt, der aus dem Ladentür herausguckte. Das war Rex, der Schäferhund, der den Opa begleitete, wenn er seinen täglichen Spaziergang machte. Wie Blindenhunde immer war er ein gutmütiges Tier, aber auch ein Wachhund, denn nachts musste er im Laden bleiben, um die Diebe zu verscheuchen. Dieser Schuhladen war sozusagen der aktivste Teil der Mitgift der Großmutter. Als Tochter eines wohlhabenden Brennereibesitzers, der Kacheln für Öfen aller Art brannte, war die Aussteuer für den Kauf des Hauses mit einem Schuhgeschäft in Insterburg und einem zweiten Schuhgeschäft Allenstein verwandt worden. Dieser Kauf müsste also ungefähr kurz vor 1890 getätigt worden sein (meine Mutter als ältestes Kind war 1895 geboren worden). Gustav Hoffmann, den Fräulein Maria Theresia Rothaupt geheiratet hatte, war ein Bauernsohn aus Gaudischkem, der als jüngerer Sohn nicht für die Erbschaft des väterlichen Hofes in Frage kam, sondern in die preußische Armee eintrat, genau in der Tradition, in der diese Armee seit jeher ihre Reihen füllte. Die Gutsbesitzersöhne wurden Offiziere, die Bauernsöhne mit der Volksschulbildung brachten es bis zum Wachtmeister. Dieser Gustav Hoffmann soll ein adretter und fescher Soldat gewesen sein, als er mit seinem Regiment in Wehlau stand. Weil wohl das Vergnügen an schönen Menschen mit dem Vergnügen an den schönen Dingen – so die köstlich verschieden gebrannten Ofenkacheln – in der Familie Rothaupt gelegen haben muss, verliebte sich Theresia in den gutaussehenden Mann, und kein Vater Rothaupt, der für seine zum »Fräulein« erzogenen Tochter etwas »Besseres« vorgesehen hatte, konnte etwas dagegen unternehmen. Der Wachtmeister Hoffmann schied aus der Armee aus und – das Kind wurde wohl ausgestattet – und wurde als Geschäftsmann in das Schuhgeschäft gestellt. Wie mir meine Mutter erzählte, hatte es mit diesen beiden Geschäften seine besondere Bewandtnis: Ihre Mutter importierte nämlich als einzige Großhandelsfirma aus Russland, direkt aus Petersburg die für die Bauern in ganz Ostdeutschland notwendigen, gewalkten Filzstiefel. Das war aber schon lange her. Der Handel hatte längst, spätestens mit dem Beginn des ersten Weltkrieges aufgehört (1914). Jetzt gehörte dieses Schuhgeschäft in der Generalstraße wohl noch den Hoffmanns, aber es arbeitete ein Pächter darin. Ich entsinne mich, dass der Opapa oft hinunterging, um hinten im Laden Geschäftsgesprächen zu lauschen und sich mit den Angestellten »unter Männern« zu unterhalten. Ich sehe mich dort auch sitzend, wenn wir der allzu anstrengenden Omama entgehen wollten. Übrigens hatte ja auch der aus der Armee ausgetretene Wachtmeister seinerzeit eine Ablösung erhalten, so dass das Startkapital der Familie Hoffmann damals vor der Jahrhundertwende sehr gut aussah.

Tante Else, die Frau des Sohnes Otto, eilte uns entgegen, und mit meinem wohl nicht allzu großen Koffer stiegen wir die fünf Geschosse auf einer breiten Wendeltreppe hinauf in die Wohnung. Eine breite Glastür, durch die das Licht aus den offenen Wohnzimmertüren fiel, ließ das etwas dunkle Treppenhaus schon wieder freundlicher wirken.

Dann die Wohnung – etwas völlig Ungewohntes für mich, solch eine Wohnung, die sich über die ganze Etage zog. Ein Haus ohne Garten, das war schon ganz interessant zum Besuch, aber wie kann man da so viele Wochen wie die Ferien wohnen? Irgendwie war ich etwas beklommen. Dann noch diese düsteren Zimmer mit den dunklen geschnitzten Möbeln, Sofas und Sessel mit dunkelgrünem Samt und Plüsch überzogen. Mir wurde eines der Schlafzimmer zugewiesen, die auf das schmale Gässchen gingen, aber ganz hell waren, denn wir thronten schon über dem gegenüberliegenden Haus. Das Bett war ein breites goldschimmerndes Metallbett, auf der Kommode standen eine Waschschüssel aus Porzellan und ein hoher Krug mit Wasser. Das war ja wie im Märchen. Es gab kein Badezimmer, später sollte ich auch die Badewanne aus Metall kennenlernen, die in der Küche mit heißem Wasser vom Herd gefüllt wurde, wenn man baden wollte. Fand ich das lustig? Die Küche gefiel mir gar nicht, sie war dunkel und ging zu dem engen Hof, der mit Häusern umstellt war. Aber noch viel kurioser war das Klo. Da musste ich tatsächlich die Wohnung verlassen, eine Treppe heruntersteigen, und dann war das Klo in einem Kabuff, auf dem Treppenpodest zwischen zwei Wohnungen. Kein Wasserklosett. Das, was man in diesem dunklen ungemütlichen Ort dann endlich aus sich herausgepresst hatte, fiel durch ein Loch mit dunklem Plumps irgendwo in die Tiefe. Wenn ich in der Nacht nur Pipi machen musste, stand dafür ein Nachttopf in einem Kästchen neben dem Bett.

Zum Ausgleich zu dieser irritierenden Wohnung gab es einen Dachgarten. Das wiederum war eine tolle Sache, die mir sehr gut gefiel. Die düstere Treppe führte sozusagen noch bis über die Köpfe in der Wohnung, man öffnete eine Tür und plötzlich stand ich im hellsten Sonnenlicht. Ein Zimmer auf dem Dach, umgeben von Blumenwannen, einem Tisch und weißen Korbsesseln. Hier saß die Omama und las ein Buch, wenn die Sonne nicht mehr so heiß schien. Hier versammelte sich die Familie zum Kaffee und vor allem Kuchen. Hier unterhielt sich Opapa, wenn die Abendsonne herüberschien. Wie auf einigen Fotos, die meine Mutter noch heute besitzt, zu sehen ist, war dieser Dachgarten schon immer der wichtigste Raum der Familie. Das Hochzeitsbild meiner Eltern wurde 1920 hier geknipst, das sogenannte offizielle Fotografen-Foto gibt es nicht mehr, ich habe es aber noch gekannt. Der junge Herr Huhn – Architekt und Kollege von Hans Scharoun, meinem späteren Professor in der technischen Hochschule – wurde hier mit seiner Verlobten oder jungen Ehefrau Liese, die jüngere Schwester meiner Muter, fotografiert.

Meine Mutter und ihre Geschwister waren sehr oft draußen bei den Familien in Wehlau und bei den Brüdern des Vaters in Gaudischkem, das mit der Bahn in kurzer Zeit zu erreichen war. Dieses väterliche Haus war in der Erinnerung meiner Mutter ein besonders schönes Haus, mit Mittelachse und breiter Treppe.

Die Stadt Insterburg ist mir nicht mehr recht in Erinnerung. Ich sehe eine sonnige Straße, ein Eismann mit seinem Wagen steht da und der liebe Opapa gibt mir, ohne dass ich bitten muss, ein »Düttche« für ein Eis. Das muss richtig ostpreußisch, breit und mit Singsang gesprochen werden. Die Verwandten sprachen natürlich ein herrliches Ostpreußisch. Ich kann noch »Schmaand und Jlumse« sagen mit dieser Höhe in der ersten Silbe, und dann glauben die Leute mir gern, dass ich zu mindestens aus dem Osten komme. Bei der Omama klang das viel feiner – und bei den Tanten lustig.

Aber um die Insterburger Familie noch zu vervollständigen: Da gab es also noch den Bruder meiner Mutter, Otto. Er war ein kranker Mann, ein Lungenschuss im ersten Weltkrieg hatte ihn seine jungen Jahre lange in Heilanstalten zubringen lassen, so dass er dann den Beruf eines Versicherungsagenten ausübte. Ich habe ihn überhaupt nicht in Erinnerung. Dafür seine Frau, eine kleine, dunkle, zierliche Person, die aber wohl keinen großen Eindruck auf mich gemacht haben muss. Ihr Sohn Ewald, der einige Jahre älter als ich war, also vielleicht 12 oder 13, war mir als Gefährte zugedacht worden. Aber er schien das nicht sehr geschätzt zu haben, wogegen ich ihn recht fesch fand, schlank und dunkelhaarig. Ich wäre geneigt gewesen, diesen Cousin für mich zu gewinnen, aber er ärgerte mich nur ständig.

Da hatte die Tante Else gesagt: »Geh doch mal mit dem

Dorchen zum Schwimmen.« Doch er schämte sich wohl vor seinen Kameraden, mit einem kleinen Mädchen aufzutauchen. So ging er übellaunig mit mir die Anlagen entlang, da, wo die öffentliche Badeanstalt an der Angerapp ist. Zwischen Hüpfen und Lachen – zack, hatte er schon wieder eine ganz schnelle, spitze Bemerkung gemacht, war weggelaufen und hatte mich gequältes Ding, verwirrt von diesen Bubenspäßen, stehen gelassen.

Im Brockhaus von 1970 steht zu Insterburg nur ein ganz kleiner Absatz:

Insterburg – (russ. Tschernjachosk), Stadt im Gebiet Königsberg. Kreisstadt in Ostpreußen, an der Angerapp vor ihrem Zusammenfluss mit der Inster. 1939: 48700 Einwohner (1970: 33400 Einwohner) Holzverarbeitung, Möbel und Nahrungsmittel, Metall und Lederindustrie. Das Schloss des Deutschen Ordens wurde 1336 begonnen. 1583 erhält Insterburg Stadtrecht.

Lutherkirche 1610–12.

Insterburg also eine Deutsch-Ritterordensburg zwischen den Flüssen, die ebenfalls früh protestantisch wurde. Die Generalstraße mündete auf dem Marktplatz, wo die Luther-Kirche stand. Das Bild habe ich noch vor Augen.

Wenn in Deutsch Krone die Einladung meiner Mutter, sie in die Stadt zu begleiten mit größter Freude aufgenommen wurde, so hatte ich hier die Straße mit den hohen Häusern, die vielen Menschen langsam satt. Kein Garten, kein großer Hof, der ins Feld führte, die strenge Omama, die mich ständig erzog, und dann noch der freche Ewald. An einem Tag hatte die Omama mich vor ein Bügelbrett gestellt und gemeint, ein Mädchen in meinem Alter müsse natürlich plätten können. Die Tränen begannen mir hochzusteigen, aus Mitleid mit mir, aus Trotz und Wut, und als dann noch Ewald dazukam, und mich veräppelte, »ah, das Hausmütterchen – das ist recht – das ist recht« – da war es aus mit meiner Fassung. Ich wollte nach Hause. Da war nicht so sehr die Sehnsucht nach Mutter oder Vater – nein, das hätte ich nicht einmal gedacht –, aber die alte gewohnte Umgebung fehlte mir. Sicher habe ich drei Wochen durchgehalten. Eigentlich war geplant, dass ich während der ganzen vier Wochen Ferien hier bleiben sollte. Just war im Februar geboren, und Mutti brauchte eine Verschnaufpause. Just war immerhin sieben Jahre jünger als ich und auch erst vier Jahre nach Resi geboren. Da war es wohl schon ein wenig ungewohnt, plötzlich drei Kinder zu regieren.

Ich ging in Protest und erklärte den Großeltern, dass ich nach Hause will. Die lieben Verwandten waren ratlos. Da half kein gutes Zureden, kein Schimpfen der Omama. Ein Telefonanruf nach Deutsch Krone und scheinbar als Panne ging ein wohlgemeinter Großeltern-Besuch zu Ende. Die Rückreise trat ich nun schon weitaus souveräner an. Zu Hause hatte ich lange Zeit Stoff genug zu prahlen mit der »Reise nach Insterburg.«

Auf ins Reich

Hat Dore mit ihren 12 Jahren bemerkt, dass sich eine große Änderung anbahnt, als der Vater sich um den Posten des Direktors der Höheren Technischen Lehranstalt für praktische Landwirte in Potsdam bewirbt? Es muss eine große Unruhe im Haus gewesen sein. Der Vater muss ein sehr wichtiges Referat vorbereitet haben, die Mutter wurde sicherlich als Kritikerin hinzugezogen. Der Vater fuhr zwischen Deutsch Krone und Potsdam hin und her. Der Luisenhof in Potsdam war eine Renommierstätte auch für die Nazis. Denn die Söhne der Großgrundbesitzer und der adligen Latifundieneigner rund um Deutschland suchten natürlich ihre Ackerbaukenntnisse favorisiert in Potsdam auszubilden.

Ich kann mich nicht einmal daran erinnern, dass das dicke Buffet, die Kinderbetten und der Mahagonischrank in einen großen Umzugswagen gepackt wurden. Ich weiß auch nichts von dem großen Abschiednehmen von meinen Freundinnen, von Günther und Gertrud, von Ina, Irmchen und Inge. Hat die Hausmeisterin geheult, als ich mit Papa im Auto voranfuhr, als Mutti neben dem Chauffeur im Umzugswagen einfach den Birkenplatz und Deutsch Krone verließ?

Ebenfalls bei TRIGA – Der Verlag erschienen

Felizitas Casser

Mosaik der Erinnerungen

Deutsch Krone · Bonn · Madrid

Felizitas Cassers Erinnerungen haben viele Facetten, sie ergeben ein Mosaik aus dunklen, helleren und strahlend hellen Steinchen. Im Rückblick auf ein Leben, das reich war an Ereignissen, freudigen wie tragischen, resümiert die Autorin: »Eintönig war es nie und Langeweile gab es auch nicht, eher war es manchmal ein bisschen zu hektisch und umtriebig. Ich glaube, es lohnt sich, von dem zu berichten, wie das Leben früher war. Vielleicht haben Kinder und Enkel Spaß daran, es zu lesen, zu schmunzeln oder den Kopf zu schütteln.«

104 Seiten. Paperback. 12,90 Euro. ISBN 978-3-95828-058-8

Felizitas Casser

Von Deutsch Krone nach Bonn

Erinnerungen an Flucht und Neubeginn

Felizitas Casser blickt zurück auf ein wechselvolles, ereignisreiches Leben, das in vielerlei Hinsicht außergewöhnlich verlief. Lebensnah schildert sie als eine der letzten Zeitzeuginnen ihre Kindheit vor dem Zweiten Weltkrieg im damaligen Westpreußen, ihre Erfahrungen während des Krieges und ihre dramatische Flucht in den Westen.

Ebenso authentisch sind ihre Erzählungen vom neuen Anfang im Rheinland und vom Leben in Madrid, wo sie mit ihrer Familie einige Jahre verbrachte.

144 Seiten. Paperback. 12,90 Euro. ISBN 978-3-89774-939-9

TRIGA – Der Verlag
Leipziger Straße 2 · 63571 Gelnhausen-Roth · Tel.: 06051/53000 · Fax: 06051/53037
E-Mail: triga@triga-der-verlag.de · www.triga-der-verlag.de